JORGE LUIS GUILLÉN

Obra original de Jorge Luis Guillén.
@jlguillen57
En la Mente del Líder Prospectus
Centrado en el éxito de las personas

Todos los derechos reservados. Ninguna porción de esta obra podrá ser reproducida, almacenada en algún sistema de recuperación, o transmitida en cualquier forma o por cualquier medio, bien sean mecánicos, fotos, fotocopias, grabaciones u otro tipo. Se permiten las citas breves en revistas impresas, redes sociales haciendo siempre la respectiva mención a la obra o al autor. De lo contrario es necesaria la autorización por escrito de parte del Fondo Editorial Líder Activo o del autor.

Edita

www.lideractivo.com.ve

PRIMERA EDICIÓN

Equipo Editorial:

Editor General:
Jimmy Canelones Roa / @jimmycanelones
Diseño de la portada:
Eli De Caires González / @elidecaires
Corrección ortográfica y de estilo:
Dayanna Ciambotti Roa / @dayannaciambotti
Deisy De Caires González / @deisydcg

EN LA **MENTE** DEL **LÍDER**
PROSPECTUS
Centrado en el éxito de las personas

JORGE LUIS GUILLÉN

> Creo firmemente en el potencial del ser humano para alcanzar sus más altas ambiciones, es quien tiene la mente, es a quien se le ha otorgado el poder de conducir su propia existencia.
>
> El mayor obstáculo al que se enfrenta es lo que el hombre cree de sí mismo.

Jorge Luis Guillén.

ÍNDICE

DEDICATORIA 9

AGRADECIMIENTOS 13

SOBRE EL AUTOR 15

INTRODUCCIÓN 17

Capítulo I EN LA MENTE REFLEXIVA DEL LÍDER 27

    Reflexiones del "Mensaje a García" de Elbert Hubbard 39

    Un mensaje al líder de hoy y del mañana 50

    Historias reflexivas dentro de un *feedback* consciente 92

Capítulo II EL DESPERTAR EN LAS ORGANIZACIONES 111

    Sonambulismo corporativo 116

    La tecnología a favor de la humanidad 120

    Lo que no se habla de la inteligencia 129

    La comunicación como elemento transformador. 135

    Renacimiento es poder para el cambio. 145

    Despierta y lidera con coherencia 149

Capítulo III EL CAOS, LO MÁS PRÓXIMO AL ORDEN Y AL ÉXITO 155

    El caos como catalizador para lograr la excelencia. 158

    El liderazgo moderno y la transdisciplinariedad 167

    El Poder reside en las redes del talento 172

    Ser estelar es tu derecho no tu renuncia: 177

    El hombre y la mente 185

Capítulo IV: VISIÓN PROSPECTIVA DEL LÍDER 189

    El reconocimiento es renacer. 198

    La visión que tengas del futuro transforma tu presente. 202

Que no te agobien las sombras de tu pasado, haz que brille tu futuro. 209

Nada está escrito, el futuro tampoco es un resultado aleatorio. 212

El pasado, presente y futuro constituyen tu universo. 217

Estimar el futuro no es suficiente, tienes que ir por él. 220

Capítulo V: El CAMBIO Y EL DESAFÍO DE SER DIFERENTES 229

El cambio se vive con inteligencia 247

Dirige tu vida con la regla del 100% siempre 256

Modelo de transformación personal; "Modelo de transformación de JORG" 266

Dispersión a cambio de genialidad. 297

Engagement, una aspiración organizacional. 304

Ser extraordinario no fue una elección del ser humano, es su naturaleza. 318

Lidera como si la humanidad dependiera de ti. 321

La inspiración no es ajena a nosotros. 326

Crea el momentum y busca un punto de apoyo. 333

Los vientos cambian de dirección; pero el timón eres tú. 337

DEDICATORIA

A mis hijos con todo mi amor. Santiago Andrés, Christian Alejandro y la niña de la casa Marie Sophie, esta obra también es para ustedes. Quizá no logren comprenderla hoy; pero siempre habrá un mañana. Siempre dejo rastros cargados de valores y principios universales. Me he asegurado de dejarles un conocimiento que no está sujeto a la variable tiempo: quiénes somos y que más somos siempre será un descubrimiento, ya que en el ser humano reside un poder infinito, solo tienen que ir por él.

A mi adorada esposa. No tengo palabras para expresar la inmensa gratitud que siento hacia ella, por su paciencia, comprensión, amor y apoyo incondicional en todo momento. Ella tiene la magia para crear el espacio; y yo el momento para crear todo cuanto pueda imaginar. Ella es mi cómplice y los dos somos una llave maestra. El amor siempre está con nosotros; pero ahora más consciente y más agradecido.

*No estás obligado a propiciar
el cambio o estar preparado
para ello; pero no te eximirá
nunca de sentirlo.*

Jorge Guillén

AGRADECIMIENTOS

A Dios y al universo. Aquí hay belleza, fuerza, poder e inteligencia infinita. Una vez leí que Dios reside en el corazón de cada individuo y en eso también creo. En nuestra naturaleza hay grandeza, nos toca honrar este milagro. En esta obra sí que hubo prospección, una fuerza sin límites que me mantuvo adherido a la meta. Compromiso, constancia y buena dosis de amor, tenía que ponerlos a prueba nuevamente para multiplicar el conocimiento, ahora desde esta obra; **En la Mente del Líder Prospectus**. Agradezco a Dios y al universo por permitirme volar, y a mis padres por hacerme un soñador. Siempre los llevo conmigo, siempre en mi corazón.

A mis hermanos y hermana, mi admiración y amor hacia cada uno es infinito. Siempre me he sentido protegido y abrazado en su compañía. Tenerlos siempre en mi corazón me hace sentir fuerte y poderoso. Lo aprendido en familia, esa experiencia bonita, ahora me eleva el espíritu para expandirme más allá de ese horizonte que diviso cuando estoy frente al mar. Sus descendientes son míos, pues no tengo límites para amar.

Al Fondo Editorial Líder Activo, un equipo de profesionales de altura. Necesitaba a un equipo que pudiera conectar conmigo y lograr que esta obra tuviera a los mejores. Me hice una pregunta retadora: ¿Quién puede ayudarme a cuidar los detalles con un tema tan complejo como lo es el Liderazgo, sin perder la visión que tenía, el enfoque y el propósito que se había tejido en mi mente con esta obra? Eureka, apareció en mi mente "Líder Activo". Gracias infinitas.

"...Usted no podrá motivar ni cambiar la mentalidad de sus trabajadores, a menos que comprenda su realidad, y esté decidido a mostrarles el arte de vivir conscientemente..."

SOBRE EL AUTOR

Jorge Luis Guillén, autor del libro "El Desafío"; es ingeniero industrial especializado en Gerencia y dirección de negocios, emprendedor venezolano, conferencista, coach internacional y master practitioner en PNL, con una amplia experiencia en operaciones industriales y liderazgo. Todos esos años en la industria y el mundo empresarial, le han permitido desarrollar una mentalidad en expansión permanente, una mente preparada que busca descubrir, con obsesión, la ruta que conduce al líder y a las organizaciones hacia un verdadero despertar. La clase de despertar que busca elevar la consciencia en la red de talentos dentro de las organizaciones, en donde la inteligencia individual y colectiva se crecen y se unen para brindar soluciones inteligentes a problemas complejos.

El autor nos deja saber que, las exigencias para el líder en la actualidad son aún mayores, debe elevar su consciencia y espiritualidad para comprender más a las personas; él debe desatar el poder infinito que existe en ellas para que puedan lograr autodirigir su propia existencia hacia el éxito.

El libro "El Desafío" y la presente Obra: "***En la Mente del Líder Prospectus***" se convierten en la llave para resolver muchos de los problemas que enfrenta el Homo Sapiens como consecuencia de una pérdida de atención y propósito que pone en riesgo la propia existencia de la humanidad.

INTRODUCCIÓN

En la Mente del Líder Prospectus es una obra que, no solo busca resolver las grandes brechas que separan al líder tradicional del líder consciente, visionario y transformacional, sino que también nos señala el camino para construir una mentalidad de crecimiento y legendaria, es la mente que busca la excelencia a través del éxito de las personas; esa que busca permanentemente ampliar su horizonte a través de la transformación del SER para alcanzar la sabiduría y la efectividad, estamos hablando de la mente del Líder con inteligencia superior. Es el líder que busca con ambición y obsesión crear el futuro que desea para sí, para la organización, al tiempo que cultiva las mentes de sus colaboradores para que alcancen sus proyectos personales y profesionales, incluyendo sus sueños.

En esta obra se combinan la experiencia y el conocimiento de muchos años de trabajo en la industria que, unido al avance de la ciencia, la neurociencia y la tecnología, permite el encuentro con el pensamiento crítico, creativo y estratégico; con el único propósito de plantear una nueva perspectiva, una forma más inteligente de ver y observar la realidad que viven las organizaciones y las personas que, sin importar su razón de existir, todas enfrentan los mismos problemas cuando lanzamos la mirada al liderazgo y al talento humano.

Sabemos que el cambio es permanente y desafiante, está cargado de incertidumbre, miedos, oportunidades y amenazas; pero siempre existe la posibilidad de tomar ventaja ante su presencia. Sin embargo, es importante destacar que, los resultados que obtenemos cuando nos enfrentamos a él, siempre dependerán de que tan preparada esté nuestra mente, de la actitud que asumimos frente a los distintos escenarios en el que nos movemos, y cualesquiera que sean los roles que nos haya tocado asumir. Es el cambio y la manera en que actuamos frente a él lo que determina la calidad del nuevo status quo, el nuevo conocimiento y la conquista de ese futuro deseado. **En la Mente del Líder Prospectus** te muestra ese poder de creación; pero como lo he dicho en varias oportunidades, debes tener una mente preparada, debes haber iniciado el camino que te conduce a una inteligencia superior, esa que te produce hambre por ser mejor y por ayudar a otros. Ese futuro deseado existe, pero necesitará del 100% de tus capacidades y actitud de campeón para crearlo.

El auto desafío y la mente preparada del individuo se unen para construir una nueva realidad más favorable. Si una mente preparada está íntimamente relacionada con el éxito y la excelencia; el liderazgo no tiene otra alternativa que dirigir su atención a la gestión del talento humano para lograr el empoderamiento. Como líder, enséñales a reconocer su naturaleza, su potencial, que aprendan a ambicionar la felicidad, el bienestar, las metas y los sueños, haz que sean consciente de quiénes son y que desean en la vida, que aprendan a creer en sus facultades para visualizar y lograr su propia transformación. haz que vivan una experiencia que los mantenga comprometidos con la visión y las metas de la organización.

Existe una fuerza muy poderosa en el liderazgo, y este poder surge cuando el individuo se auto reconoce, y es en ese preciso momento en donde ocurre el despertar de su conciencia y su genio interior para expandir su potencial, desde su propia naturaleza, sus recursos internos, es allí donde nace la fuerza y el poder para expandir su capacidad para impulsarse hacia su propio empoderamiento. Es la clase de fuerza que abonará, permanentemente, el terreno para el desarrollo intencionado de una conducta al servicio de sus capacidades, hacia el aprendizaje, hacia la mejora

INTRODUCCIÓN

constante para desarrollar una actitud dispuesta a dar el máximo esfuerzo para alcanzar resultados excepcionales, sin espacios para la mediocridad, porque solo tenemos permitido el camino hacia la excelencia. Cuando el líder siente y trabaja conscientemente este poder, su espíritu y su alma lo elevan a niveles en donde florece el interés genuino y autentico por las personas, en donde siente las fuerzas invisibles que lo impulsan a trabajar por el bienestar y la felicidad de sus colaboradores.

El liderazgo en prospección vive la reingeniería del mundo interior como un proceso de transformación acelerada y efectiva. Cuando logras comprender que tu SER es una comunidad inteligente, que debe ser cultivada para autogestionar su poder creador, es cuando sentirás la voluntad sin límites que te eleva y te impulsa a la acción para honrar tu genialidad natural. Cuando te haces consciente de quién eres, se acrecienta el poder de todas las energías para perseguir tus sueños, a dar lo mejor en cada paso que das, se hace parte de tu personalidad, explotas al máximo tus recursos, comprendes que fortalecer tus aptitudes y actitudes todos los días transforma la forma de ver el mundo, aumentando tu capacidad de resolución. Cuando alcanzas este nivel consciente para influir en tus propios resultados, es cuando empiezas a tener influencia en otros. Reconocer este poder, te hace reconocer a otros, desarrollas la empatía, el carisma, te ocupas de cultivar lo mejor en las personas, creas las condiciones para incentivar al intelecto vivo, consciente y útil. Existe renovación e intención permanente para ser mejor persona. Creas una fuerza y un poder al servicio de las personas. Es en este punto que nace la verdadera carrera del líder.

En La Mente del Líder Prospectos reside una carga de inteligencia intuitiva, en donde se suma la razón como instrumento potenciador para alcanzar la evolución y la trascendencia. Esta mente está edificada con intención y propósito claro, el de elevar su consciencia para alcanzar desarrollar al ser humano estelar. En este punto, te haces de una actitud volitiva, con mayor capacidad de observancia, ves cosas que otros no pueden ver, actúas diferente, te vuelves agudo y perspicaz.

Un líder con capacidad de crear el futuro en prospección, con mente preparada; entiende cómo desarrollar el potencial que hay en las personas, desde el auto reconocimiento, para expandirse a mundo de posibilidades. El líder prospectus reconoce el poder de la intuición, sabe que puede influir en ella, y usa el poder de la imaginación con propósito para hacerse del futuro que desea para sí y sus colaboradores. Así logra modificar su poder intuitivo y su efectividad. Él sabe que la inteligencia y la intuición no tienen límites cuando vives la experiencia conscientemente, con propósito y en reconocimiento de las fuerzas motivacionales que lo impulsan hacia la meta. El líder prospectus entiende y se conduce en la línea del tiempo como un rey sabio para buscar la efectividad; y aprovechar al máximo sus recursos y las oportunidades para maximizar (expandir) sus resultados.

Se necesita de un líder con elevada conciencia y en expansión, que pueda sentir y mirar a la red de talentos en la organización desde la grandeza. Es la intención de esta obra mostrar el camino a través de: el poder de la reflexión, la comunicación, el feedback, el pensamiento crítico, la mejora continua de nuestras inteligencias, el auto reconocimiento, el reconocimiento a otros, el poder de la prospección y la fuerza del liderazgo para crear un futuro mejorado, sin importar las condiciones ni las circunstancias del momento. Sabe que, si es necesario cambiar para estar a la altura del momento, lo hace, porque sabe como aprenden y cambian las personas y las organizaciones, entiende el proceso y el fenómeno, y lo hace con determinación y total confianza.

INTRODUCCIÓN

En esta oportunidad dirijo mi atención a las organizaciones, al liderazgo y, muy especialmente; a la conducta humana, los resultados que obtienen las personas cuando toman decisiones. Tuve que convertirme en una especie de viajero en el tiempo, solo para entender cómo era el estilo del liderazgo hace décadas y cómo este ha evolucionado. Siempre tendrás la oportunidad de encontrar tu propio estilo, pero esta vez autodirigido, intencionado, automotivado y consciente, porque buscas resultados y deseas ser extraordinario. Siempre he defendido la idea de que el centro de atención para el liderazgo son las personas, el talento humano, entender cómo viven la experiencia, no solo en el trabajo, sino también en los distintos roles o facetas de la vida; es de importancia suprema para dirigir el proceso de transformación en las personas y las organizaciones. Comprender qué pasa por sus mentes, qué es eso que los motiva y qué los lleva a elegir cómo comportarse, qué los lleva a seguir con elevado compromiso su sueño o su visión. Todo este conocimiento es determinante para alcanzar un liderazgo confiable, genuino, honesto y auténtico.

El reto más grande para el líder en la actualidad, no es solo generar resultados financieros y valor para el negocio, sino también, asegurar que este valor sea sostenible y sustentable en el tiempo. Él debe tener la capacidad de crear una cultura que atraiga a los mejores y brindarles una experiencia inolvidable. Debe guiar e inspirar a las personas para que consigan elevarse y convertirse en la clase de persona que aspiran ser, y eso significa que, hay que dotarlos de las herramientas necesarias, hay que equiparlos, empoderarlos, no solo para que puedan ver como posibilidad su propia visión y sus metas más elevadas, sino también lograr la trascendencia y la sabiduría. Es hacer que las personas crean en su talento innato, en su capacidad para potenciarlo y confíen en el liderazgo y su propuesta.

El líder con mente preparada sabe y reconoce que, para alcanzar el éxito en las organizaciones, primero debe ocurrir una transformación en el seno de la misma, y este cambio tiene como propósito crear la atmosfera adecuada para que las personas logren su auto realización y se comprometan con mente y corazón con la visión y los objetivos estratégicos de la organización (engagement), solo así se podrán alcanzar resultados sobresalientes.

Es importante comprender que las personas cambian, consciente o inconscientemente, quieran o no quieran; pero cambian con cada experiencia vivida, cambian cada segundo, cambian con el pasar del tiempo, es una realidad. Pero, ser quien espera por el cambio siempre; es la actitud más inhibidora que una persona pueda asumir, muy conveniente para crear el cultivo apropiado para el conformismo y la mediocridad.

El liderazgo prospectivo exige preparación constante, para diseñar y hacerse de un futuro en donde el verdadero protagonista sea la red de talentos en una organización, él sabe que el poder reflexivo, con intención de mejorar, es infinito, desde aquí iniciamos todo el proceso de transformación, entender de dónde venimos, dónde estamos y a qué aspiramos es crucial. La reflexión para el líder es que, si el individuo no reconoce el poder que reside en su mundo interior, jamás estará cerca de creer en sus facultades, le será más fácil convivir con sus limitaciones, y se imposibilitará de utilizar al máximo sus capacidades y su inteligencia, simplemente porque ignora tener estos recursos. Esta condición, por tanto; lo distanciará del poder que tiene para conducir su propio auto-empoderamiento. Si no conocen como se autolimitan y se empoderan, estarán siempre en desventaja ante el cambio y limitados para superarse a sí mismos. Reconocer este poder es de vital importancia, y es este proceso de reflexión y feedback el que guiará su mente para tomar la decisión de autodeterminarse desde la grandeza. Negarse a estos recursos y al poder que hay en su naturaleza, es intentar estar por encima del alma y eso es un imposible, sería negarse al destino mismo y esto no está en armonía con su espíritu.

Para proyectarse al futuro con efectividad, el liderazgo debe manejar el poder de la imaginación, alcanzar la maestría en el manejo de la prospección, para la formulación de estrategias, con atención y foco, con intención y propósito. El líder de hoy debe ser muy intuitivo, debe manejar el feedback y las emociones como un verdadero maestro para entrar en acción y tomar decisiones inteligentes, al tiempo que asegura la innovación y la mejora continua. Pero, los líderes, los colaboradores y, por consiguiente, las organizaciones; han tenido que lidiar con un enemigo en común, la distracción. Se encuentran dormidos, no sienten el feedback, no lo escuchan, no lo ven, no lo perciben con sus sentidos conscientemente, apenas una ínfima parte. Este estado sonambúlico nubla la capacidad de observancia, limitando su consciencia y el poder que tienen para elevar su poder intuitivo. Si no existe elevada consciencia, el liderazgo en las organizaciones permanecerá atrapado en un sueño permanente. Situación que termina por convertirse en un problema, porque ocurre en el nivel inconsciente. Las organizaciones luchan por mantenerse despiertas; pero son arrastradas por lo mismo que han aprendido por años, sus propios paradigmas, buscan renovarse, pero en el fondo defienden lo que son.

En esta obra encontrarás una reflexión profunda, desde una mirada crítica y constructiva, podrás conocer algunas historias, hechos, anécdotas, ejemplos y propuestas que te ayudarán a comprender el impacto que tiene el liderazgo en las personas; pero, sobre todo; el poder que tiene para transformarlo todo, con impacto positivo en tu entorno y más allá.

Es bien sabido que el mundo está en agitación permanente, se mueve constantemente entre el orden y el desorden, pero es una condición propia de los sistemas abiertos, en donde entra y sale información, en donde intervienen múltiples factores, variables controlables y no controlables, provocando alteraciones en el sistema que hace imposible predecir el futuro con total certeza. Una característica que tienen las personas y las organizaciones, entre otros, tienen la característica de ser sistemas caóticos. Pero, ser caótico es un estado normal en estos sistemas. Jamás existirá una condición en donde exista total orden ni total caos; es solo una condición que, aún en medio de la incertidumbre y la crisis eventual; el líder debe estar preparado para tomar decisiones efectivas y plantearse estrategias que permitan alcanzar el orden nuevamente, crear valor para el negocio y lograr que sus colaboradores alcancen su autorrealización y el éxito.

En la Mente del Líder Prospectus sí que hay sinapsis, hay reflexión y una intención clara de mejorar los resultados. Invita al ejercicio de pensar en todas sus formas para crear propuestas innovadoras y disruptivas que permitan gestionar con excelencia el talento humano y alcanzar un liderazgo cada vez más empático, visionario, positivo, estratégico y transformacional. Un liderazgo que siente y comprende la importancia y el verdadero impacto que tiene la comunicación y el feedback en los resultados que obtienen las personas dentro y fuera de las organizaciones.

Esta obra nos invita a la construcción de un mindset de crecimiento consciente y permanente; nos hace sentir que lo tenemos todo para alcanzar el éxito. Nos muestra el camino para alcanzar un Yo superior que nos hará evolucionar hacia la trascendencia, con una fuerza de voluntad indetenible, que busca con ambición crear algo grande, algo inspirador y de valor en donde quiera que se encuentre nuestro radio de influencia. Nos guía hacia el auto empoderamiento, a manejarnos con excelencia, desde el autoliderazgo y la autoayuda, para devolvernos la esperanza de creer en nosotros mismos. Nos enseña que el cambio se puede vivir con inteligencia.

El autor te recuerda que ser extraordinario no fue una elección del ser humano, es su naturaleza. Es decir, te pertenece, fue concedida desde el primer momento en que tu corazón dio su primer latido. Esta obra te deja saber que no tienes derecho a renunciar a la grandeza. Así que, tienes prohibido rendirte, anda y ve por lo que te pertenece, la felicidad y el éxito en la vida son posibles; anda y tómalo, pero obra bien. Sabemos que existe un enemigo común que destruye al genio que reside en cada individuo: La distracción. Aquí encontrarás herramientas para recuperar la genialidad y no cederla a este enemigo que pone en riesgo el avance firme de la humanidad hacia ese destino del cual nos podamos sentir orgullosos.

Hacerte de una mentalidad de líder es manejar la fuente de tu propia inspiración. Aunque el viento cambie, siempre hallarás el camino a la grandeza; porque confías en ti, sabes que eres el timón y el capitán de tu propio destino.

Capítulo I EN LA MENTE REFLEXIVA DEL LÍDER

Cuando los hechos cambian, yo cambio de opinión, ¿usted qué hace?

John Maynard Keynes

Un viaje al pasado para entender el presente y el futuro. Al fin y al cabo, vivimos los tres momentos entre un segundo y otro, de manera que, todos son importantes. Creo que debemos ser buenos viajeros. Soy de los que apoya la tesis que sostiene que el pasado y el futuro impactan en tu presente, en la forma de pensar, sentir, decidir y en la actitud que asumes frente a los acontecimientos de hoy y del mañana. Quiero compartir un espacio reflexivo, y para ello, vamos a revivir algunos momentos en la mente del líder. Haremos un viaje al pasado; para movernos en la línea del tiempo hasta alcanzar esa mirada al futuro. Es comprender el pasado para impulsarse con fuerzas hacia su visión, un futuro más prometedor. Esto del pasado ya no existe y el futuro es desconocido, no es una afirmación rígida ni absoluta, tiene una explicación que puede cambiar con la estrategia y el momento que se viva.

Estoy seguro que muchos de ustedes escucharon acerca de la famosa carta o el mensaje a García. Yo también fui uno de esos muchos que, no solo escuchó, sino que también la sostuve en mis manos, en mis años de formación y experiencia en la industria, en donde el compromiso y el deseo por hacerlo bien, era más grande que yo. Todas las personas, o al menos la gran mayoría de ellas, en puestos de liderazgo, nos identificamos con ese sentimiento, sentía que todas las personas debían leer el mensaje a García y reflexionar acerca de lo que quería transmitir su autor, Elbert Hubbard; pero claro, no con el grado de madurez que hoy puedo sentir.

El centro de atención para el liderazgo es y serán las personas, el talento humano. Hay que ir más a fondo y preguntarse: ¿cómo viven la experiencia?, ¿qué pasa por sus mentes?, ¿cuál es ese proceso que los motiva y qué los lleva a elegir cómo comportarse?, ¿qué los lleva a seguir con elevado compromiso un sueño, una visión?, ¿qué los lleva a decidir ser diferentes, a destacar entre las multitudes?, ¿qué los lleva a perseguir el éxito con vehemencia? Ese debe ser el principal objetivo del líder: conocer, guiar e inspirar a las personas para que consigan empoderarse y convertirse en la persona que aspiran ser, y eso significa que, hay que dotarlos de las herramientas necesarias, equiparlos, para que puedan ver como posibilidad lograr la trascendencia y la sabiduría. Todos fuimos dotados de recursos para llegar a este nivel, solo que requerimos de algunos cambios y ajustes, y estos pueden estar asociados, en su mayoría, a nuestras creencias, hábitos, estilo de vida y, por consiguiente, nuestra personalidad. ¿Este cambio es posible? ¡Absolutamente Sí! Solo se requiere de voluntad y fuerza para actuar en conformidad, en búsqueda de esa grandeza que está destinada para cada SER.

Hoy puedo comprender mucho más a las personas, desde su naturaleza, cómo perciben el mundo, qué los lleva a comportarse como lo hacen, cómo se bloquean o se limitan, y cómo pueden llegar a empoderarse hasta alcanzar su máximo potencial.

Cuando te acercas más a la naturaleza humana estás más próximo a vivir el cambio como la oportunidad de ser diferente, la posibilidad de mejorar, de crecer, ordenar las cosas, desechar lo viejo, enriquecer tu experiencia, ganar conocimiento, la posibilidad de acercarte a tus sueños, y la oportunidad de ayudar a otros, etc. Estar frente al cambio, de donde venga, es estar en el momento para crecerte, lucirte, el momento de crear una ventaja competitiva que te haga volar por encima del común de las personas.

La inteligencia y la intuición no tienen límites cuando vives la vigilia, los estados de alerta y consciencia para ser más grande de lo que eres hoy. Comienzas a ver cambios en ti, los cuales dispararán todo ese potencial con el que fuiste bendecido, muchas veces desconocido. Por ejemplo, esa capacidad que tienen los seres humanos para mirar hacia el futuro, haciendo prospección[1], termina por aumentar tu capacidad para crear un sinfín de escenarios, simulando posibilidades, que terminan por prepararte para lo que viene, y esto generalmente sucede de forma inconsciente, es decir, no se aprovecha el poder que tiene este acto. Tienes allí un poder sin límites para construir lo mejor de ti, otro recurso más. Ahora imagina cuando usas este recurso, este poder, de manera consciente en lo que sea que te propongas conquistar o hacer.

Manejarte desde tu propia naturaleza, te lleva al desarrollo intencionado de una conducta al servicio de tus capacidades, hacia el aprendizaje, hacia la mejora constante para desarrollar una actitud dispuesta a dar el máximo esfuerzo para alcanzar resultados excepcionales, sin espacios para la mediocridad. Mejorar todos los días se hace parte de tu visión, explotas al máximo tus recursos, comprendes que fortalecer tus *skills (habilidades)* y actitud todos los días transformará la forma de ver el mundo, aumentando tu capacidad de resolución. Imagina ahora cuando combinas este poder que proviene de tu naturaleza con la fuerza del liderazgo. Ya puedo imaginar lo que estás

---

[1] **N del E** La prospección hace referencia a "La generación y evaluación de representaciones mentales que resultan de imaginar el futuro, en donde se involucran la capacidad cognitiva, las emociones y las motivaciones humanas. Puede aplicarse para imaginar el futuro, tanto en lo personal como en la propia organización. Esta práctica consciente e intencionada, te permite alcanzar hábitos de alto rendimiento y resultados extraordinarios."
N del A. Se tratará en capítulo IV. En psicología, la prospección es la generación y evaluación de representaciones mentales de posibles futuros. (Daniel Gilbert (psicólogo) y Timothy Wilson).

pensando, y es así, es liberador, sobre todo porque comienzas a sentir que el dueño de tu destino eres tú.

Cuando desarrollamos una mentalidad y competencias de líder generas una fuerza y un poder en ti que no te permite caer en la conformidad, por el contrario; te impulsa hacia el cambio, porque ve en este la vía al triunfo. Esta actitud hacia el cambio y la fuerza del liderazgo te llevan a desarrollar estrategias para competir sin complejos y con una intención clara, ¡ganar el juego! Digo ganar, porque no se trata solo de competir, no quiero que te conformes con participar cuando lo tienes todo para ganar. No estaría escribiendo esta obra para participar solamente, queremos ganar, y esa fuerza reside en el liderazgo consciente; pero desde la perspectiva del *homo prospectus*[2] mirando al futuro para conseguir la sabiduría. *Te proyectas hacia el futuro, imaginas escenarios, incluidas tus propias emociones, los cuales generan fuerzas invisibles poderosas que te llevan a crear el futuro, no a esperar por él. Es decir, no toma en cuenta los datos que se disponen, no es pronóstico, tampoco es adivinar; sino crear el futuro deseado, vives la prospección, te imaginas dentro de ella de manera consciente. Este ejercicio genera cambios*

---

[2] **N del E**: *"El término Homo sapiens significa "hombre sabio", pero no es adecuado para la humanidad en general. Hay quien llega a ser sabio con esfuerzo, pero lograrlo no es fácil: se debe practicar la "prospección", mirar al futuro y anticipar lo que vendrá de la manera más funcional y mejor. El término para los seres humanos debería ser ``Homo prospectus".* Martin E. P. Seligman, Peter Railton, Roy F. Baumeister y Chandra Sripada **Homo Prospectus** Oxford University Press; 1er edición (13 Julio 2016).

positivos en la mente cognitiva y las motivaciones personales. Tenemos que mirar y transformar esos elementos vitales, moldear conductas y procurar los cambios estratégicamente para saltar entre los mejores o ser el referente. Tu naturaleza tiene todos los recursos para elevarte, solo tienes que aprender a manejarlos, están allí; solo queda jugar como Miguel Cabrera, con compromiso y disciplina, ejecutando como los grandes el plan para ganar, solo para ser mejor. Porque la competencia está en superarse todos los días. La forma como usas tu cerebro y tu mente, es clave.

Las personas ejecutan, en promedio, cerca de 65 mil pensamientos por día, y ya hay suficientes bases científicas para decir que el *Homo Sapiens* pasea su mente por la línea del tiempo y es capaz de modificar la forma en que percibe la realidad, su comportamiento y su actitud ante la vida. Esto sucede de manera inconsciente la gran mayoría de las veces, pero él no lo sabe. El *Sapiens*, sabiduría, no es algo que se da sin mayor esfuerzo, sino que es el resultado de vivir un proceso de crecimiento continuo que persigue al Yo superior, y esto pone la mirada en cómo el hombre y la mujer, el *Homo,* mueve su mente en la línea del tiempo, y qué impacto tiene el pasado, presente y futuro en su propósito de superarse cada día, sin restricciones, ser indetenible y ambicioso para hacer el bien. Porque el hombre tiene la capacidad de, no solo cambiar su realidad, sino que es capaz de moldear su futuro desde su mente, y si esto es posible, tu presente cambia. Como les mencioné, vinimos a este mundo dotados, y no se nos condiciona para autolimitarse, ese invento ha sido creado por el hombre; pero no por su naturaleza. Fuimos lanzados a la tierra para dejar una huella que perdure, llegamos aquí para obrar bien, significa valorar y honrar lo que somos; eso también significa desear el bien a nuestros semejantes. Ahora entendemos que el bien es algo en común que tenemos las personas.

Obrar bien, es lo que nos hace grandes, porque exige que busques constantemente superarte a ti mismo, la clase de acciones que nos devuelve la esperanza de conquistar la conciencia, esa que nos hace dignos y gloriosos, merecedores de ser recordados y admirados por el legado dejado en los caminos andados. ¿Creen ustedes que estos pensamientos no pasan por la mente reflexiva del líder? No estamos aquí para ahogarnos en las penurias del momento, desaprovechando el poder del pasado; y opacando el brillo de los días por venir. La mirada al futuro te transforma. ¿Crees entonces que debes aprender a controlar y usar tu mente para hacerte de un poder transformador?

El futuro lo estamos creando hoy, pero para moldear ese futuro, la experiencia pasada es importante, se forma el tejido de nuestra inteligencia, de allí se transforma la intuición. Porque no hay pasado que no haya tenido un futuro. No soy de los que cree que el pasado es pasado, hay valor en el pasado, no se requiere ser un superdotado de inteligencia para aprovecharlo. No es anclarse a él, es entender su impacto e influencia con relación al presente y el mañana en la vida de las personas. No me gusta apegarme a consideraciones absolutas. Pero imaginar el futuro que deseas y plantearte escenarios probables de ese futuro es muy importante, moldea tu manera de actuar ante él. Si logras comprender este proceso, estarás más cerca del "cómo", que vienen a ser las estrategias necesarias para transformarte y usar este poder para transformar a las personas. Así que, la experiencia vivida también participa cuando imaginas ese futuro, y son esas emociones, las que se originan de ese acto de prospección, lo que determinará la actitud de un individuo ante cualesquiera que sean las circunstancias del momento. Entonces, ¿Creen ustedes que el liderazgo debe preguntarse acerca de cómo las personas viven la experiencia en las organizaciones?, ¿crees que imaginar el futuro tiene impacto en el desempeño y los resultados finales? Y la respuesta es un "SÍ", con firmeza. Queda claro para mí lo determinante que es manejar la prospección para actuar frente al cambio y los acontecimientos del futuro.

Imagina el poder que llevas contigo cuando esto *es* aplicado conscientemente a tus propias experiencias, tu rol en la sociedad, en el trabajo y en la vida misma. Imagina este poder consciente aplicado y enseñado a tus hijos, la familia, amigos, colegas, tu ecosistema. Todo cambia, porque comienzas a reconocerte y cuando esto sucede, te das cuenta que estás frente a tu renacer, con una personalidad distinta, renovada, con energía y abierta a las posibilidades. Esto lo estaremos amplificando en el capítulo IV.

Aun nos encontramos en la ola de esta pandemia covid-19, pero diferentes, más resilientes, más fuertes y con más recursos; y debemos aceptar que el mundo ha cambiado. Mejor dicho, es un hecho. Aceptarlo es, por lo tanto, la condición inicial a nuestra propia evolución. Es la llave para abrirnos paso a los nuevos paradigmas. Lo cierto es que ya no es lo mismo; y si esto es así, los modelos mentales y comunicacionales deben también revisarse y adaptarse a las exigencias para afrontar con éxito el hoy y el mañana. El nuevo status quo es una realidad y luego vendrá otro. Siempre están cambiando las cosas, y si este cambio no lo estoy propiciando yo, alguien o algo, de seguro, lo está provocando. Pero no se puede dejar al azar, esperar siempre el cambio es crear una mente sujeta a la suerte, y el éxito no es eso. La arquitectura del éxito es responsabilidad de cada individuo. Cuando tú eres quien diseña la ruta de tu destino, de eso que quieres para ti, sientes que ya no eres lejano al éxito, por el contrario; sientes que ya te pertenece y harás todo por hacerte de lo que ya es tuyo.

De nuevo, el ser humano es el protagonista, no me sorprende, pues somos la vida y la esperanza para provocar los cambios necesarios; pero esta vez desde una posición más inteligente, sin la culpa, sin la diatriba, entre el empleador y el empleado; entre el mundo exterior y el mundo interior de las personas; todo lo contrario, debe ser desde la mirada conjunta de las mentes que conforman el equipo y desde un punto vista mucho más reflexivo. ¡Esto es posible! Es el gran desafío para el liderazgo, sin excusas, desde la responsabilidad y el compromiso del momento para marcar un hito en la historia.

Es momento de dar el ejemplo, haciendo las cosas diferentes. Desde la creencia de que toda persona es buena y juntos podemos rescatar el orden. Es partir de la idea de que, toda persona tiene un compromiso emocional con los objetivos de la organización y sus metas, con actitud positiva hacia la organización y lo que ella representa. Esto no significa ser ingenuo y estar perdido con relación a los hechos y los números. Aceptar que todos contribuimos con los resultados conforma el puente que nos une y no el canal que nos separa. Es aceptar que, desde la alta dirección y el liderazgo, las personas tienen grandes aspiraciones, y estas son: su autorrealización, el éxito y, un fin común en los humanos, alcanzar la felicidad. Es reconocer las emociones y comprometer su gestión a favor de las personas. Al fin y al cabo, el propósito de las emociones es guiar el comportamiento y los juicios morales del futuro, algo que podemos afirmar, gracias a los avances de la ciencia. Esto eleva el compromiso de la alta dirección, cuyo centro de atención, debe ser el éxito de su gente. El brillo de la organización será el resultado de haberse preocupado por el crecimiento de su talento.

El liderazgo tiene una gran responsabilidad, solo la visión del líder en este sentido, comprometido; conseguirá el *password* para acceder a una cultura más atractiva para las personas. Imaginar escenarios futuros favorables, te lleva a la preparación, esta preparación proviene de escenarios recurrentes elaborados por la mente.

Aprender a construir ese futuro deseado es clave para las personas, lo es para las organizaciones y lo será para el mundo. Hacerlo con la mente puesta en nuestra evolución, algo que verdaderamente anhelamos, será fundamental. Es muy difícil aspirar a tan elevado nivel, si no estamos comprometidos con ser personas extraordinarias. Para enseñar a otros el bien, tuviste que haber sentido su poder.

Las personas deben conocer cómo son y cómo se activan sus estados de excelencia, deben comprender el proceso que, no solo los lleva a diseñar a la persona que ellos aspiran ser; sino que se hagan conscientes que tienen el poder de potenciar sus capacidades, aptitudes y su intuición. ¿No es esto maravilloso?, ¿acaso no te hace esto más inteligente? Verdaderamente sorprendente, es uno de los muchos dones otorgados. Si se consigue un resultado consciente, todo cambiará, estaremos a la altura de los retos. Este empoderamiento creará una fuerza poderosa impulsiva que ejercerá control sobre el desorden y el caos, consiguiendo plantearse estrategias y atractores que nos devuelvan la alegría de pensar que podemos tener un mundo mejor. Si ese futuro está mejor diseñado en nuestras mentes, las emociones y actitudes, en consecuencia, serán de una fuerza imparable que trabaje a favor de nosotros en el hoy. Será mucho más fácil reducir las tensiones por lo que viene, por la incertidumbre o por la amenaza que visualizamos. Conocer lo que viene, sea esta una visualización también, te permite diseñar la ruta para elevar tu nivel competitivo, te hace más fuerte y astuto para el nuevo nivel de juego.

Ya no podemos mantener secuestrado el mensaje correcto, la verdad sobre las personas. ¿Quiénes somos y qué más somos? debe ser cultivado desde que somos niños; una verdadera lástima que no sea así. Usted ha escuchado muchas cosas, se ha especializado seguramente; pero no sobran instituciones que tengan este nivel de consciencia, conocimiento y voluntad como para empezar a hacer las cosas de manera diferente. Tampoco ves que las organizaciones están atendiendo esta necesidad, ni siquiera están totalmente convencidos de atenderla desde el nivel más alto de la corporación. Todo lo contrario, tengo la percepción de que no es muy bien comprendido en el ámbito de las competencias.

Somos personas que vivimos con mayor fuerza el futuro. ¿Creen ustedes que debemos convertirnos en unos arquitectos de la mente para diseñar nuestra mejor obra, nuestra pieza maestra, con clara intención, y con todos los recursos puestos para aprender a imaginar ese futuro a favor de un SER que merece estar en la cima? Es apasionante pensar en esta posibilidad, ¿no es cierto? Imaginen el impacto de una cultura estelar en las organizaciones. La emoción por ese futuro imaginado, construido en nuestras mentes, es prácticamente combustible para cohetes, el éxito estaría reservado para nosotros. Esto cambia, sin dudas, nuestra voluntad y actitud en el momento presente, porque comienzas a trabajar con intención en tu diseño, ser destacado, ser el mejor, ser un modelo para muchos. Es construir un mindset (mentalidad) para ganar un juego sin límites de tiempo, así es el juego de la vida.

Reflexiones del "Mensaje a García" de Elbert Hubbard

Quiero iniciar con un extracto del mensaje a García[3] como una demostración de que el conocimiento cambia, las mentes se transforman, la ciencia avanza; nada permanece fijo, el cambio será permanente e infinito.

> *"Hubo un hombre cuya actuación en la guerra de Cuba, culmina un astro en su Perihelio. Sucedió que cuando hubo estallado la guerra entre España y los Estados Unidos, palpóse clara la necesidad de un entendimiento inmediato entre el presidente de la Unión Americana y el General Calixto García. Pero, ¿cómo hacerlo? Hallábase García en esos momentos, Dios sabe dónde, en alguna serranía perdida en el interior de la isla. Y era precisa su colaboración. Pero, ¿cómo hacer para hacer llegar a sus manos un despacho? ¿qué hacer?*

---

[3] **N del E.** Un mensaje a García, también conocido, La carta a García o simplemente Carta a García, es un texto de autosuperación escrito por Elbert Hubbard en 1899. Fuente; Wikipedia.

> *Alguien dice al presidente: "Conozco a un hombre llamado Rowan. Si alguna persona en el mundo es capaz de dar con García es él: Rowan."*

Testigos del momento, cuando Rowan tomó la carta y con gran determinación la sembró en su pecho, allí donde sentía su corazón. Al cuarto día logra desembarcar en las costas de Cuba, para luego desaparecer en la densa selva, para reaparecer en tres semanas al otro lado de la isla. Atraviesa a pie un territorio hostil, como narra Elbert Hubbard, y entrega a García el mensaje del que era portador. No es objeto de este artículo la narración detallada del episodio que he descrito a grandes rasgos; dice Elbert. El punto sobre el cual quiero llamar la atención, dice; es este:

> *"McKinley, presidente de EEUU para el momento, le dio a Rowan una carta para que se la entregara a García, y Rowan no preguntó: "¿Adónde podré encontrarlo?".*
>
> *"¡Por Dios vivo! He aquí a un hombre que debe ser inmortalizado en bronce y su estatua colocada en todos los colegios del universo. Porque lo que debe enseñarse a los jóvenes no es esto o lo de más allá; sino vigorizar, templar su ser íntegro para el deber, enseñarlo a obrar prontamente, a concentrar sus energías, a hacer las cosas, a "llevar la carta a García"*

Aún resuena en mí el mensaje que deseaba transmitir Elbert a la humanidad, a toda persona en la tierra, era un mensaje para reflexionar, era una invitación a la acción con elevado compromiso, las excusas y las razones creaban en las personas un hábito por el incumplimiento; sólo los resultados importaban, para Elbert era cumplir con la obligación; en este caso; hacer lo que se tenía que hacer y sin vacilaciones.

> Continuaba Elbert Hubbard: *"El General García ya no existe; pero hay muchos Garcías en el mundo. Qué desaliento no habrá sentido todo hombre de empresa, que necesita la colaboración de muchos, que no se haya quedado estupefacto ante la imbecilidad del común de los hombres, ante su abulia, ante su falta de energía para llevar a término la ejecución de un acto."*
>
> *Y continúa, "Descuido culpable, trabajo a medio hacer, desgreño, indiferencia, parecen ser la regla general. Y sin embargo no se puede tener éxito, si no se logra por uno u otro medio la colaboración completa de todos los subalternos, a menos que Dios en su bondad, obre un milagro y envíe un ángel iluminado como ayudante.*

Elbert sentía seguridad de lo que había puesto de manifiesto en su ensayo, y pedía a todo aquel que quisiera demostrar su afirmación, que lo hiciera, que ordenara o pidiera a alguno de sus empleados una tarea en específico, y decía: *les aseguro que preguntas irán y vendrán, y al final, con probabilidad alta, la tarea no se hará y usted tendrá que buscar a otro empleado y a otro, hasta que la suerte que espera se presente ante usted.*

Elbert estaba seguro de que los resultados que se obtuvieron se alineaban perfectamente con sus afirmaciones, al menos si la ley de los promedios es cierta, decía. Son pocas las personas con el coraje de llevar "la carta a García".

Aquí me detengo a pensar, desde la posición del líder reflexivo; no es posible comunicar este impactante mensaje, ni en aquel momento ni en este; sin tener un acercamiento profundo con los colaboradores, desde la psicología positiva, desde el asertividad, desde el líder coach, reflexivo, transformador o el estilo que haya elegido ser, cada palabra, cada línea debe ser interpretada y comprendida. Sin embargo; reconocemos las limitaciones de información para la época, apenas a unas décadas después de la revolución industrial. Un estilo gerencial que ha venido evolucionando, por lo que no pretendo establecer juicios, sino desnudar puntos de oportunidad. Este mensaje no es para ser entregado hoy y ya, tampoco lo era para la época; sin una verdadera discusión que eleve el corazón y despertara la conciencia de muchos, en una atmósfera de valoración, de respeto, crecimiento y de gran significado.

No estamos diciendo que la carta a García de Elbert esté errada, no. Nadie sabe lo que pasa por la mente del escritor al momento de dejar sus creaciones en un papel o en digital; con base en sus experiencias y percepciones del momento histórico. Pero lo que sí les puedo decir es que, una cachetada en frío, para un despertar en la vida, muchas veces, se hace necesaria.

Para mi queda claro que hubo una intención positiva y tuvo gran impacto lo que Elbert escribió. En donde tengo especial duda es en el efecto que este mensaje tuvo en la mente de los trabajadores y empleados, ya que, desde la psicología positiva, para mí el mensaje no produjo transformación; y solo se transformó en esperanza para la clase empleadora.

Admito que no tengo evidencias de que, el ensayo impreso del mensaje a García fue demandado o comprado por el proletariado, trabajadores y empleados, para aprender y buscar un cambio personal; o solo se demandaron millones de ejemplares por parte de la clase empresarial; como una esperanza de cambio en las organizaciones. ¿Qué creen ustedes que pasó?, ¿Mejoró la motivación y el compromiso, o más allá, lo que hoy conocemos como *engagement*? ¿El mensaje fue muy bien recibido por las partes, es decir, el trabajador y los altos ejecutivos en las organizaciones, este fue asertivo o era con lógica acusadora? En mi lógica racional, los seres humanos no solo ofrecen resistencia; sino que buscan cómo defenderse cuando se sienten atacados, maltratados o amenazados; es una condición natural.

Los desafíos de la época, el auge industrial y lo que esto significaba, el inicio de un sistema o modelo capitalista y una nueva forma de organización, generó una nueva dinámica social y económica sin precedentes para la humanidad. Se experimentaron grandes cambios en los métodos de trabajo y las exigencias eran cada vez más retadoras. Quizá, los cambios de la época hicieron que llegara a la superficie las deficiencias de un sistema que exigía con urgencia un cambio radical en la consciencia del hombre y, por lo tanto, en el liderazgo.

Recordemos que, más allá del crecimiento económico, tecnológico y social, también hubo momentos de grandes diferencias y luchas sociales, con la aparición del proletariado, obrero y empleados; versus una clase empresarial burguesa; en donde las voces se alzaban por la justicia social, era la lucha por el derecho de los trabajadores a ser valorados, respetados y ser bien remunerados. Esto es historia, así fueron los hechos, otros tiempos en donde hay algo esencial, que no cambia mucho, la naturaleza humana y el corazón de las personas. Está allí ese milagro, desprovisto de voluntades, esa capacidad del ser humano para alcanzar la excelencia debe ser explotada, debe ser aprovechada, ya no puede ignorarse. Los desafíos de hoy son mayores. Las circunstancias que enfrenta el hombre son muy distintas, amenazadas por el avance tecnológico, probablemente, amenazadas por la apatía y el conformismo, la pasividad y la espera por el servicio de otros, parece cierto; pero la disonancia está en que no estamos diseñados para esa pasividad, existe mucho potencial en las personas. Entonces, ¿qué se espera que hagamos?, ¿qué cambios verdaderos debe plantearse la alta dirección?, porque esto debe venir en cascada, potenciado por los altos ejecutivos (CEO). No vayan a pensar que este cambio está por sentado, que es simple y que solo se alcanza a través de objetivos al nivel de dirección y gerencia media y baja. No, no es tan simple. ¿Es posible lograr el cambio necesario? La respuesta es SÍ, pero como dije, debe estar apoyado por el más alto nivel de las organizaciones. El liderazgo debe tener un despertar, hay que formarlos, hay que conseguir esa transformación en este nivel. Como dijo John Maynard Keynes:

"Cuando los hechos cambian, yo cambio de opinión; ¿usted qué hace?

Esto es retrospección, es buscar en el pasado, con intención de aprender, tomar la experiencia, para diseñar estrategias a favor de esa visión de futuro. El cómo te paseas por la línea del tiempo, pasado-presente-futuro, es algo que el líder debe aprender para hacer de la prospección un arma de gestión muy poderosa, no solo para las organizaciones, sino para la vida de las personas.

Cuando quieres influir y persuadir a las personas, con tus ideas, proyectos, acciones o vender una visión, una ruta; no es precisamente el mensaje negativo el que va a provocar el enganche o el *engagement*.

El *social proof* (aprobación social) se hace dominante, las personas tienden a orientar la balanza hacía donde apunta el comportamiento o la actitud de las mayorías. Esto se da tanto en los mensajes positivos como también en los mensajes negativos, el social proof no distingue entre estos dos. Es por ello que el desafío no es solo comunicar, sino comunicar de manera efectiva, consciente y con total conexión.

Puedo decir que, como Elbert Hubbard lo manifestó, quiso abogar por los hombres y mujeres, emprendedores, empresarios, que arriesgaban todo por sus ambiciones de éxito, empresarios y empresarias que lo daban todo por contribuir con una nación. Esas personas que dejaban el alma para ver cumplir sus metas, para generar riquezas a una nación, generar empleo, para dejar una huella ejemplar en este mundo, y que tenían que enfrentarse muchas veces a esta especie de almas indolentes y holgazanes, en donde reinaba la desidia; y el ocio era parte de su arquitectura mental. Sin embargo, no soy yo el que va a generalizar.

Creo que para muchos queda claro que, la gran mayoría de los emprendedores hacen grandes sacrificios para que muchos puedan disfrutar de lo que hoy tenemos y consumimos como sociedad. Estos hombre y mujeres, con canas tempranas y ojeras marcadas, desde muy jóvenes, muchas veces se ven acusados y mirados desde la lente de aquellos que han adoptado como bandera la pereza, la desidia, el conformismo, el desgano y la falta de compromiso, recibiendo calificaciones de patronos, explotadores de trabajadores, a quienes solo les importa enriquecerse, sin sentimiento de aprecio por los colaboradores. Pero cuidado, esto es, sin dudas, una forma de ver el problema muy cómoda y polarizada. Se hace necesario una mirada completa al paisaje, pues no hay culpables sino contribuidores a que los hechos en cuestión provocan dichos resultados. Y me estoy refiriendo tanto al liderazgo del momento como a los trabajadores, empleados y/o colaboradores.

Nos cuesta reconocer que algunas veces nos convertimos en el origen del problema, es decir; ser parte del problema. El autoexamen es necesario, y para ello hace falta una mirada a los hechos desde una lente distinta, siendo críticos para contribuir y ayudar a otros en su propia evolución y transformación.

Empresarios, altos directivos, gerentes, supervisores en posiciones de liderazgo, trabajadores y empleados, todos tienen una cuota de responsabilidad. Deseo destacar que no es solo el empleador quien tiene una lista de deberes y compromisos, también es el empleado, trabajador, y los líderes quienes tienen también su larga lista. El problema no siempre está afuera, muchas veces el problema reside en el mundo interior de cada individuo. Usted como colaborador tiene la responsabilidad de crecer, de superarse a sí mismo y responder con resultados, no con excusas, y estos resultados deben ser siempre buscando la excelencia. Sencillamente porque usted puede, usted nació ganador y debe comportarse como tal. Usted, como líder, directivo, gerente, líder supervisor, tienen el desafío de transformar a las personas y guiarlas hacia una visión, con significado, un destino en donde todos puedan sentirse valorados, apreciados, en bienestar, felices, con una experiencia que les resuene y los motive a alcanzar su máximo potencial.

Hoy en día, las organizaciones, pequeñas y grandes, tienen un gran reto por delante, entender la naturaleza humana y comprender más la dinámica de las organizaciones. Hoy en día, desde el liderazgo, no es posible enfrentar los retos actuales desde la lente del juicio, las sugestiones y los estereotipos absurdos, viejos, anuladores, esos que entorpecen el crecimiento y la vida; con la falsa creencia de que todos los problemas provienen del mundo exterior.

Lamentablemente la humanidad aprendió a evolucionar desde la actitud reactiva, en donde el golpe, el dolor, el drama, la fatalidad son, al parecer, las fuerzas que dominan el momento disruptivo en la paz aparente de la gran mayoría de las personas. Lo que preocupa de este hecho es que, creamos patrones mentales y actitudes que no logran conectar con las personas, generando una especie de divorcio relacional y una pérdida de significado, motivación y bienestar; poniendo en riesgo la propia experiencia de vida, conduciéndolos a vivir el trabajo como un dolor necesario para vivir y no sentirlo como un medio, con el orgullo y el placer de contribuir con la sociedad, y para alcanzar, por consiguiente, sus propios anhelos y objetivos personales.

¿Por qué no provocar los cambios desde la conveniencia consciente de evolucionar y crecer, provocando la disrupción desde un estado de consciencia constituido para ganar en la vida, sencillamente un estado de consciencia majestuoso? Seguimos empeñados muchas veces en el qué", muy creativos; pero seguimos ahogados en el "cómo", en la estrategia, por esa resistencia del SER a vivir la vida con sabiduría; inconscientes, tal vez, sin análisis profundo, sin la intención de actuar diferentes, sin atreverse a romper las reglas existentes para establecer la referencia, el nuevo estándar, desde el desafío constante y suficiente, desde tu mejor estado de recursos, con la confianza puesta en tus capacidades, porque estás dotado de una fuerza infinita, es lo único con lo que puede contar todo ser humano en la tierra, su propia naturaleza, su fuerza, su poder sin límites.

Son muchas las personas que se paralizan en el "Cómo", en la estrategia, no por el hecho de no saber establecer o idear las iniciativas respectivas; la frustración muchas veces aparece porque no comprenden los procesos de cambio y aprendizaje que viven las personas y las organizaciones. Lo he expuesto en el libro "El Desafío", creado para ser extraordinario, y no lo vamos a tratar de manera profunda en esta obra, solo usaremos algunos conceptos como referencia.

Un mensaje al líder de hoy y del mañana

> *No estás obligado a propiciar el cambio o estar preparado para ello; pero no te eximirá nunca de sentirlo.*
>
> *Jorge Guillén*

Cada momento en la historia es único, es también multivariable y muchas veces desconcertante, no existe un momento igual, esto no lo hace más ni menos compatible a los deseos del universo; así es el tiempo en el espacio, así es el cambio, así es la vida en este complejo sistema de proporciones infinitas, así es la vida en la tierra y mañana también tendrá otro matiz, con un escenario diferente.

Existen los hechos y las circunstancias, con sus distintos actores, interactuando, en evolución o involución, en medio de la incertidumbre, dentro de un ecosistema, en donde cada quien está apostando a sus ambiciones particulares y colectivas, unos conscientes y otros que ni se percatan de que el mundo se mueve a velocidades inimaginables. No estás obligado a propiciar el cambio o estar preparado para ello; pero no te eximirá nunca de sentirlo.

Usted puede estar estático, pegado a la cama, al sofá o a la silla; lento y quizá perdiendo el tiempo, quizá no, ¿usted que dice?; lo cierto es que la velocidad a la que viaja la nave tierra es de 110.700 Km/hr en el movimiento de traslación cuando se encuentra en el perihelio, el momento en que ella está más cerca del sol ¿le parece poco?, ¿sabía de esto?, ¿se siente sorprendido? en donde usted es un pasajero necesario, alguien lo escogió, alguien pensó que usted merecía estar en esta aventura, alguien creyó en usted. ¿Crees en ti de la misma forma en que otros lo hacen? Nadie invita a los perdedores a realizar una aventura como esta, solo los mejores tienen la bendición de ser tripulantes de esta madre nave, perdón, la madre tierra. ¿Has hecho el ejercicio de reconocer quién eres? Te dejo la pregunta. Estoy seguro que al final de la lectura, te faltarán páginas para escribir las razones que justifican el por qué fuiste el elegido.

Esto exige que seamos más dados a la acción que a la reacción, ¿estaría de acuerdo conmigo? Tiene usted todos los recursos para jugar como los reyes, para destacar entre la multitud, para cambiar su realidad a favor, para tomar la decisión de ser la persona que pueda alcanzar el orden, muy a pesar de lo caótico que puedan ser algunos sistemas, usted es uno de ellos. No desperdicie esta gran oportunidad, es la única vida, al menos bajo estas circunstancias y en este mundo. Usted definitivamente es especial. Si el Líder es el promotor del talento, desde una consciencia elevada, el cambio requerido en las organizaciones estará de fiesta. Sería tierra fértil, condiciones mínimas necesarias, para sembrar la esperanza de cambio que desean las personas para darlo todo por la visión compartida.

Las personas cambian, proactiva o reactivamente, quieran o no quieran; pero cambian con el pasar del tiempo, es una realidad. Pero, ser quien espera el cambio para ver que pasa; es la actitud más cómoda, dañina y arriesgada que persona alguna podría asumir.

Asegúrese de ser quien provoca los cambios, en lugar de convertirse en víctima de este. Las organizaciones no escapan de esta realidad. Con el cambio omnipresente, las personas cambian de paradigmas y creencias, modificando la percepción que tienen del mundo, sus valores, la forma de relacionarse y vivir la experiencia de vida. ¿Hay crecimiento en esto? Sí, probablemente, pero no garantiza la evolución del SER y, por lo tanto; será cuesta arriba alcanzar niveles superiores de consciencia e inteligencia si no toma el timón de su nave. Solo cuando construyes una mentalidad de crecimiento, generadora de posibilidades, es cuando podríamos estar hablando de evolución, ese estado en donde tu alma es inundada por un deseo de hacer el bien. ¿Debe estar preparado el liderazgo para dirigir los cambios en este nivel superior de la mente? Es un "Sí", diferente a esto rayas la superficie . Es probable que ganes un partido, pero será muy difícil ganar el campeonato.

Es imposible aceptar en nuestras mentes que el liderazgo sea algo que se pueda estandarizar, en lo absoluto, creo que muchos compartimos esta posición. Lo podemos observar hoy con tantos puntos de vista y teorías de liderazgo, del pensamiento, las inteligencias múltiples, la psicología de las personas, la neurociencia, la biología de las creencias y, suma a esto, el entorno, las circunstancias, la historia de cada persona y así hasta el infinito. Si el universo, el mundo y los individuos son vistos como sistemas complejos, llenos de ambigüedad e incertidumbre; en donde entra y sale información; con miles de variables interactuando en un entorno impredecible; con experiencias únicas e irrepetibles en cada individuo, está claro que no es fácil predecir el comportamiento futuro con certeza, ni tampoco los resultados por venir. Pero, siempre existe algo que podamos hacer para aproximarnos al control de ese futuro, y me refiero al cumplimiento de las expectativas y el éxito, y para ello es de crucial importancia haber imaginado ese futuro y haber trazado un plan factible para llegar a él. No es cualquier plan, debemos apuntar siempre al *"plan-to-win"* (plan ganador), el plan para ganar. Es tarea del líder, de la alta gerencia saber conducir este proceso, en donde toda la mirada está en la gente, es de adentro hacia afuera. Es entender que para mejorar el producto necesitas mejorar el proceso; es imposible conseguir este objetivo poniendo el foco en el producto. Lo mismo sucede con las personas. Tienes que comprender lo que separa al hombre del éxito, de eso que quiere con vehemencia para sí, pero que dista aún. Comprender el proceso que siguen las personas para llegar a creer que sus sueños son posibles y que su destino depende solo de él. Es de importancia suprema, dado que no queremos que esto suceda de forma accidental, tenemos que hacer que las personas puedan repetir esta hazaña las veces que lo deseen.

Para desatar todo el potencial de una persona, es necesario cambiar algunas cosas, y ese cambio sucede al nivel de la mente, lo demás vendrá en consecuencia, las mismas fuerzas invisibles que lo motivan al cambio. Allí es donde se disparan los procesos más importantes que terminan por definir el tipo de persona que llegarás a ser. De nuevo, no hay alternativa a la declaración que, el ser humano no fue dotado de grandeza para el conformismo, un estado del ser al que muchas veces no lo reconoces, y esto sería un gran desperdicio, porque quedar atrapado por éste es muy fácil, esta realidad es la que más abunda en el mundo.

El liderazgo no está definido por un estilo único, no puede ejecutarse con un manual y no es predecible, a menos que decidas ser el mismo de siempre, y si esta es tu realidad, prepárate para el despertar, dado que claudicar o renunciar a tu grandeza no lo tienes permitido por tu propia naturaleza. El desafío del líder está en desarrollar habilidades excepcionales, combinar competencias que lo hagan destacar y tener una mente flexible y superior. Debe ser muy intuitivo y para ello debe cultivar el poder de la observación y la imaginación, ser un líder prospectivo, tener la capacidad de proyectarse con sabiduría, ver en donde otros no ven; aumentar la lente de su realidad. Es aprovechar su biología y su naturaleza para vivir la experiencia, para llevar el mensaje correcto, desde una atención dirigida y automotivada, con plena consciencia de sus emociones, con un fin claro y bien definido, sin las distracciones propias a las que somos atraídos y tentados cada momento. El líder debe ser muy enfocado y enseñar el beneficio de serlo. La humanidad está invadida de distractores: Smartphone, redes sociales, realidad virtual, tv y muchas otras; hay un apego sin control a éstas; sin percatarse del riesgo que corren las personas, el de perder su ruta al éxito. Ellas piensan que alcanzar el éxito no es tarea fácil, y todo se debe a la distracción en la que están inmersos, dejan de pensar y se entregan para ser pensados. Es imposible manejar el mensaje apropiado cuando la distracción se apodera de la voluntad de las personas y esto tienes que saberlo, no estoy hablando solo del líder, sino también de los colaboradores.

El líder debe llevar el mensaje apropiado, debe ser inspirador, debe ser con consciencia superior, apartándose de su ego, del juicio, del mensaje negativo. Usted debe aprender a cautivar a las almas, incluyendo a la suya primero. El centro sigue siendo las personas, no hay alternativa a esto; lo he dicho desde el principio, las personas son la punta de lanza del éxito de cualquier organización. Implica enseñar a cada individuo a vivir el cambio y acepten la capacidad que tienen para transformar su realidad y la del mundo, sin complejos, ejemplos hay de sobra. Lo que hoy tenemos, es porque alguien lo soñó, lo imagino y lo creo.

En este momento me hago una pregunta, ¿Cómo llevar un mensaje a García en estos tiempos? Con toda honestidad, el hecho de entregar un libro con el mensaje a García, sin más nada, a interpretación de las personas, cada quien, desde su manera particular de vivir su realidad, así como lo sentí yo en aquella época, no lo creo conveniente, ni efectivo, pues sería contrario a lo que creo y al motivo que me impulsó a escribir esta obra. Una cosa es como yo, Jorge Guillén, lo haya interpretado desde mi posición de liderazgo y otra cosa es cómo lo interpretaron los colaboradores. Centrarse en las personas, es lograr esta cercanía, una cercanía profunda, sincera, auténtica, empática, que consiga comprender y aceptar la realidad de las personas, conectar con ellas, con sus sueños, ser parte de ese proceso de transformación es de gran significancia.

No cabe duda que, el mensaje a García intentaba transmitir la importancia de que el hombre abrazará y valorará el significado del compromiso, la prontitud, el amor al deber, responsabilidad, disciplina, entrega y pasión, como fuerzas invisibles que volvían indetenible e inquebrantable la voluntad de los hombres y mujeres del mundo. En concentrar sus energías para hacer bien lo que hay que hacer.

No dudo del impacto en su momento; me refiero al mensaje desde el origen, la carta, el mensaje oculto, más allá del deseo de sublimar la historia. Pero en los resultados aspiracionales, motivo de la carta, esa reflexión de todos aquellos trabajadores y empleados, hubo realmente el *engagement* esperado en las organizaciones, del hombre en la sociedad, el momento reflexivo disparador del cambio a voluntad, sin vuelta atrás, probablemente no. ¿Qué piensa usted? Al fin y al cabo, no deseo defender ningún pensamiento o conocimiento para toda la vida, no deseo ser esclavo de lo viejo ni de lo que no es funcional a mis propósitos, ni ser un obstáculo en la evolución y la trascendencia del hombre. Por el contrario, apoyo el cambio, lo recibo con agrado, pues es lo que nos hace diferentes, es una fuerza transformadora, nos dice que es necesario diseñar un mundo interior a la medida de las circunstancias del momento. Si esto es posible, la humanidad estará agradecida por este despertar.

Si podemos aprender algo del mensaje a García, es la intención positiva en su idealización, lo valoro; pero hoy, debe ser comunicado de manera diferente. En la actualidad, podemos comunicar hoy con impacto y con influencia en 10X, sin dudarlo, y este alcance es global. Lo tuvo el ensayo escrito por Elbert en su época, imaginen el impacto y el alcance de comunicar en la actualidad.

Ahora usted tiene la oportunidad de comunicar un mensaje totalmente diferente, porque cuenta con mayores recursos, el avance de la ciencia y la tecnología. Tiene como base la experiencia suya y la de otros, tiene ahora un análisis retrospectivo, es quien debe hacer la introspección para reconocer su potencial, y tiene el poder de la prospección para diseñar un futuro maravilloso. Haga que hoy sea el inicio de esa construcción.

Para comunicar la historia más poderosa, usted debe asegurarse que esta sea claramente comprendida, desde el deseo de construir, desde la empatía, el optimismo, desde el amor propio y la esperanza, solo así tendrá la posibilidad de transformar vidas. Hacerlo desde el dolor, la victimización, la angustia, la frustración o la rabia, no es precisamente el lenguaje que caracteriza a un Líder. Ni tampoco el lenguaje apropiado para inspirar y ganar voluntades.

Un verdadero líder, jamás invertirá sus energías en el uso de un lenguaje decadente y aniquilador, en su mente no está herir el alma de aquellas personas que son atraídas por el progreso. Un líder Jamás mataría la esperanza que tienen las personas en ser lo que ambicionan. Así que, vencer la hamartia[4] es entonces un objetivo continuo de toda persona. La gran mayoría de las personas desean ser recompensadas con el premio mayor, ese que es dado por ser embajador del bien, por su contribución a la sociedad, por haber tomado la decisión de honrar la vida. Las personas desean ser reconocidas, desean encontrar significado y ser felices en lo que hacen, desean ser referencia y ejemplo. Hágales esa propuesta a las personas, haga una encuesta, y comprobará lo que le estoy diciendo. Entonces, no desperdicies la oportunidad de

---

[4] **N del E**. Hamartia es un término usado por Aristóteles en su poética, generalmente se traduce como "error trágico", "error fatal", defecto importante, fallo o pecado. Es un error fatal en que incurre el "héroe trágico" que intenta "hacer lo correcto" en una situación en la que lo correcto, simplemente, no puede hacerse. Un término análogo usado comúnmente en Liderazgo es el Error masivo de criterio, cuyo uso se basa en una pequeña decisión tomada por el líder, que en el momento en la que la toma no genera mayor impacto, pero en el tiempo cobra fuerza y puede ser devastador.

enviar el mensaje correcto a las personas sobre quienes ejercemos influencia, esos que esperan mucho ti. Así que antes de que comuniques el mensaje, hazte las preguntas: ¿cuál es la intención del mensaje que deseo transmitir?, ¿para qué lo hago?, ¿el mensaje hace una invitación a la adopción de la conducta positiva que deseo conseguir?, ¿el mensaje es positivo, optimista, inspirador o motivador, o todo lo contrario? Es ser consciente de lo que piensas, haces y quieres lograr, siendo honesto, auténtico y respetuoso contigo mismo y con los demás, con absoluta coherencia y congruencia.

Elbert Hubbard, en su carta a García; jamás imaginó el alcance que tendría su comunicación, así que no te límites, hoy en día el poder de influir es interplanetario y multidimensional.

En reflexión, y con plena convicción, te puedo decir que, si comunicas o intentas provocar cambios de comportamiento desde el lado negativo del mensaje, y no desde la intención positiva que deseas en tu aspiración de cambio; jamás conseguirás resultados favorables. Esto tiene sus fundamentos en la psicología de las personas. Una cosa es que tu mensaje sea interpretado perfectamente por mentes estudiosas de la semántica, eruditos del meta mensaje o letrados; y otra cosa es la comprensión del mensaje por parte del público objetivo, que seguramente se regirá según el comportamiento promedio o de las masas. Comunica para inspirar y transformar, no para establecer juicios ni estereotipos que solo te puedan llevar a la frustración. Evita ser parte del problema.

Existe una brecha entre el lenguaje y el pensamiento, no dejes por sentado nada, sé directo, preciso y conciso. Una cosa es que tu entiendas lo que deseas comunicar y otra cosa es que tu interlocutor lo entienda como tu deseas. Asegura que las personas no sólo comprendan el mensaje, sino también que sean edificados, motivados e inspirados por este.

El conocimiento per sé no es garantía de grandes transformaciones, una persona puede tener una vasta inteligencia intelectual; pero rígido, como conocimiento momificado, sonambúlico, guiado por un programa. Nada pasa con esto, a menos que seas un especialista muy enfocado, por ejemplo: un desarmador de bombas, entre otros. Es por eso que nadie cambia con un libro sin practicar lo aprendido, ni tampoco lograrás cambiar a las personas en una cita reflexiva. Se cambia solo cuando prácticas conscientemente eso que aprendiste, creando nuevas experiencias; porque cuando lo haces de manera consciente, este conocimiento construye una actitud para el éxito. Si lo que aprendes se va a conocimiento intelectual, sin vivir la experiencia de ese conocimiento, ese que hace a un humano más humano, más sabio y consciente de su evolución y trascendencia, no esperes mayores expectativas fuera de tu especialización en tareas rutinarias. Recalco, hay robots que son necesarios, lo admito; pero es importante recordar que somos seres humanos y vinimos aquí para ganar, y ese ganar tiene que ver con el poder para rechazar todo aquello que nos haga pensar en una renuncia.

Fuimos creados para transformar el camino en autopistas y las autopistas en verdaderas redes de conexión, cuyo límite es el cielo. Estas redes de conexión tienen el poder del conocimiento transdisciplinario y el poder de la experiencia, es el hombre holístico más la tecnología edificando un poder infinito. El conocimiento debe vivirse y debe ser compartido conscientemente y, hacerlo bien, requiere de un reconocimiento sincero de las personas que te acompañan a lo largo de ese camino. La clase de reconocimiento que hará que cada persona pueda remover las capas de lastres que no le permiten ver su belleza, su poder y su fuerza, para lanzarse sin temor a perseguir lo que les pertenece, sus sueños y su felicidad.

¿Acaso la felicidad no es energía potencial para las ideas, la creatividad, la innovación y el éxito de las personas?

El mensaje reflexivo a los líderes de hoy y mañana es que, si las personas no conocen el poder que reside en cada individuo, jamás podrán estar cerca de ser conscientes de conducir su propio auto-empoderamiento. Si no conocen cómo se autolimita y se empoderan, estarán siempre en desventaja ante el cambio y el tiempo que, de paso, sigue su curso sin parada ni espera. Conocerse se hace necesario, desde su naturaleza, este conocimiento es parte de su destino, negarse sería un absurdo, sería negarse al destino mismo y esto es imposible.

Conocer esta naturaleza es clave para conectar tu poder interior con tus recursos; esto, sin duda alguna, será la llave para abrirse a las posibilidades, operar desde la abundancia, desde un estado de grandeza, ese que le otorga al SER el milagro de creer en sus aptitudes y actitudes para alcanzar todo cuanto se proponga en la vida. Ese debe ser uno de los grandes retos del líder de hoy, no es solo transferir conocimiento, es una invitación a la transformación.

> *Creo firmemente en el potencial del ser humano para alcanzar sus más altas ambiciones, es quien tiene la mente, es a quien se le ha otorgado el poder de conducir su propia existencia.*
>
> *El mayor obstáculo al que se enfrenta es lo que el hombre cree de sí mismo.*
>
> Jorge Luis Guillén

Me atrevo a decir que, las posiciones de liderazgo deben incluir competencias humanas para cumplir con la misión de convertir personas en verdaderos humanos. Transformar robots, gobernados por el programa (el inconsciente, el piloto automático), en personas dispuestas a renovarse constantemente, en revisión permanente de sus paradigmas, con la única idea en mente, lograr el despertar de un ser que lo tiene todo para triunfar. Es hacer que las personas comprendan el proceso que los hace renunciar a su grandeza, una especie de virus que ataca al común de las personas; pero que esta conducta no se le ha permitido al hombre, es solo una de muchas limitantes que ha sido creada por su mente. Toca aprender el proceso inverso, hay que enseñarles ese camino; un trabajo permanente del Líder.

El líder sufre de los mismos problemas que enfrentan sus supervisados o seguidores; pero los primeros son los que tienen la responsabilidad de guiar el barco y a los tripulantes a puerto seguro. Estas sombras y dificultades por las que atraviesa un líder, son igualmente sus viejos paradigmas, el entorno, su limitado conocimiento acerca de las personas y, por lo tanto, de las intrincadas venas que dan vida a las organizaciones. Las personas son sistemas abiertos también, que siguen una dinámica compleja, en donde prever los resultados futuros no es tarea fácil, es casi imposible. Por eso digo que el líder debe tener competencias humanas, debe conocer profundamente a las personas, como piensan, sienten y actúan, sus aspiraciones, qué buscan, que anhelan y que los lleva a darlo todo, con energía, con pasión, qué es eso que los lleva a alcanzar esa fortaleza mental y esa conexión emocional con su trabajo, con la organización y sus metas. Si no, cómo logras conseguir la homeostasis[5], cómo te

---

[5] Entiéndase en este contexto como la capacidad de buscar el equilibrio, la paz, sobre todo emocional, se reconoce también cómo la tendencia a mantener un ambiente interno estable y relativamente constante.

aproximas al orden cuando las cosas salgan de control, como superar la frustración, la confusión, la distracción, el conflicto y el éxito.

Las personas cambian la manera en que experimentan la vida. El tiempo, el avance tecnológico y la dinámica del comportamiento social se encargan de que esto suceda. Usted ya es parte del mundo de las redes sociales y el internet, o estas son parte de su vida. Lo cierto es que esto nos ha cambiado, y cambiará de manera radical con la oferta del metaverso, y así hasta el infinito.

Usted no podrá motivar ni cambiar la mentalidad de sus trabajadores, a menos que comprenda su realidad, y esté decidido a mostrarles el arte de vivir conscientemente, y desarrollar en ellos la inteligencia intrínseca o intrapersonal, esa que refiere a la conciencia que tiene un individuo sobre sus propias capacidades y limitaciones, al conocimiento que tiene de su propia existencia, a la autocomprensión que lo lleva a tomar decisiones de cambio y crecimiento permanente. Solo así estaremos formando individuos ganadores, capaces de reflexionar, de ser críticos; manteniendo siempre el espíritu de competencia consigo mismo, para ubicarse en un peldaño más alto en la escala hacia su propia evolución. Es la creación del tipo de personas capaz de elegir su futuro, haciendo uso de su razón para construir un destino maravilloso, que viene de la propia persona y no el que te imponen. Es quien aprende a tomar una decisión consciente y ésta siempre lo lleva a la superación personal; en la que mantener una actitud volitiva sea la meta que se proponga y que este deseo de despertar y evolucionar sea un ejercicio constante.

Para enseñar el valor por la prontitud, el compromiso, la pasión, la entrega, la disciplina, los resultados y la excelencia, tienes que tenerlo, tienes que modelar como líder, debes entender el proceso de construcción y transferencia. No es posible enseñar lo que no se tiene; y si lo tienes; pero si no conoces cómo transferir ese conocimiento, entendiendo como cambian, aprenden y se transforman las personas, solo estarás más cerca de la frustración. Por lo tanto, debes emprender este viaje si quieres ver cambios verdaderos.

En mi experiencia de más de 25 años en organizaciones te puedo decir que, las organizaciones confían en la declaración de su misión, visión y los objetivos estratégicos, muy especialmente en la alta dirección, y es obvio, allí nacen. El problema es que se va diluyendo en la medida que bajas en la estructura jerárquica. No hay garantías de que esto sea entendido y compartido por todos en la organización. En muchos casos estas declaraciones son solo parte de una exhibición de pared, o se encuentran en una nube muy cerca de las estrellas. Como atractores, son elementos poderosos; pero no se trata solo de tener y comunicar, tienes que creer, hay que vivirlo y la única manera de garantizar esto es negociando creencias y paradigmas. Es lo único seguro que tienen las personas para interpretar el mundo que les rodea, los únicos traductores o intérpretes que le dan sentido a la vida de cada individuo. El liderazgo es la clave para esta amenaza. La pregunta que me hago entonces, ¿tienen los niveles altos, medios y bajos de liderazgo las competencias para provocar los cambios que demanda esta dinámica actual?

Hace dos décadas, veíamos cómo las empresas experimentaban el achicamiento de sus estructuras (*downsizing*); unido a algunos elementos matadores de la productividad: la multifunción (*multi tasking staff*) forzada y el desfase entre el perfil del puesto con el perfil del liderazgo del momento, y la ausencia de una verdadera red de talentos, solo funciones existentes. Como resultado; una pérdida de competencias como consecuencia de un juego estratégico mal jugado. Este tipo de organizaciones vivía una especie de comportamiento compulsivo, una especie de visión extraña y dolorosa, provocando desorden, con difusos atractores, y un liderazgo cada vez más débil y confuso. Esto pasa por no saber distinguir entre un juego finito y el juego infinito. El juego en las empresas y la vida es infinito. Como diría Simon Sinek. Aún existen organizaciones que confunden el tipo de juego, y son las que más sobran, aquellas que acostumbran a jugar el juego finito. El consumo de recursos a invertir al jugar el juego equivocado es inmenso y el riesgo es alto. Las estrategias en ambos juegos son diferentes, muchas veces se juega para ganar un parcial de tiempo, olvidando que el juego de la empresa es continuo, sin límite de tiempo. La aparición de nuevos jugadores, nuevas reglas, nuevas variables en un entorno cambiante, impacta en los resultados; porque las empresas viven el largo plazo, y no solo el momento, todo cambia y son muchas las cosas que no estarán bajo el control de las empresas, así es el juego infinito.

Las organizaciones cambian constantemente, cada una es única y no existe un pronóstico claro de qué serán en el futuro. Tal y como son las personas, tienen un alto grado de complejidad; pero existen algunas cosas que nos pueden aproximar a un liderazgo trascendental y, por consiguiente, a una experiencia de transformación verdadera, con mayor cercanía a los objetivos estratégicos establecidos y al éxito de las personas.

Lo primero es estar consciente de lo que es SER un buen líder, qué representa y qué se espera de él. Debe convertirse en esa persona consciente de su compromiso por el desarrollo constante de sus habilidades de liderazgo, porque tiene una obsesión, convertirse en un líder estelar. Es la persona consciente del impacto que tienen sus palabras y acciones sobre las personas. Es quien busca construir una dimensión moral y espiritual elevada; ya que reconoce que los empleados o colaboradores, hoy más que nunca, están buscando significado en lo que hacen, no es solo dinero para atender sus necesidades básicas. Desean autonomía, por lo que es importante empoderarlos, trabajar en su crecimiento personal y profesional. Desean generar impacto y persiguen, casi instintivamente; tener una conexión especial con su entorno, consigo mismos y con las personas. Desean una experiencia que los gratifique y los exalte, extrañan SER humanos en un mundo inundado de autómatas. El líder de hoy y mañana debe estar a la altura de los nuevos paradigmas.

Frente al liderazgo tradicional o clásico, surge la necesidad de un liderazgo moderno, humano, consciente y muy centrado en el talento humano. Un liderazgo que sea capaz de transformar personas comunes en personas extraordinarias. Deseo que este líder visionario y humano atienda reflexivamente las siguientes recomendaciones:

1. Conozca el momento histórico en que suceden las cosas, muy especialmente si tiene relevancia en la idea de construir un mejor futuro. Los hechos pasados, las opiniones, el conocimiento y los paradigmas vistos desde otra lente, podría cambiar hoy la realidad de muchos. Si cultiva la observación, es muy probable que tenga éxito. No tome decisiones con un manual, piense, sea crítico y luego decida, confíe en usted, primero que nada, hágalo con responsabilidad. Como líder usted será consciente que, el método o las decisiones que resultaron ser efectivas ayer, hoy quizá solo sea historia. Usted tiene que manejar la adaptación en búsqueda de esa flexibilidad que lo llevará a ser diferente, conveniente, elegible y admirable. Actuar con sabiduría es cautivante.

2. Aprenda de los errores; pero no se quede en lo superficial. Los errores tienen una gran cantidad de información valiosa que podrían ponerlo en posición de ventaja. Sucede que somos halados

hacia la comodidad en ocasiones, quizá por el hecho de que somos gobernados por el inconsciente. No todo el tiempo hay que andar en un jet en alta velocidad, muchas veces el caminar sacará lo mejor de usted. Piense, investigue, sea paciente, explore y sea curioso. La información que necesita está allí, no haga solo lo que le conviene, atrévete también a hacer lo que es conveniente frente al desafío presente.

3. Permita que aflore la empatía y conecte mágicamente con las personas. Comprenda primero antes de ser comprendido. Cuando tienes toda la atención sobre quien habla o se dirige a ti, cuando estás cien por cien enfocado, y eres honesto, auténtico y genuino; es cuando estás más cerca al corazón de una persona. Esto es elevar el estatus de esta. Cuando edificas lo mejor en las personas, les haces sentir que son importantes.

4. Cultive en lugar de educar intelectualmente a las personas. Los hechos han demostrado que no es suficiente el intelecto. Una persona que ha sido cultivada será capaz de desarrollar, con actitud de hombre estelar, su inteligencia intrínseca. Me estoy refiriendo al poder que tiene la transformación frente a la educación per sé. La inteligencia intelectual tiende a momificarse si no se adquiere desde una consciencia que invite a los hombres y mujeres a conquistar los peldaños

más altos de su evolución y de su trascendencia. Cuando desarrollamos la inteligencia intrapersonal, tendrás a una persona capaz de pensar, reflexionar, refinar y mejorar. Las personas con este tipo de facultades, se auto desafían, se involucran, son resilientes, son comprometidas, gestionan sus emociones de manera favorable, son esas personas generadoras de energía, saben que la felicidad es lograble y aprenden cómo hacerlo. Buscan satisfacción y motivación en lo que hacen, viven en bienestar y saben que son los únicos responsables de crear la mejor experiencia que puedan vivir.

5. Evite caer en la trampa de pretender comunicar e inspirar desde la lente acusadora o desde el juicio; es de hecho perturbador e hiriente al liderazgo. No existe conservación de la energía cuando me enfoco en lo que no me gusta del momento, del entorno, ni de las personas. Cuando percibimos lo negativo en el todo, es porque se ha creado una personalidad que vive la amenaza casi permanentemente y una mentalidad alrededor de la escasez. Es una condición de mucho estrés del SER, una pérdida de energía en donde interviene la distracción, resultando en una especie de ambliopía en la visión del liderazgo.

6. Aproveche sus dones y talento para superarse a sí mismo y para ayudar a las personas. Controle

el poder de su ego, usted no sabe más que nadie, usted solo sabe algo y ese algo toma mayor valor cuando es combinado con el talento y conocimientos de otras personas. Use su talento para construir, sea inteligente, no caiga en las provocaciones de la ignorancia. Esta es tan osada, que puede llegar a su puerta vestida de colores para seducirlo, para provocarlo, solo para demostrar que el hombre no ha aprendido nada y que, no es capaz de resistirse al pecado de buscar su autodestrucción.

7. Revise permanentemente sus creencias, caso contrario; se convertirá, con toda seguridad, en un esclavo de ellas, será parte de la tesis que sostiene que el hombre se vuelve autómata hasta el punto de perder su libre albedrío; si es que alguna vez lo tuvo. Para comprender con profundidad esta afirmación, sólo piense por un instante en eso que ya sabe. Hágase la pregunta, ¿Hoy, le sirve de algo eso que sabe y defiende tanto, o es conocimiento muerto lo que almacena en su cerebro? Usted es lo que piensa, lo que escucha y eso que cree. Por lo tanto, si usted no cambia; es muy difícil que provoque cambios verdaderos en su entorno, en su equipo de trabajo y, mucho menos; en la organización.

8. Tenga el coraje de renovarse constantemente. Revise sus paradigmas y competencias para actuar con libertad, afile la sierra, séptimo hábito

de Covey, sin ataduras, con claridad en lo que desea, con un para qué claro, un propósito; y con una gran motivación para actuar con determinación; desde su mejor estado de flow.

9. Para gestionar el capital humano hoy, se requiere ser un seductor nato, no para gustarle a todo el mundo; si no para llevar el mensaje esperanzador al corazón de las personas. Jamás podrás encantar ni persuadir si no tienes respeto genuino por ellas. Las personas necesitan descubrir su potencial, ellas estarán dispuestas a hacer lo que se necesita hacer para alcanzar su mejor versión, pero necesitan que alguien les enseñe a hacerlo.

10. Comunique con excelencia, usted debe convertirse en un encantador de almas. Escuche, comprenda y aprecie. Debes mantener una actitud de humildad y no de superioridad. Si alguien tiene que explicar lo que usted comunica, entonces ya sabe que tiene una oportunidad de mejorar, pero más vale que lo haga. Es imposible avanzar hacia la visión y el cumplimiento de los objetivos en ausencia de esta. Jamás se conseguirá la voluntad de las personas si desconocen para qué y para quién trabajan, resultando en una pérdida de propósito y sentido, una especie de desconexión activa que termina por aniquilar el *engagement* y la esperanza de alcanzar el éxito.

11. Comprenda y ponga en práctica los recursos ilimitados del SER humano, y aprovechemos estos para edificar la grandeza. Solo así podrá alcanzar la efectividad colectiva. Aquí no se trata solo de usted, no estamos hablando sólo de habilidades de liderazgo para dirigir con excelencia su vida, es más allá, es liderazgo organizacional también. Usted influirá y transformará la vida de las personas, es construir y compartir una visión, es ayudarles no solo a alcanzar los objetivos propios de la organización, sino también los propios objetivos de vida. Esto implica que usted debe conocer cómo funcionan las personas.

12. Jamás subestimes tu inteligencia. Tampoco la desperdicies. Desaprende lo que aprendiste de ella y atrévete a renovarla constantemente, atrévete a desligarte de tu viejo SER. No permitas que la pereza te mantenga estático, ni que la comodidad se vuelva contra ti. Inteligencia no es solo saber, recuerda, no es fija, es dinámica, si no la conduces conscientemente, esta hará que tu vida sea accidental. Así que, tu vida y los resultados que obtienes estarán sujetos a la capacidad de adaptación que tengas para estar en capacidad de comprender los hechos y las circunstancias. No te conformes con ver lo que ven los otros, es demasiado fácil. Si te exiges lo

suficiente, tendrás la llave de acceso a la información que te hará diferente y atractivo.

13. Uno de los mayores retos que tienen los líderes en la actualidad, no es ni siquiera el desafío del momento. El hombre, el trabajador y, por lo tanto, el liderazgo; está sujeto y anclado, por lo general, a las propias restricciones de la empresa o del entorno al que se circunscriben. Solo un liderazgo superior tendría el poder y el coraje para cambiar y mirar el contexto holísticamente. Se necesita coraje para romper los viejos modelos y gran habilidad para persuadir y permear el nivel superior de las organizaciones. Hay alguien que espera que actúes, no le temas al "No". Atrévete a ser diferente, recuerda que fallar es el resultado, *by default* (por defecto), cuando te has planteado tomar en serio la autopista del éxito.

14. Si eres de los que usa el modelaje para enseñar y propiciar el cambio en las personas, tenga presente que esto lo cambiará para siempre. Cuando lo haces con consciencia, harás lo imposible para crecer y transformarte todos los días, crecer como lo hacen los atletas de alto desempeño, con compromiso y disciplina para superarte a ti mismo, porque en tu mente llevas el deseo de ser mejor y de ayudar a otros, de servir de modelo a aquellos que te rodean y eso exige altas dosis de trabajo y dedicación, ser constante en tu búsqueda de ser un supernatural.

15. No te limites ni te conformes con conocer los conceptos y las modas. El modelaje, dentro de los métodos de enseñanza y aprendizaje, es muy poderoso. Pero modelar no es solo exhibir lo que usted genuinamente es y predica, sino el reconocimiento y la confianza puestas en las fuerzas invisibles que sacarán lo mejor de ti todos los días, desde dónde reside tu alma y el sabio que yace dentro de ti. Desde allí emergerá todo tu poder para construir tu templanza, tus actitudes y tus aptitudes. Solo así podrás poner el poder de tu enseñanza en otro nivel. Es empezar a reconocer el poder de la mente en el proceso de transformación que viven las personas.

16. No repita lo que haya escuchado, visto y leído sin un filtro, sin verdadero análisis. Comprender el significado de lo que se aprende es necesario. Si usted no lo aprende, jamás tendrá efectividad en la gestión de las personas. No permita que su SER esté definido por una tendencia, su opinión no tiene por qué ser igual al que tiene la mayoría, construya su propia opinión. Construya una personalidad proactiva, no reactiva; su capacidad para liderarse a sí mismo y a las personas marcará una gran diferencia. Usted no tendrá que esperar por otros para actuar y esto lo volverá un líder genuino y efectivo. Usted podrá promover la importancia de pensar, que tanta falta hace, pues no hacerlo, estaría forjando al hombre común y el

mundo necesita hombres y mujeres con elevada capacidad para triunfar, aquellos que estén dispuestos a desafiar lo imposible, aquellos con hambre de ganar.

17. La comunicación es clave. No permitas que las personas lidien con la incertidumbre innecesariamente, ni se alimenten sólo de la comunicación informal y los rumores. Pero, tampoco agobies con tanta información, especialmente aquella que no van a usar o no le es útil a la responsabilidad que manejan. Profundice en el concepto y expanda el horizonte de comunicar efectivamente, pues existen canales y fuentes de información que no se aprenden en ningún colegio. Lo grave, es que tampoco es aprendido en el trabajo. Usted tiene el reto de llegar a los niveles de excelencia y para ello deberá rodearse de los mejores, conectar con la tecnología y conocer a las personas desde su naturaleza y su psicología.

18. Es importante que sea el líder que escucha. Modele a Nelson Mandela y otras grandes referencias. Sea el último en hablar. Pasa que, el ego muchas veces nos lleva a hablar demás, alejándonos de la escucha, frecuentemente de manera inconsciente. Nada puede propiciar mejor conexión cuando una persona se siente escuchada y comprendida, el alma se abre y el

corazón lo siente. Esta clase de conexión produce la unión de los individuos por una causa.

19. Sea claro y no intente poner todo en una caja cuando esté comunicando. Muchas veces nos concentramos en la mínima proporción para generalizar, cometiendo faltas en la trasmisión del mensaje. Lo grave no es perderse en el mensaje, el drama inicia en la conformación de un estilo de liderazgo marcado por una mentalidad cerrada, en donde fortalece la ambliopía[6], en lugar de aumentar su capacidad de observación y análisis.

20. Como líderes, debemos comprender que estamos en la era de la flexibilización. Más allá de las circunstancias, covid-19, de los grandes cambios ocurridos en el mundo entero como consecuencia de la pandemia, es comprender que los cambios no solo son provocados por un shock, dolor, drama o fatalidad; pueden provenir también del pensamiento crítico, lateral, disruptivo, creativo; y usted debe propiciar que esto ocurra, impulsarlo, provocarlo, enseñarlo. Usted debe mejorar la experiencia de los colaboradores, usted debe descubrir qué es lo que realmente desean, qué los motiva, qué los lleva a alcanzar un compromiso

---

[6] **N del E**. Hace referencia a la disminución de la visión por falta de sensibilidad en la retina que no tiene causas orgánicas. En este contexto se describe el proceso en el cual, por falta de atención de las señales del entorno, el líder pierde el contacto con su gente, y procede asumiendo que todos sus colaboradores tienen la misma visión o están entendiendo el mensaje con claridad, sin haber realizado las respectivas validaciones.

emocional con los resultados de la organización, rompiendo las reglas quizá, cuestionando los métodos actuales, buscar formas cada vez más inteligentes de hacer el trabajo.

21. Se necesita de un líder que crea y confíe en la gente, un líder que sea capaz de ver lo mejor que tienen las personas. Esta, quizá sea una de las características más relevantes de un líder. Debe partir de la creencia de que, las personas desean hacer lo que es correcto. Se trata de convencer a la gente del potencial que tienen, deben creer ciegamente en sus recursos; y brindarles el espacio para el éxito, desde la creencia del "sí se puede", no desde el escepticismo. Recuerda que las personas no son las conductas. De nada sirve actuar desde la falsa creencia de que todas las personas son iguales, por lo que generalizar sería un improperio a la naturaleza humana.

22. Cultiva la capacidad de autoayuda, de saber ubicar tu centro de paz, de conectar con tus recursos y ser quien tiene la capacidad de levantarte, solo así gozarás de ser un hombre de esperanzas. Construir esperanza en tiempos de cambio, en tiempos difíciles, es una virtud que todo líder debería edificar. No todo resulta como planeado en las organizaciones, ni tampoco en el alma de cada persona. Irradiar esperanzas conecta a las personas con sus propósitos,

permitiendo que todo fluya a favor sin importar el tamaño del desafío.

23. La comunicación debe ser clara, precisa, concisa y efectiva. Debe ser impecable, hacia adentro, tu diálogo interior, y hacia afuera, tu comunicación con las demás personas. Un líder siempre debe hablar desde la plena asertividad, desde las posibilidades, nunca desde la desesperanza ni desde la victimización o la culpa. El líder es quien debe comunicar y traducir el error o el fracaso en aprendizaje, y en energía para avanzar con más fuerza hacia la meta.

24. Como líder, recuerde que las personas no solo tienen vida en el trabajo, ellos también tienen una vida familiar y una experiencia que los hace únicos. Asegúrese de conocer a su gente y procure el equilibrio. Enséñeles que la felicidad existe y es posible. Un trabajador feliz, obra bien, es más creativo y más productivo.

> *"La felicidad es una actividad de acuerdo a la virtud. El hombre feliz vive bien y obra bien (Cfr. Ar. Eth. Nic. 1098b 20). El obrar sigue al ser para la consecución de su finalidad. Aun cuando la manera de vivir la vida sea elegible, en tanto que somos seres naturales tenemos una finalidad. Dicha finalidad es la felicidad a través de la trascendencia".*
>
> *Aristóteles*

25. Las personas tienden a comportarse según la visión que el líder tiene sobre ellas. Aproveche

esta gran oportunidad como líder, ignorarla sería una decisión poco inteligente. Cuando alguien cree apasionadamente en tu potencial no te ve a ti como eres, te ve como lo que puedes llegar a ser, y esto sí que tiene poder.

26. Un líder debe desarrollar el mindset del superhéroe, ya que el superhéroe es de los que piensa que todos podemos influir en cultivar personas dispuestas a desarrollarse y sacar todo su potencial. Un superhéroe no solo cree en su potencial, sino también en el potencial que tienen todos los seres humanos. Un superhéroe es garante y cuidadoso con el lenguaje y la comunicación, siempre busca lo positivo y reencuadra las historias que generan energía. Recuerda que uno de los objetivos o retos más importante para el liderazgo es precisamente el empoderamiento de las personas, su crecimiento y transformación, porque se trata de aprender a vivir la experiencia.

27. Los jóvenes son la fuerza de empuje que necesitan las organizaciones, así que, rodéese de ellos. Hoy la tecnología, más que nunca, juega un rol crucial para lograr verdaderos cambios disruptivos en las organizaciones. Si piensa que puede eludir esta realidad, está entendiendo muy poco acerca del cambio en tiempos de turbulencia. Los jóvenes tienen una conexión brutal con la tecnología, están en una especie de

simbiosis con la tecnología y, de seguro, todos estamos conducidos a tenerla, si crees que es un término que solo acuña a la relación íntima entre dos especies biológicas, estamos alejados de la realidad. Los jóvenes son los que pueden inundar a la organización de nuevas formas más inteligentes de hacer el trabajo, son creativos y dados a romper las reglas de juego con mayor facilidad.

28. Involúcrese con su gente y entre en acción. Usted como líder debe crear el momentum. Nadie espera que lidere a una organización y a un equipo de trabajo desde un escritorio; usted debe iniciar el cambio, usted debe producir esa inercia positiva para marcar la diferencia, usted es quien apuesta a ganar y da el ejemplo, usted es quien sabe vender el éxito. Sea un hombre de acción, de esta manera será difícil detenerlo.

29. Rete al intelecto, pero jamás esclavo de él. Para que esto sea posible, debe revisar constantemente si lo que contiene su cerebro es útil y le sirve a sus propósitos. Pero, sea osado y asuma riesgos, esto lo llevará a vaciar la copa y aprender lo que se necesita para provocar los cambios. Cultive la habilidad de volver obsoleto lo que sabe para que sea usted quien dirija el cambio y no él a usted. Estará más cerca de crear una mentalidad legendaria.

30. Los verdaderos líderes experimentan los errores y el fracaso de una manera diferente. Ellos comprenden que son resultados esperados cuando persigues tus ambiciones. Según Henry Ford, el 90% del éxito consiste en seguir intentándolo; el éxito es solo una cuestión de perseverancia. Para lograr grandes cosas, es necesario equivocarse. Haga que su equipo de trabajo comprenda bien esto; pero sea coherente al apoyar esta forma de pensamiento, actuación y cultura.

31. El líder debe crear una atmósfera que aliente y desafíe a las personas a conocer su naturaleza, para que puedan establecer una conexión entre su ser y sus recursos. Solo así podrán desarrollar hábitos de alto rendimiento, y liderar su propio proceso de transformación que los hagan sobrepasar sus propios límites.

32. Comprenda, desde el liderazgo de vida con propósito, que existe la curva de aprendizaje y la curva del olvido. No gaste tiempo, dinero o recursos si no está dispuesto a poner en práctica lo que aprende de manera intencionada o por accidente. Haga que su aprendizaje sea de valor para usted, haga que sus acciones sean de gran valor e impacto. Si, por el contrario, usted no aprende constantemente, no se renueva, usted no crece, nada extraordinario pasará; solo sentirá una pérdida de sentido y propósito.

33. No todo lo que se diga es totalmente cierto, procure el análisis de la información que recibe para formarse una síntesis propia de esta. Ver las tendencias es importante, es clave para dirigir no solo a las organizaciones hacia el éxito, si no también nuestra vida. Pero jamás se vuelva cómodo, evite secuestrar su capacidad de aprendizaje y evolución.
34. Aprenda y maneje el feedback ampliamente, hay más información en él de lo que usted imagina. Haga introspección, retrospección y prospección. Esta última se produce con una mirada al futuro y las dos primeras lo llevan a conocerse mejor a usted y a las demás personas. Esto es muy importante cuando gestionas el capital humano. Aprenda a construir su futuro, maneje la prospección a su favor, solo debe saber que esta se hace consciente e inconsciente; pero exige estados de consciencia elevados para volverse el arquitecto de su futuro con libertad plena. Hágase más sabio, aprenda a usar la mente, aprenda a edificarla mejor, solo así podrá guiar a otros.
35. Sea un líder visionario. Usted puede ser la persona más inteligente del mundo, muy especialista en lo que hace, pero si carece de visión, es probable que no llegue muy lejos en las ambiciones de cambio o transformación de la organización según la visión del futuro que esta tenga. El liderazgo visionario no es solo para los

CEO, lo es para la gerencia media y baja también, todos ellos deben cultivar esta dimensión en sus competencias. No se trata solo de crear la estrategia para el cambio, es hacer que se entienda en el corazón y en el alma de la compañía. Es compartir, comunicar e inspirar a los integradores, gerentes altos y medios para asegurar estar en línea en la persecución de los objetivos claves.

36. Tenga el valor de seguir su intuición y su pasión. Cuando veo a Elon Musk, puedo reconocer esta cualidad. Visionario, apasionado y con una intuición alienígena. Me recuerda un comentario de la analista de la industria tecnológica Benedict Evans, quien tiene una sugerencia diferente. Él llama a Musk un "tonto que cumple (Bullshitter who delivers)". Se dice que es capaz de hacer el negocio del siglo, desde ideas que pueden ser consideradas raras o absurdas. Es un innovador disruptivo. El hombre con una pasión por la visión que tiene del universo y la humanidad, es la razón de su fuerza, de su empuje y de su obsesión por salvar a la humanidad, en la tierra o fuera de ella. Así que, si es de los que invierte en el pensamiento para imaginar y crear, está más cerca de ser un visionario. Cultive su intuición porque sí es posible; Musk es un hombre sin límites, usted también puede llegar a serlo.

37. Atrévete a distorsionar la realidad. Es que acaso no era eso lo que hacía Steve Job. Inspiraba a los equipos de trabajo para hacer lo que era considerado imposible. No desperdicies la oportunidad de cambiar la realidad para bien de las personas que te siguen, de tu equipo de trabajo, de las personas que esperan algo de ti. Hazle sentir que tienen todos los recursos para convertirse en personas legendarias, lo imposible solo existe en la mente de las personas.

38. Rodéese de los mejores. Es imposible tener éxito solo. Fomente el deseo por el aprendizaje de valor, el aprendizaje consciente y el aporte. Sea quien vele por el bienestar de las personas, haga que sus horas en el trabajo sean placenteras y cree una relación entrañable con su equipo de trabajo, con los colaboradores. No me estoy refiriendo a servirles la mesa y anular el poder que tienen las personas para innovar y ser creativos, ese poder que los lleva a alcanzar los más altos estándares con cada actuación desde su naturaleza, su esfuerzo y su inteligencia. Me refiero a trabajar de la mano con ellos para hacerles comprender y creer que ellos tienen el poder de construir el futuro que desean, porque nacieron para dirigir a la humanidad por la senda del bien, en su evolución, dejando huellas para que otros continúen lo encomendado a los

humanos para el mejor cierre de esta gran obra universal.

39. Como líder, haz que tu sueño sea el sueño de todos. Nadie se queda atrás. Todas las personas buscan significado, aunque no se exprese ni se vea, este se encuentra en el alma de cada ser humano. Enséñales a vivir una experiencia de trabajo y de vida con significado; hazle sentir que la felicidad debe ambicionarse en la vida, así como el éxito, y esta es posible también.

40. Haz que las personas que están contigo, a quienes lideras, nunca sientan que "pertenecen" a tu círculo, entorno o ambiente; en su lugar, haz que se "involucren". Cuando alguien se involucra, pone su vida, y me refiero a todo su ser, ese que lo hace grande, único, dotado de recursos e inteligencia; ese que tiene el poder para lograr hasta lo imposible, sin limitaciones, consciente de quién es y de lo que es capaz de alcanzar y de qué tan lejos puede llegar.

41. Adondequiera que esté tu atención, esfuerzo, conciencia y foco; recuerda que no trabajas para la transición, para el periodo o para el momento. Ese viaje como líder es tu trayectoria y, se supone, que debes dejar el lugar mejor de lo que lo encontraste para que otros se impulsen, continúen su propio viaje y aprovechen el *momentum*. No es solo acerca de ti, se trata de las personas, tú y todas las personas que están

contigo. Si haces que la vida de cada quien cambie en el beneficio de estas, estarán formando un *mindset* favorable para la organización y los resultados.

42. Como líder debes estar convencido que tu verdad no es conocimiento acerca de la vida, tu verdad es tu sistema de creencias que se constituyen formando patrones mentales; son las conclusiones que obtenemos según lo que crees, son tus percepciones. Si esto es un hecho, mantén tu apertura a los nuevos puntos de vista y opiniones, respetando cada una de ellas, lo cual no significa aceptación de los conceptos. Es el primer paso para crear el valor por la diversidad y la inclusión. Si quisiera resumir esto en valores, sería: Aceptación por la diversidad, tolerancia y amor por la naturaleza de las personas, quienes tienen los recursos para alcanzar la sabiduría. El desafío es reconocer que están a su disposición y pueden ser desarrollados con consciencia e intención. Allí están, solo tienes que gestionar tus pensamientos, tu cuerpo y las emociones en la dirección que sean favorables para obrar bien. Estas cualidades deben estar a nuestros servicios. Si no somos conscientes, estos terminan por controlarnos; no sabemos que nos controlan claro, ni nos percatamos de eso. Esto se debe al estado autómata del que somos víctimas generalmente.

43. Las personas no son solo trabajadores, también tienen una historia personal y esta historia personal determina quienes son y quienes serán en el trabajo. Muchas veces no entendemos como líderes, por qué algunas personas se comportan de tal o cual manera; pasando por alto su vida, su experiencia, cómo cuentan su pasado, cómo viven el presente y visualizan su futuro.

44. Estás en la posición de líder para provocar cambios no para surfearlos solamente. Aprenda a impulsarse con el cambio, así que surfear se volverá una parte instintiva. El liderazgo no es un rol pasivo, todo lo contrario; es acción pura. No se trata de qué tan efectivo eres creando e innovando desde la individualidad, se trata de qué tan efectivo eres conectando las distintas áreas y roles de una organización como un todo, no como islas separadas. Esto parece antiquísimo, pero no lo es. Se trata del concepto de estructura organizacional, no es solo crear cajas enlazadas unas con las otras, se trata de conexión entre las personas, es modificar o reinventar la cultura de la organización.

45. Liderar es más que un simple rol y resultados empresariales. Crea un equipo de ganadores. Solo recuerda que se gana en la vida solo cuando aprendes a vivirla; se gana cuando dejas el juicio y reconoces tu valor y el valor que tienen las demás personas. Cuando te apartas del ego,

cuando aprendes a sonreír, es cuando te sientes coqueteando con la felicidad, y esto ocurre cuando te dedicas a cuidar, vigilar y estar consciente de cómo vives la experiencia, cómo la sientes y qué parte de ti está involucrada en esta. Cuando comprendes que no es la comodidad la que te va ayudar a crecer. Lograr la trascendencia exige esfuerzo y sacrificios, pero no tiene precio la recompensa. Cuando aceptas que para asegurar tu bienestar y tu magnanimidad debes conocerte y trabajar en ti todos los días, es cuando las cosas a tu alrededor cambian para llenar tu espíritu de nobleza y grandeza.

46. Tienes a tu favor la tecnología y el avance en la investigación científica. No se puede dirigir a una organización y a las personas sin conocer más acerca de la naturaleza humana, su psicología y la ciencia. Existe una ruta predeterminada y es que el ser humano ya es un ser sobrenatural, pero con un problema particular, y es que, este conocimiento no es usado ni explotado por nosotros, lo ignoramos, y muchas veces ni siquiera creemos en ello. La humanidad está estancada y necesita acelerar. Ser extraordinario, ser referencia, se alcanza cuando creemos y estamos determinados a ser diferentes de pensamiento, flexibles, moldeables; haber desarrollado una mente inteligente para retar constantemente la dinámica compleja existente

en las personas. La evolución del ser humano no está a la misma velocidad del avance tecnológico, y el liderazgo debe hacer algo para resolver este desfase. El humano debe cambiar, debe transmutar, y esto ya es una discusión del momento. ¿La era post humana, tal vez?, en donde los humanos son superados por la inteligencia artificial, o transhumanistas que hablan de una ectosimbiosis comensal[7], ya es un hecho para mí; o la endosimbiosis[8], es decir una fusión entre humanos y tecnología para impulsar su evolución. Podemos preguntar a Elon Musk que nos hable de su proyecto Neuralink. Un líder debe saber lo que pasa en el mundo, y más alrededor de la ciencia y la tecnología.

47. Haz que tu liderazgo se sienta, sea admirado y añorado por todos. No se trata de ser complaciente, ni mediocre como para aceptarlo todo en el proceso. Se trata de ser el héroe de muchos, en los momentos de grandes decisiones y en los momentos de las grandes celebraciones. Se trata de ser justo, abierto, honesto y comprometido con la excelencia. Sentir que eres

---

[7] **N del E.** En la ectosimbiosis, uno de los seres vive sobre el cuerpo del otro, se comportan como comensales, beneficiándose del individuo sin causarle daño en teoría.

[8] **N del E.** Se denomina *endosimbiosis* a la asociación en la cual un organismo habita en el interior de otro organismo, haciendo referencia en la manera inmersiva en la cual el ser humano (ente biológico) se ha amalgamado con la tecnología, esto se profundizará con la adopción de nuevas "realidades" en el Metaverso.

ese líder enfocado en mejorar constantemente. Es educación, aprendizaje y transformación, es tener una especial atracción por cultivar tu mente, cuerpo y espíritu. Es estar consciente de que no se trata solo de influir, sino de cultivar un *mindset* de campeones en cada persona a tu alrededor. Tú eres la luz de tus colaboradores, o de las personas que te siguen; solo brillarás si ellos brillan también.

48. Un líder siempre debe tener presente que una persona desarrolla su máximo potencial, y con ello crecer, solo si experimenta picos altos de energía y satisfacción, llega a automotivarse a niveles sorprendentes. No confundas el proceso. No alcanzas primero altos niveles de resultados o desempeño y luego te motivas, es todo lo contrario, y existen suficientes elementos científicos que apoyan esta teoría.

49. Usted debe asumir total responsabilidad por los resultados. No busque culpables ni se autocastigue. Así no construirá una personalidad encantadora ni tampoco lo hará mejor para enfrentar los retos por delante.

50. Manténgase cercano, mantenga al equipo cohesionado hasta el final. Comunique de manera efectiva los resultados, reflexione acerca de los errores cometidos, los fallos, y asegúrese de conseguir una estrategia favorable con su equipo de trabajo. Aun cuando se esté frente a un cambio

drástico en los planes, o cambios significativos dentro de la organización o proyecto, sea el capitán del barco, no se lance al agua primero o abandone la nave, sea ese líder que los demás esperan que sea. Sea el puente que une no el abismo que separa.

Historias reflexivas dentro de un *feedback* consciente

El *feedback* consciente, sin limitaciones, no es una herramienta, sino algo que intrínsecamente te pertenece, forma parte de tus sentidos y luego de tu intuición. Aprendes a trabajar con este recurso que la naturaleza te ha provisto, desde los estados de consciencia toma verdadero poder. Cuando comprendes lo que es el *feedback* ya no necesitas recordar su nombre, solo te haces consciente de la cantidad de recursos del que fuiste dotado para no detenerte frente a ningún obstáculo, porque sencillamente crees en ti, y cuando esto pasa, tu poder no tiene límites, siempre te conduces con confianza cuando persigues con ambición tus metas.

Muchos conocimos el feedback como herramienta a disposición del líder para conseguir la visión interna (*insight*) *y* mayor información del supervisado que, incluso, él ni siquiera conoce que tiene. Es información que ayudaría a las partes a mejorar sus actitudes y aptitudes. Porque el *feedback* no solo es útil para el supervisor, sino también para el supervisado, ambos descubren verdades, hechos, información que por otros medios sería imposible y se perdería por distracción.

El *feedback* no se queda en lo superficial, no es un dato. Se debe obtener una visión global, y siempre debe ser consciente. Es imposible tener una sesión de retroalimentación verdadera y respetuosa con distracción; pero les aseguro que muchos no saben de atención dirigida e intencional, con propósito; dado que la distracción es quien ha dominado a las personas por décadas, y esto ocurre inconscientemente.

Es por ello que el despertar se hace necesario, si queremos que el *feedback* tenga los resultados esperados; debemos comprender y volvernos verdaderos maestros en la conducción de estas sesiones, pero sobre todo maestros de consciencia; en dónde me permito vivir el momento, en estado de vigilia permanente, muy observador; más consciente de lo que busco, lo que deseo, más intencionado en los objetivos que persigo en las distintas facetas de mi vida. Es aquí donde comienza la transformación del uso del *feedback*, y es que ya no se trata de dos o más personas que se comunican entre sí, sino de ti y tu entorno que, siempre están brindándote retroalimentación, solo que muchas veces ni te percatas, ni siquiera sabes que están allí y se comunican contigo, información que llama a los distintos canales: visual, auditivo y kinestésico.

El *feedback* te dice si una decisión o una acción tuvo resultados buenos o no tan buenos, te da una información valiosa para reflexionar, refinar o corregir y entrar en acción nuevamente con mayor fuerza e impulso. Y se vuelve poderoso, insisto, cuando este es conducido conscientemente, la información captada se multiplica proporcional a tu estado de alerta y observancia.

Ahora imagina, como líder, ¿qué pasaría si eres de las personas que alcanzas la maestría en el dominio del *feedback* consciente y holístico del ser humano? Aprendes a leer tu cuerpo, tus emociones, tus pensamientos e inclusive tus aspectos sociales, es decir, más consciente de tus inteligencias, entre las más importantes: Inteligencia interpersonal, intrapersonal y lingüística. Porque no es solo captar información, es traducir o interpretar, hacerla útil y, sobre todo, manejar inteligentemente el diálogo interno y externo. Ahora sí estamos amplificando el *feedback*, estamos escribiendo un libro para destacar el liderazgo consciente, y esto significa un despertar en el liderazgo de las personas y las empresas.

No estoy profundizando acerca del *feedback* para que aprendas esto como concepto simple o una herramienta más para comunicarte. No, no es simple concepto, es un poderoso recurso más que te acompaña y un elemento poderoso de tu intuición, te forma una personalidad, por eso es que deseo que lo consideres importante y te hagas consciente de este poder. No es enseñar según los viejos estándares, eso es como darle el pescado a una persona en lugar de enseñarle a pescar, es hacerlos comprender de dónde proviene la fuerza que lo hace super dotado. Si queremos enseñar a otros a vivir la vida y ser de las personas que hacen la diferencia, es mejor que lo hagamos apuntando a transformar y cultivar sus mentes. Si sabemos más acerca de nosotros, el milagro del que hemos sido dotados, ser superhumanos, entonces estaremos más cerca de ser ese líder, coach o mentor que nuestros colaboradores aspiran para involucrarse de lleno con la visión, y no solo pertenecer a ella, solo porque confían en ti, porque los entiendes y eres parecido a ellos. ¿Acaso la aspiración de los empleados, trabajadores, colaboradores o seguidores de una visión, no es la de tener de guía y mentor a un líder confiable? Sin esto, no hay garantías de supervivencia, y mucho menos lograr las expectativas futuras de la organización.

Les cuento una historia personal. Tuve la dicha de trabajar en organizaciones multinacionales y nacionales; de ambas aprendí lo que soy hoy en día, en lo personal y profesional. Aprendí lo bueno y no tan bueno de las organizaciones, culturas totalmente diferentes. Lo que valoro enormemente de ellas es mi formación profesional, ética y moral. No siempre estarás rodeado de los mejores, ni de las mejores decisiones. Muchas veces verás la incongruencia y los desvíos, está en ti que hacer con eso que ves, vives o experimentas. Recuerda que, es tu decisión, no la de otros, tú decides a qué lado te inclinas y qué camino seguir, si tomas la ruta de la mediocridad o el camino hacia la grandeza.

Son muchos los que se dejan atrapar por las culturas desprovistas de buenos valores y principios, culturas que no ofrecen nada, culturas de perdedores y no de ganadores. Lo viví; pero no lo acepté. Nosotros elegimos enfocarnos en el aprendizaje. Si te enfocas en lo bueno de las personas y el entorno, tu energía siempre buscará concentrarse en aquello que te lleve a SER lo que la conciencia universal espera que seas, porque está en tu naturaleza, tu decisión siempre buscará lo que te hace diferente y extraordinario. El liderazgo no puede operar con el estándar inconsciente, autómata en alto nivel; este nuevo liderazgo debe aumentar esas proporciones y elevar su proporción de estado consciente para dirigir y tomar decisiones convenientes a los propósitos y objetivos de la organización.

Siempre habrá incertidumbre, quizá miedo, ese que te hace tomar un espacio de tiempo para pensar en tu próximo paso, esa decisión que tiene que ver con tu futuro y el de otros. Pero existe algo que te ayuda a actuar con determinación y sin vacilación, esto es tu capacidad de formular preguntas. Existen preguntas para todo en este universo, tan infinitas como las respuestas que puedas obtener. Cuando eres un líder consciente, honesto y justo, orientado a las personas; siempre tendrás estos atractores como guía celestial. Pero siempre es importante ver el tipo de respuestas que das cuando estas frente a algunas preguntas:

¿Eres de los que te dejas llevar por la emoción colectiva o tienes libre albedrío para decidir de acuerdo a tus principios, si es que estos están muy bien sustentados? ¿Eres de los que esperan por las decisiones de otros para actuar como tu estándar normal o eres de los que toman decisiones con fundamento? ¿Eres de los primeros en hablar y el último en callar? ¿Eres capaz de dejar tus principios y valores por la opinión de tu superior o jefe? ¿Eres quien está dispuesto a dejar su comodidad por sus convicciones y valores?, por lo que es justo, ¿la verdad y la justicia? ¿Te importan tus seguidores, colaboradores o seres queridos cuando tomas una decisión? ¿Estás dispuesto a defender tus derechos y los derechos de tus colaboradores o seguidores? ¿A la hora de tomar una decisión, actúas desde lo que es conveniente para ti y no para el colectivo que te sigue acorde a la visión? Son muchas las preguntas, ¿cierto?

Recuerdo un mal momento en mi experiencia laboral como director de una empresa nacional, así lo defino. Una irregularidad en buenas prácticas o irregularidad administrativa, políticas, principios y valores, se trataba de un tema de *compliance*[9]. La irregularidad me llevó a ir personalmente un jueves en la noche a la empresa, como consecuencia de un conflicto laboral; en donde pudimos

---

[9] **N del E**. Compliance (o cumplimiento) puede ser definido como la función independiente que identifica, asesora, alerta, monitorea y reporta los riesgos de sanciones, riesgos de pérdidas financieras y riesgos por pérdidas de reputación que se producen por inobservancia de leyes, regulaciones, códigos de conducta y estándares de internacionales de mejores prácticas comerciales.

solventar las diferencias o controversias del momento por parte de un grupo de trabajadores. Todo quedó en calma hasta el día siguiente; tiempo que di a los trabajadores para ampliar la información sobre una disputa que tenían estos grupos. Se trataba de un presunto robo sucedido entre las pertenencias de los mismos trabajadores en conflicto.

En la mañana del día viernes, al repuntar la aurora, ya yo me encontraba en las instalaciones de la empresa con todo el equipo de la fábrica, con el único propósito de aclarar lo sucedido, resolver la situación y tomar decisiones saludables que permitieran recuperar la tranquilidad y la confianza en el ambiente de trabajo. La intención era corregir el fallo en ese momento y tomar acciones correspondientes para que dicha situación no se volviese a presentar en el futuro.

Para mi mayor sorpresa, la investigación que dirigía, junto al equipo de seguridad, hizo un hallazgo, y éste era conocido por altos directivos. Un hecho tapado, sin sentido alguno, en un manejo de intereses cómodos y de baja moral (para mi). Hasta aquí llegó mi historia, para respetar a los puestos involucrados y a las personas. De continuar en la empresa y mantener mi cargo, sería convertirme en el tipo de personas que se quedan calladas ante un caso de incumplimiento, y esa no sería mi postura ética ni moral.

El *feedback* te guía, te dice si lo que haces o lo que recibes del exterior está bien o no, si está de acuerdo a tus expectativas, a tus valores, a lo que esperan los demás también. Esa retroalimentación holística personal es muy importante, es la que aclara el contexto, te permite conectar puntos. Para mi estaba claro ese día. Lo que iba a hacer y qué cambios necesitaba materializar en mi vida, ese *feedback* interno era de crucial importancia, esa intuición estaba decidiendo mi futuro, adentrándome en terreno desconocido, pero estaba claro de algo, renunciar a aquello que no estaba alineado con mis principios y valores.

Mi decisión no estaba determinada por simples obstáculos, sabía que mi decisión ante el conflicto alcanzaba el nivel identidad, lo que soy, lo que creo, mi propia personalidad. Si tan solo hubiera existido el miedo, la duda y la confusión en mí, y hubiera continuado en aquella empresa, con vendas en los ojos, apartando los valores y principios éticos y profesionales; no sería quien soy en este momento.

Si de algo me siento bien orgulloso es de haber trabajado con un equipo de profesionales en una multinacional de reconocimiento mundial, en donde la honestidad, la ética, la integridad y el *compliance* eran bien valorados, respetados. Así me formé, esa fue mi experiencia con mis colegas y amigos. Está en mi ADN de hecho, y ahora puedo narrar esta historia como ejemplo para que otros líderes, directores, gerentes y superiores comprendan la importancia de cultivar a las personas, centrarse en el éxito de ellas, nada puede ser más importante en una empresa. Si las personas consiguen ser felices y realizadas en la organización, el éxito de los clientes también estará garantizado.

Para continuar con mi historia, esa misma mañana del día viernes, comuniqué al Gerente General mi decisión irrevocable de colocar mi renuncia, y en los próximos minutos, ya me encontraba ante presidencia haciendo lo mismo. En ese momento el Gerente General sin vacilaciones me corta el paso y me pregunta, ¿estás seguro de lo que vas a hacer?, le expliqué con detalles, él no sabía nada en ese momento. Nada podía cambiar mi opinión cuando el hecho ocurrido iba en contra de mis principios, la ética y los valores que tanto había trabajado en el hogar y en organizaciones multinacionales, y lo debo decir con orgullo. No soy persona de doble cara, doble discurso *(speech),* y siempre he sentido especial respeto por las personas, mi equipo de trabajo y los colaboradores. Recuerdo claramente sus palabras, tienes toda la razón, te apoyo cien por cien. Cuando se trata de ser honesto, íntegro y justo, tendrán todo mi apoyo, si es diferente a esto, no cuenten conmigo. Es imposible dirigir a una organización y liderar personas cuando te manejas al margen de los principios, la ética, la moral, los valores y las buenas prácticas.

¿Cuántos están dispuestos a renunciar a sus comodidades y enfrentar lo desconocido por eso que crees y valoras, por lo que te hace íntegro, ético y con una moral sólida? ¿Es que acaso tu palabra frente a los trabajadores no vale, tu amor y compromiso ante ellos? ¿Es que acaso olvidas quién eres cuando las cosas no resultan en conveniencia para ti? ¿Es que acaso puedes dar un mensaje incoherente a tus colaboradores y dormir tranquilamente?

Recuerdo, que tuve la oportunidad de sentarme ante el presidente de dicha compañía, y lo que pude escuchar fue: Jorge; "*lamento que nuestra cultura no coincida con la tuya*", escuché de su propia voz esa expresión, debo admitir que me sorprendió enormemente o, mejor dicho, quedé atónito. En mi fuero interior solo podía sentir una especie de rareza, por primera vez sentía algo que no podía explicar tan fácilmente con palabras, pero que luego interpreté que ese sentimiento era como una clase de vergüenza ajena, sentí hasta verdadera pena por estar frente a un presidente con tan lastimada moral.

Muchas veces me he preguntado, ¿qué llevó a este alto ejecutivo de dicha compañía a tener tal comportamiento sin sentir remordimiento alguno? Definitivamente, la única manera es haber conformado una personalidad alrededor de esta conducta o hacer cosas muy convenientes para él. Así logró edificar la personalidad que lo define hoy. Pero, esto no es el problema mayor, es solo la punta del iceberg. Tal y como él manifestó en nuestro encuentro, "Jorge, lamento que nuestra cultura no coincida con la tuya"; y le contesté, definitivamente NO; el mayor problema es conformar una cultura que abrace la inmoralidad, lo deshonesto y la injusticia. Esta especie de camino fácil o atajo para conseguir objetivos, cercena la creatividad, la inteligencia y la naturaleza de las personas, creando la trampa como alternativa para ganar el juego. Existe un riesgo, si te gusta o no lo que haces, y lo repites hasta sentir comodidad lo haces rutina, así nacen los hábitos, así se construye una personalidad, ese será tu yo. Cuida no enredarte en los atajos, no te vuelvas tan cómodo con lo conveniente para ti, las cosas que realmente valen la pena, no están precisamente en ese camino oscuro y fácil. Cuando te define el bien, la honestidad, la verdad y la justicia, te sientes con poder; es la clase de poder que te lleva a creer en ti, a no perder nunca la esperanza. Muchas personas piensan en el *feedback* como una conversación de dos o más personas, henos frente a la clase de *feedback* que tiene un poder enorme en tus resultados.

Creer en tus capacidades y aptitudes es lo que te hace descubrir tu verdadera magia, te hace tener un carácter y una personalidad que atrae. Te conviertes en una persona segura, con una autoestima positiva que te permite brillar en todo momento, comienzas a sentir que eres la clase de persona que, no requiere mayor esfuerzo sino el de creer en sus facultades y dones para hacer cosas maravillosas, te sientes orgulloso por quién eres, y es este sentimiento el que te impulsa a ser mejor cada día. Cuando sientes que eres hombre de bien, obras bien y cuando obras bien, reconoces que naciste para algo importante en la vida. Si comprendes el poder del *feedback,* si lo manejas conscientemente, estarás creando un poderoso recurso al servicio de tus aspiraciones y ambiciones.

La fuerza del liderazgo real, te hace de una mente reflexiva y transformacional de gran poder, solo para considerar hacer el bien; por eso es de vital importancia comprender este proceso, esta formación, esta necesidad de cultivar a las personas. Esta fuerza es capaz de esculpir la actitud y la voluntad que requiere una persona para alcanzar o lograr resultados extraordinarios, tanto en el ámbito personal, como profesional. En las empresas y sociedades organizadas, el liderazgo, no existe en los cargos, como cajas que adornan un organigrama, desde el CEO, pasando por directores, gerencia alta, media y baja; sino la figura en quien reposa la responsabilidad de transformar personas. Lo digo de esta manera porque vemos a menudo cambios estructurales sin mayor análisis ni preparación, ni consciencia para administrarlo. Cuando decides hacerte grande, las competencias juegan un papel crucial. Lo sabemos o lo hemos escuchado. Podemos decir que esto es tratado en la teoría del cambio. Sin embargo, conocer la manera en que las personas y las organizaciones experimentan dichos cambios es otra cosa. Conocer este proceso es de suma importancia, y pienso que una de las mejores formas de entender este fenómeno es a través de la pirámide de los niveles neurológicos de Robert Dilts, explicada también en el libro "El Desafío" de mi propia autoría. Esto es solo un ejemplo, sabemos que cambios a nivel de estructura es solo una porción de este universo, el cambio se vive en todos lados y cada segundo.

He visto cambios ordenados y otros no muy bien orquestados, en donde se ha tenido que sacrificar productividad sin medidas. Dentro del desorden que experimentan las organizaciones, debe haber una estrategia clara para asegurar el orden, al menos sus atractores hacia este. ¿Se piensa analíticamente en eso, se desnuda el impacto? ¿Se piensa verdaderamente en los resultados, el equipo involucrado lo conoce o es solo una estrategia clara para los altos ejecutivos, dejando en la incertidumbre al resto? ¿Se promueve el silencio en las organizaciones, o este es forzado por la manera en se ejecutan los cambios en esta?

Si me preguntas cómo ha sido gestionado el capital humano en décadas, no ha cambiado mucho. Sin embargo, hoy se percibe un pequeño avance, intencionado hacia la mejora del engagement real, y esto lo ha generado la pandemia Covid-19, el cambio social, la forma en que la sociedad experimenta el cambio, el avance tecnológico y la ciencia. La nueva forma en que las sociedades productivas del mundo se organizan, nos invita a enfocarnos, con verdadero interés, en las personas. Son preguntas que deben formularse los líderes conscientes del cambio:

¿Qué necesitan las personas para aumentar la satisfacción en el trabajo y por el trabajo? ¿Qué necesitan para mejorar su experiencia? ¿Qué transformaciones requieren hacerse en las organizaciones, puestos de trabajo, sea este dentro de las organizaciones o en su lugar remoto? ¿Qué tecnología o innovaciones deben adoptarse para estar en conexión real con ellos, una conexión que los haga sentir que están en el equipo y son valorados y tomados en cuenta como personas claves, que contribuyen y aportan? ¿Qué sistemas tecnológicos, plataformas o redes sociales, serán considerados claves y necesarios para mejorar la experiencia social y comunicacional? ¿Qué tipo de servicios profesionales y tecnológicos serán considerados claves para asegurar su bienestar, motivación y crecimiento personal y profesional? Esta y otras preguntas deben formularse para atender con éxito los desafíos actuales.

Las organizaciones viven el *feedback* de manera permanente; solo que muchas veces no lo ven, no lo sienten, no lo escuchan, no lo olfatean, no lo perciben con sus sentidos. Ni siquiera lo intuyen, dado que muchas veces, el liderazgo en las organizaciones, se encuentra atrapado en un sueño permanente, en una especie de letargo, en donde solo reconocen su perfección o, al menos, la no necesidad de formarse, reeducarse y de transformar sus paradigmas, ya que piensan que todo está bien con ellos.

Es importante aclarar que, el líder es una persona al igual que todos los trabajadores en una organización, todas las personas viven el *feedback,* pero el sueño en que se encuentran sumergidos ha sido muy bien aprendido y requiere de un despertar consciente para que la persona alcance su total liberación. Este sueño los limita, como lo haría una camisa de fuerzas ajustada al cuerpo de un ser humano; bloqueando toda posibilidad para accionar con total libertad. El despertar debe ser una declaración escrita, con sello auténtico, con huella de tu alma, porque es la decisión sabia de honrar quién eres, es ir por lo que te corresponde, ser una persona super estelar. El *feedback* no es una opción aprenderlo, es un deber, todo ser humano necesita comprender este concepto en profundidad para que ocurra la magia de activar en ti un recurso insuperable del que ya fuiste dotado, es un sistema inteligente, un regalo maravilloso que ha dado la naturaleza universal a todos los seres humanos que, usado con la razón, es poder infinito para la autosuperación. La pregunta, ¿por qué esto no se enseña ni siquiera en las organizaciones, menos, en las instituciones educativas? Pareciera que el foco fuera la limitación del ser humano, cortarles las alas o toda posibilidad de inteligencia. Sin embargo, prefiero creer que es producto de la hamartía en el hombre la responsable de tanto descuido y tanto desperdicio.

Basta con hacerse algunas preguntas como líder ¿Las personas desean trabajar conmigo? ¿Soy realmente útil para mi equipo de trabajo? ¿Soy el líder que ellos aspiran y desean? ¿Cómo me ven mis colaboradores, alguien me ha respondido esa pregunta? ¿Reconocer el tipo de liderazgo que empleo; ¿es accidental, es adecuado, es efectivo, es limitado, cómo es este estilo de liderazgo? ¿Cómo soy visto por mis pares? ¿Conozco las expectativas que tienen mis colaboradores en mi rol como líder? ¿Estoy dispuesto a cambiar, soy flexible, abierto, humilde, o me considero perfecto en lo que hago? ¿Estoy consciente de mis patrones mentales y comunicacionales, cómo hablo, qué pienso de mí y mi equipo de trabajo, y de cada uno de manera individual?

El *feedback* no es solo una entrevista en donde puedo sostener una conversación racional, con propósito, íntima, afectiva, empática, con un *coachee o un mentee*, en donde empleas una serie de técnicas para que las personas descubran sus potencialidades, se auto empoderen y se organicen para abrirse a un mundo de posibilidades. No, no es solo eso. Uno de los aspectos más importantes del *feedback* es aprender de los estados de vigilia, la observación, estados de alerta, es la atención por automotivación y el foco, porque es de esta manera que logras comprender que estás rodeado de información infinita, esa información también es *feedback* y debes aprender a filtrar para tomar lo que necesitas. Muchas veces pierdes esta herramienta por desconocimiento; provocando inconscientemente limitaciones en tus capacidades y en los propios resultados.

No se puede hablar de *feedback* consciente si no se reconoce el impacto que tiene en el comportamiento de las personas, las decisiones que toman, las conductas y en los resultados que obtienen. Consciencia es cuando te despegas del yo autómata, afilas todos tus sentidos y tienes tu atención sobre el momento presente, tienes la intención clara en la tarea, tienes un para qué y un por qué bien definido. Cuando seas capaz de entender que lo mejor de la experiencia se consigue solo si estás dispuesto a vivir a plenitud ese momento, sin distanciarse de lo observado, y estés dispuesto a comprender y tomar ventaja del *feedback* que obtienes, es cuando las cosas comenzarán a resultar según tus expectativas o por encima de estas. Tu naturaleza está allí, eres un buscador nato, buscar y ser mejor es parte de ti, solo déjalo fluir; pero atiende al llamado, presta atención a la información que viene de ti y del mundo exterior que estén alineados a tus propósitos.

Así como no aceptamos el *feedback* de otras personas; por ego, por inconsciencia, ignorancia, por lo que sea; así mismo pasa que no aceptamos ni comprendemos la información que viene de rebote por nuestros pensamientos, emociones y acciones, tanto internas como externas. Esto se aprende y es necesario conocerlas, solo así estaremos más cercas de ayudar a otras personas en la trayectoria hacia sus propios planes de conquista y crecimiento.

Cada ser es único, ya lo hemos dicho en otras obras e historias; y es por eso que conocer el *feedback* consciente, más allá de una charla entre dos o más personas, es la retroalimentación que tú mismo obtienes del mundo que te rodea, y esto incluye tu mundo interior. Tienes la posibilidad de ajustar acciones y emociones, pensamientos y patrones comunicacionales a tu favor, precisamente haciendo uso del *feedback* consciente y real. ¿Acaso esto no es poderoso? Imaginen poder ajustar acciones, para conseguir emociones que te impulsen cuánticamente hacia algo grande, eso que tanto ambicionas y deseas que suceda, ese sueño, esa aspiración que te roba el sueño todos los días.

Mi intención del feedback no es profundizar en técnicas ni procesos *one-to-one*, entrevistas uno a uno, sino ampliar su alcance, dado que es en este punto precisamente, en los estados de consciencia de las personas, en donde ocurre su detrimento, menoscabo, su minusvalía. No puedo imaginar una sesión de retroalimentación en sintonía con la distracción, de hecho, no existiría tal *feedback*.

Estamos hablando de cultivar a las personas, cultivar sus mentes. Si tienes la mente, tendrás la capacidad de crearlo todo. Si tienes la mente, sabes cómo se autodestruye una persona y, en contraste, cómo puede llegar a crear cosas tan sorprendentes, ejemplo: Ser un modelo de servicio por la paz del mundo, ser un líder activo por la preservación del planeta tierra o ser el líder que visiona y ve como posible llevar a la humanidad a otro planeta en el futuro, como alternativa de vida después de la tierra. La fuerza y el poder de una mente preparada es infinito.

Las personas no dan mejores resultados porque desconocen profundamente el beneficio que produce alcanzarlo. Muchas veces ni siquiera saben cómo hacerlo ni para qué hacerlo. No se trata de que no puedan. Para estas personas el éxito es algo desconocido, lo sienten ajeno, distante, sienten que no les pertenece, solo porque no se lo creen, no se creen merecedoras de poder compartir ese lugar en donde se alcanzan los sueños; y no creen en sus capacidades para lograrlo. Las personas con este *mindset* no se dan cuenta que conforman una personalidad alrededor del conformismo, ni que esto fue el resultado de vivir una vida accidental, no lo saben. Las personas son como son por lo que creen de sí mismas; no saben que pueden ser diferentes porque nadie se los dijo a tiempo y si alguien se los dijo; simplemente no creyeron el cuento de que podían ser diferentes, mucho menos la ventaja de serlo.

Muchas personas no saben que son el resultado de sus propias decisiones, y que ellas son lo que son producto del vulgo y otros factores influyentes sin control ni filtros. Siguieron a otras personas sin importar el impacto, nadie se los advirtió porque las sociedades no están organizadas ni maduras para enseñar eso, tampoco lo han estado los colegios, universidades, y lo mismo puedo decir de las organizaciones. Ha sido un gran desperdicio, una sociedad que no siente el *feedback* de manera consciente para crecer, prosperar, evolucionar y trascender.

Capítulo II EL DESPERTAR EN LAS ORGANIZACIONES

La evolución del ser humano es posible cuando éste es consciente de su propia imperfección y se empeña por alcanzar la sabiduría, sólo para ser mejor y ayudar a otros en el camino.

Jorge Luis Guillén Meléndez

La única forma efectiva e inteligente de enfrentar con éxito los grandes desafíos del momento y el futuro, es empoderando a las personas; y que ellas estén dispuestas a acompañar con fuerza al liderazgo del momento para edificar una cultura que atraiga a los mejores, para conquistar la visión que nos presenta el viaje hacia el futuro, tal y como aspiramos ser nosotros y también como ser percibidos. Y no quiero que el significado de empoderar sea tratado de manera superficial; los errores del pasado no pueden repetirse, necesitamos hacerlo bien de una vez por todas, debe hacerse con absoluta consciencia, no solo son los indicadores para un informe, debe percibirse en el crecimiento de las personas, la transformación de la cultura y en el éxito del cliente o de aquellos a quienes nos debemos, nuestra razón de existir. No se trata de repetir las mismas estrategias sin análisis, se trata es de hacer las cosas de manera diferente e innovadora.

El modelo de ecosistema es una realidad, lo tenemos todo para apalancarse y dirigir estrategias que permitan dotar a la red de colaboradores de las capacidades necesarias para garantizar el éxito. Los servicios de expertos para potenciar el capital humano de las empresas están ahí, y tendrán el espacio para transferir el conocimiento necesario para las metas propuestas con relación a las personas. La demanda de profesionales del *coaching*, *mentoring*, *Empowerneurs,* se ha disparado en los últimos años y esto indica hacia donde se está dirigiendo la atención. Siguen las personas siendo el foco; pero hasta qué punto entendemos la necesidad de cambio y por dónde arrancar. Si comprendemos el fenómeno que ocurre durante el proceso de transmutación del ser humano, estamos por buen camino, el cambio se pinta de esperanzas.

Las organizaciones deben aprovechar el *momentum* para tomar ventaja de esta disrupción ocasionada por la pandemia, a saber: plataformas web, aplicaciones, redes sociales, sistema corporativo personalizado para estar cerca de quienes conforman el equipo de trabajo, clientes y prospectos. Se habla de internet 3D, la realidad aumentada y virtual que ya es un hecho, nos aproximamos a vivir el Metaverso, y ya debemos prepararnos para esta nueva forma de hacer negocios, de trabajo y la forma en que se organizará la sociedad sin lugar a dudas. Todo será más rápido y diferente, todo cambiará.

No veo otra preocupación más allá de las personas. Son el centro de atención, no es otro. La Inteligencia Artificial (IA) está allí; pero son las personas quienes están conduciendo este gran proyecto, que ya está entre nosotros; pero que nos queda un largo camino, las reglas, las normas y los lineamientos que deben regir los principios morales y ético de este avance. Caso contrario, estaremos en medio de un caos sin precedentes y con dificultades para crear atractores que provoquen el orden y allanen el camino exigido hacia el futuro.

Las organizaciones deben apuntar a la ingeniería interna, la parte *soft*[10], para transformar sus valores, creencias, revisar su *reason why* (su razón de ser), para provocar un cambio verdadero que transforme su cultura, una cultura a la medida de las expectativas ambicionadas. Una cultura que logre mantener inspirada a su gente, una cultura de inclusión, que valore la diversidad, que sea capaz de seducir y atraer a los mejores, una cultura de ganadores, capaz de generar un espíritu integrador en un entorno con igualdad de oportunidades, en donde sea premiado el talento y la contribución, no solo a los números, sino también al compromiso de alimentar y fomentar la reciprocidad en medio de la innovación. Una organización que maneje un lenguaje modelo, desde un liderazgo transformacional, consciente y optimista, centrado en el

---

[10] **N del E.** Haciendo referencia a las habilidades blandas tales como la inteligencia emocional, el liderazgo y la asertividad, por nombrar algunos ejemplos.

éxito de las personas, hará que jugar a ganar luzca fácil. Un liderazgo que sea capaz de sembrar en las mentes de los colaboradores una actitud de superación, tendrá a su favor las fuerzas y las energías para crear una inteligencia colectiva dispuesta a SER el cambio. ¿Requiere esto estar en vigilia, ser un observador consciente y despierto, se requiere de voluntad para ser mejor, se requiere usar mente superior y el manejo de las inteligencias múltiples? No cabe la menor duda. ¿Estará dispuesta la alta gerencia a probar lo nuevo, lo desconocido, ir por el camino de la exigencia para conseguir transformar a las organizaciones?

Muchas veces el avance hacia el futuro se plaga de miedos, sobre todo de miedo al fracaso, miedo al riesgo; nos cuesta probar lo nuevo, no porque no funcione, sino por la aversión que tienen algunas personas a cometer un error. El mayor problema surge cuando este miedo proviene de la mente del líder, crear una cultura, impregnar a la red de colaboradores con este sentimiento.

El camino hacia el éxito tiene cosas en común con el fracaso. Recuerdo que leí en una oportunidad un reporte de Paul Saffo, Discern Analytics, en donde se respondió a la siguiente pregunta: ¿A qué se le atribuye el éxito de Silicon Valley? Y la respuesta fue: "Sabemos cómo fracasar y lo hemos hecho durante décadas. El fracaso es lo que impulsa y renueva este lugar. El fracaso es la base para la innovación".

Definitivamente, existe una fuerza total, unificada; que impulsará a las organizaciones hacia el alto desempeño; esta fuerza se compone del poder de la red de talentos, personas empoderadas; y la cultura organizacional. Silicon Valley, por dar un ejemplo; tiene un poder de atracción para las personas con grandes ideas, es muy fácil constituirse cuando la innovación toca a la puerta. Hoy en día las grandes empresas que han logrado transformar al mundo se encuentran en Silicon Valley. Esto no es casualidad, hubo una visión poderosa para convertir a Valley en lo que hoy es, se hizo de una cultura, visionada con intención; para atraer a los pensadores del mundo, a las personas más disruptivas, dispuestas a probar sus ideas innovadoras, gente extraña o rara decía Steve Jobs. Esa gente rara eran aquellos seres inteligentes con grandes sueños, dispuestos a correr riesgo, a equivocarse; pero, sobre todo, gente con hambre de convertirse en referencia para el mundo, gente inteligente que no tuviera miedo de pensar y crear cosas maravillosas, gente que estuviera dispuesta a trabajar duro, gente que amara el talento, la inclusividad, la igualdad y la diversidad de cultura y pensamiento.

Sabemos que el dinero no crece con dinero, el dinero se multiplica con las ideas innovadoras. Existen culturas que no solo atraen a las personas más talentosas; sino que la unión de ambas intenciones, o mezcla de factores, crean un atractivo poderoso en donde gravitan el poder del dinero, los grandes inversionistas que buscan ideas innovadoras con alto potencial para invertir, a la banca, etc. Esto tiene mucho poder, sin embargo; lo que hizo que Silicon Valley se hiciera una cultura magneto para atraer a los mejores del mundo fue su determinación y su actitud para aceptar el fracaso como una estrategia de valor para alcanzar el éxito de su visión.

Creo que deberíamos reflexionar y preguntarnos: ¿Cuál es esa decisión que falta para hacernos de una cultura ganadora que atraiga al talento y qué nos detiene? ¿Hasta dónde estamos dispuestos a llegar? ¿Qué necesitamos cambiar? ¿Qué necesitamos dejar atrás, y con qué nos comprometemos para dirigirnos con fuerza hacia el futuro? ¿Qué miedos nos mantienen paralizados?

Sonambulismo corporativo

El principal objetivo del liderazgo es alcanzar resultados sobresalientes; pero para llegar ahí debe lograr que las personas reconozcan su naturaleza, su belleza y el poder que reside en ellas. Es lograr que cada persona en la red de colaboradores, desde el reconocimiento, conecte con sus recursos y, como resultado de esta conexión, logren expandir su horizonte, su visión y su poder para hacer posible hasta lo imposible. Que amen el desafío que representa ser diferentes, genuinos y auténticos. Estamos hablando de transformar a las personas para que puedan tener un despertar, y aprovechar las oportunidades que las lleven a conseguir con obsesión sus sueños, sus objetivos personales y profesionales. Si esto es posible, también se logrará el despertar en las empresas. Es trabajo del líder ayudar a sus colaboradores a desarrollar una mentalidad que les permitan liderar su propio empoderamiento, hacer que cada individuo logre mejorar sus facultades, que las lleve a alcanzar una mayor conciencia e inteligencia para provocar los cambios, desde la creatividad y la innovación, en todo momento, en cualquier lugar y durante todo el camino. Todas las personas pueden alcanzar desarrollar esas capacidades y habilidades necesarias para destacar del común o del promedio y generar resultados excepcionales. Una persona empoderada siempre tendrá la posibilidad de recurrir a su mente, su actitud, su voluntad, su alma y a su espíritu para ir por más, pues en su mente reside la actitud de superación, una mente preparada está en estado de observación y vigilia máxima; pues reconoce el poder que tiene una consciencia superior. ¿Está el liderazgo preparado y capacitado, con las competencias necesarias para dar este viraje? ¿La hamartía del hombre es la culpable de mantener el sueño sonambúlico de las organizaciones? ¿Qué se necesita para este despertar, por qué predomina aún esta ambliopía[11] en el liderazgo?

---

[11] **N del E.** En medicina la **ambliopía** se refiere a la disminución de la visión por falta de sensibilidad en la retina que no tiene causas orgánicas. En este contexto el autor lo usa para expresar la falta de visión producto del escaso liderazgo desarrollado o, a la falta de sensibilidad que se puede notar en determinados entornos.

No se trata de aplicar las mismas soluciones una y otra vez; ya que nada resultará más allá de lo obtenido hasta ahora. Debe decidirse por ser diferente, ya no es el conocimiento que maneja, en donde es bueno, es la necesidad de aprender otros campos del conocimiento y construir una red de conocimiento transdisciplinario para transformar a la organización. Esto obliga al líder a manejarse con mayor conciencia e inteligencia, muy enfocado, debe conducir lo que sabe con sabiduría, muy orientado a resultados, apuntar hacia el éxito de las personas es el propósito. Por lo tanto, debe tener la capacidad para pensar y responder ante el cambio con madurez e ingenio. Aprender a desprenderse de lo viejo, expandir su capacidad para adaptarse, mente flexible e intuición para manejarse por los distintos estilos de liderazgo y moverse ágil y perspicaz para alcanzar la efectividad, es adaptar su estilo según el contexto. Pero nada será de valor si no conoces a las personas profundamente, desde su naturaleza.

El líder debe tener la habilidad de pasearse por las distintas formas del pensamiento, es quien debe manejar y fortalecer las distintas inteligencias. Howard Gardner; dice que, la inteligencia interpersonal, intrapersonal y la inteligencia lingüística deben ser consideradas entre las más importantes, y yo, en lo personal, me siento muy identificado con su punto de vista. Si se dan cuenta, el foco está en el conocimiento profundo del ser humano, en lo que son naturalmente, lo que ya tienen sin mayor esfuerzo, y hacer que encuentren el camino hacia la grandeza. Una persona que logre desarrollar sus facultades sabrá aprovechar sus recursos internos, sus aptitudes, y actitudes para alcanzar superar, inclusive, los objetivos o retos que se plantea. El reto para el liderazgo estará en liberar a los colaboradores de los amarres y lastres que ya tienen, trabajar con sus creencias y paradigmas, hacer reingeniería de su mundo interior ¿Esto es posible? Claro que es posible. Las ambiciones empresariales, serán el resultado de conformar una red de trabajo empoderada, quien buscará permanentemente, y con obsesión, altos niveles de desempeño y productividad. Las organizaciones, por lo tanto, deben estar dispuestas a invertir en la gente, a cultivarlas si lo que desean es despertar, tienen el reto de hacer que las personas encuentren significado, procurar el bienestar de todos, la felicidad y transformar definitivamente su experiencia.

Nada será posible si los líderes no logran conectar con esta necesidad, desde la ciencia, la tecnología y el cambio. Hoy en día el avance de la tecnología y la ciencia hacen el camino más fácil. El cambio debe manejarse diferente, desde el pensamiento de diseño, la psicología positiva, el coaching, la neurociencia, valerse de los aportes de la PNL para lograr que la comunicación tenga la atención adecuada, sea efectiva y esté dentro de los objetivos vitales. Es apertura, es nuevo enfoque, la comunicación ya no puede considerarse lineal y momificada, debe alcanzarse la maestría en esto. Una de las causas que mantiene secuestrada la inteligencia y el despertar de las personas, es precisamente la limitada capacidad para comunicar, y esto es consecuencia de la falta de comprensión del proceso y el pobre y limitado uso del *feedback* como elemento clave para lograr un cambio transformador en las personas y en los resultados. Las personas pueden alcanzar resultados con altos estándares de desempeño y competitividad frente al cambio; pero para trabajar en estos niveles con el capital humano, el proceso debe ser comprendido y apoyado por la alta dirección. No es control, es asegurar el proceso transformador con el fin de cultivar las mentes de la red de colaboradores para asegurar la autonomía y propósito, que se sientan dueños de su trabajo, que encuentren significado y alcancen vivir la experiencia que los lleve a ser mejores. ¿Están preparados para comprender en profundidad lo que hay que hacer con relación a las competencias necesarias en la cadena de mando, líderes de alta gerencia, medios y bajos?

La tecnología a favor de la humanidad

En los últimos dos años hemos visto cómo el modelo del mundo ha cambiado drásticamente. ¿Qué es diferente? La manera en que pensamos y actuamos, como nos relacionamos, el cambio de paradigmas, la forma en que trabajamos y vivimos, nuestras percepciones sobre la vida han cambiado y nadie está exento de esto. El avance de la tecnología ha provocado un cambio dantesco en la manera de comunicarnos, sin precedentes. Existe aquí un gran vacío aún; pero, al mismo tiempo, una gran oportunidad para influir de manera positiva en las personas y lograr un gran impacto.

La tecnología ha avanzado a gran velocidad y nuestra preocupación, la que proviene de los líderes de las empresas de alta tecnología, es acerca de cuál será el destino de la humanidad. Cómo afectarán estos cambios a las personas, especialmente con todos los avances sobre la Inteligencia Artificial, y el hecho de que, las empresas están demandando personas altamente capacitadas y especializadas para guiarlas de manera eficiente y efectiva para lograr sus objetivos.

La pandemia de Covid-19 ha cambiado las reglas del juego y lo que tenemos ahora es el nuevo status quo. El trabajo remoto es un hecho, el compromiso de las personas es un desafío, ya que es clave para garantizar el éxito de la empresa. Necesitamos líderes empoderados con un nuevo conjunto de habilidades y actitudes que excedan las existentes. Las personas deben entender que necesitamos evolucionar y crecer; pero también deben ser guiados y despertar en ellas el interés por un renacer, en confianza plena y apasionados por lograr la visión de ser mejores. Es necesario construir una mentalidad capaz de provocar verdaderos cambios, brindar soluciones a problemas complejos y obtener resultados que los haga brillar de orgullos y los impulse con obsesión al logro de metas más elevadas. Los líderes deben estar preparados para manejar y entender el momento, solo así podrán conducir la nave de manera segura y garantizar no solo la supervivencia sino también el éxito.

Estamos en tiempos de grandes exigencias para el liderazgo en las organizaciones, teníamos mucho tiempo que no veíamos estas demandas; pero ahora la vivimos a gran velocidad, en cuanto a la tecnología, la inteligencia artificial (IA), el comportamiento de las personas, el modelo económico y la forma en que vivimos, incluso. Es decir, la forma en que socializamos e interactuamos con los demás. Este mundo ya no es el mismo, ni siquiera cerca. Esta nueva era demandará profesionales de alto desempeño, dotados de nuevas habilidades y conocimientos, la clase de líderes con capacidad transformadora. Esto exige una habilidad excepcional para conectar con las personas, el lubricante para despertar en ellos la ambición por la autorrealización y la obsesión por el descubrimiento, el que los lleva constantemente a disfrutar de sus logros y de la clase de personas en las que se han convertido al transitar el camino hacia su gran visión. Nos vemos obligados a ser mejores personas, mejores en lo sabemos hacer; pero sobre todo ser más conscientes, más inteligentes, más humanos y más sabios para explotar el potencial que tenemos y provocar un cambio en las sociedades del mundo. No solo es tecnología, es ciencia también, necesitas saber más acerca de las personas, contrario a esto; pasarás por encima de ellas, y el líder no hace esto, el líder sube cuando el último del equipo sube con él. Gracias a los avances de la ciencia es que hoy podemos entender cómo las personas viven el cambio y el aprendizaje. Hoy comprendemos mejor la manera en la cual las personas viven las experiencias, y si entendemos el proceso y el fenómeno, podemos intervenir para potenciar su despertar, acelerar su transformación, devolverles su genialidad y su inteligencia. Es trabajo del líder hacer que este milagro suceda.

Los nuevos líderes deben estar familiarizados con la tecnología, la ciencia, las tendencias y las necesidades, deben ser muy intuitivos, con lo existente y con lo que vendrá. Debe conformar un equipo que haya sido dotado de estas nuevas habilidades y destrezas, la generación de profesionales será clave. Debe saber combinar la experiencia con el nuevo conocimiento y este último debe ser dinámico, vivo, no muerto; debe ser conocimiento consciente, lo que es útil se queda, lo que no funciona se va, dando la bienvenida al nuevo conocimiento y los nuevos paradigmas que serán adoptados, muy enfocados, cuerpo, corazón y mente. No estamos hablando de otra cosa que, la necesidad de tener un liderazgo con mente flexible en las organizaciones, con capacidad de compartir la visión, con conexión, con carisma, que viva la emoción de la intelectualidad con su gente, que genere la necesidad por el despertar, desde la automotivación y que sea capaz de tener una atención individualizada para transformar vidas, es decir; apostar por la trasmutación de su gente, es convertir el plomo en oro, tal y como lo aspiraban los alquimistas en su época, hallar la famosa piedra filosofal.

Es imposible enseñar todo esto si vives la experiencia en un sueño, dormido e inconsciente. Despertar no es tarea sencilla con un liderazgo tradicional y con las mismas competencias con que calificamos a un buen líder hace décadas. Ahora se necesita que el líder esté más cerca de los niveles de trascendencia, que se conozca y pueda reconocer este mismo milagro en las demás personas, que sea capaz de mirar la grandeza de SER humano.

La gente sigue siendo la clave para el éxito de las empresas; pero el liderazgo debe crear las condiciones para que ellos conecten con la visión, es la vía para lograr el *engagement*[12] Sin esto, los resultados esperados no serán posibles.

No me preocupa el avance tecnológico, no lo veo como una amenaza, de hecho, siempre he estado a favor del progreso de la humanidad; solo que, muchas veces, la tecnología ha sido mal usada y/o subutilizada en el mejor de los casos. Ni siquiera la inteligencia artificial (IA) lo veo amenazante. Lo que veo como amenaza a este avance, es el mismo sueño en el que viven las personas y las organizaciones, porque este sueño es aprendido a nivel de maestría, está muy arraigado, y esto sí sería peligroso para la raza humana.

---

[12] El término **engagement** se utiliza en marketing online para denominar el grado de implicación emocional que tienen los seguidores de una empresa con todos sus clientes potenciales.
N del E. En este contexto el autor usa el término para referirse a la conexión emocional que debe presentarse en la relación Líder - Seguidor, el engagement es la manera de conectar con la visión.

Quizá sea esta la preocupación de las personas visionarias y líderes de las grandes empresas tecnológicas. Quedarnos pasivos ante lo que viene sería esperar el desorden y el caos con aversión y desgano. El problema sería entonces si tenemos o no la capacidad para crear los atractores que nos devolvieran a ese orden nuevamente. Daría total miedo que la raza humana se quede rezagada ante este avance. Nuestra principal tarea como líderes es no permitir que esto suceda.

El liderazgo está obligado a formar líderes, la clase de personas que sean capaces de guiar su propio proceso de autosuperación, que puedan autodirigirse, que desarrollen el poder de dirigir sus pensamientos, sus emociones, sus ideas, sus actitudes y acciones para alcanzar la zona de evolución del SER, personas que buscan cruzar por el camino infinito de la mejora personal y profesional, con perseverancia, constancia, compromiso y disciplina; personas que viven el éxito generando más éxitos.

Si te quedas estimando lo malo y cómo hacer para no sucumbir ante el avance de la IA, por ejemplo, pues claro, imagino que no dormirás bien pensando en lo que viene, por el desempleo masivo y por la incertidumbre de que esto crezca desprovisto de reglas ni controles éticos y morales, en una sociedad que no termina de elegir consciente y humanamente el camino que nos hace grandes y no mediocres, expoliadores de la grandeza que tiene este planeta y la humanidad.

Hay muchas verdades; pero uno debe formarse, empoderarse y equiparse para ver esa verdad que favorece a nuestros propósitos. El problema es que muchas veces la comodidad nos lleva a adoptar la verdad de otros, y muchas veces acabamos por rendirnos o limitarnos. La tecnología está al servicio, úsala para transformar la experiencia de las personas, haz que las personas se sientan atendidas, a gusto y felices haciendo su trabajo. No siempre se requiere de la mayor inversión para alcanzar estos objetivos, tan solo siendo empáticos, cercanos y en conexión con ellas, la relación cambia, sus emociones cambian, y es cuando consigues lealtad y compromiso en la mayoría de los casos.

El hombre debe avanzar, pero no como lo ha venido haciendo, debe evolucionar al ritmo que avanza la tecnología como requisito mínimo. ¿Seguimos dormidos?, Lamentablemente es una verdad. No nos hemos percatado de esta condición, mucho menos del daño que produce. La necesidad de estar despierto es un clamor de la naturaleza universal, no vinimos a desperdiciar el talento, pero para ello se requiere de una voluntad y actitud cien por cien para no solo ver el cambio como oportunidad, sino ser nosotros el cambio.

Convertirse en un superhumano es posible y necesario, pero el ser humano debe elegir el camino, el resultado de ser más inteligente y sabio no llega de la nada. Para brillar es necesario liberarse del manto que proviene de las sociedades conformistas, esas que andan sin una consciencia que los lleve a buscar la excelencia como propósito. Limitar el pensamiento ha sido una inyección letal para muchas comunidades del mundo, por ignorancia o por un interés morboso para asegurar el dominio de las masas en lo político, social, económico y de pensamiento. Quizá una mezcla de ambos, un cóctel letal a favor de la pobreza, el estancamiento y la desesperanza. El foco debe estar dirigido hacia las personas, no hacia la amenaza creada por una mente distraída, ociosa y vaga. Si te centras en las personas y eres capaz de desarrollar su inteligencia intrínseca, ellas buscarán desarrollar todo su potencial, es así como funciona esto. Imagina lo que sería capaz de hacer una persona con apetito intelectual, capaz de decidir, convencido de que es un ser dotado de inteligencia y capaz de autodeterminarse desde las ideas, la creatividad, el aporte, el espíritu emprendedor y, además, obsesionado por la contribución y la ayuda a otros.

Hay que rodearse de gente joven y talentosa, los mejores, esos osados, curiosos y con hambre de éxito. Personas capaces de cuestionar las reglas, muy familiarizadas con lo nuevo, con lo moderno, esos que instintivamente mantienen una especie de relación simbiótica con la tecnología. Nadie prohíbe que usemos este término fuera de los organismos vivientes, ya es posible, es un hecho. La tecnología debe ser usada para amplificar el poder de nuestras capacidades, para la resolución de problemas complejos, ser creativos, innovadores, visionarios, ser los creadores de ese futuro brillante en donde vamos a estar pronto. Observen lo que éramos hace unos pocos años, como nos relacionamos en aquellos tiempos, como era la economía, el trabajo y nuestras vidas. Cuanta información manejábamos, y cuanta información podíamos procesar con efectividad, era muy limitada nuestra capacidad de producir. Ahora es diferente, los retos son otros, los retos no están solo en lo que somos capaces de desarrollar tecnológicamente hablando, sino que tan inteligente somos para desarrollar y hacer uso de esa tecnología de forma inteligente, y que tan lejos podemos llegar en nuestra idea de evolucionar y ser personas de acción, más conscientes, intuitivos y con inteligencia superior.

El avance nunca se va a detener y, por lo tanto, nosotros tenemos el más grande desafío, empoderar a las personas para construir una mente capaz de orquestar una conexión interna y externa que consiga que todo ese talento y poder colaborativo se ponga al servicio y entre en acción para dirigir la mirada de todos hacia un objetivo en común con gran poder, sea este el logro de la visión de la empresa o, algo más elevado, como los objetivos de desarrollo social establecidos por la Organización de las Naciones Unidas (ONU). Esto es posible, si no lo ve así, pregunte a algún Rotario, personas dedicadas a solucionar problemas, quienes ven un planeta en donde las personas se unen y toman acción para generar un cambio perdurable en el mundo, sus comunidades y en sí mismos. Es compartir un ideal y un vínculo poderoso, una constelación del talento de una organización, enfocados, unidos por el valor de la amistad, por una causa en común, por una ambición, por un gran sentido de cooperación y por un deseo enorme de ser parte de los constructores de un mejor mundo.

Lo que no se habla de la inteligencia

Las organizaciones deben renovarse, deben cambiar su mentalidad, deben entender su historia, su pasado y hacer útil sus equívocos y sus fallos al verlos como experiencia y aprendizaje para avanzar más fortalecidos. Muchas veces deshacerse de lo aprendido, de hábitos y creencias, no es tarea fácil. Existe una tendencia a protegerlos, aun cuando estos ya no funcionan, se incrustan tanto en el alma corporativa que hace difícil su reconocimiento, haciendo que las organizaciones permanezcan en un estado de hipnosis parasitaria. Lo mismo pasa con las personas, claro está, el aprendizaje y el conocimiento adquiridos, hacen su mundo interior, su identidad, y de allí la manifestación de su realidad. La forma como experimentan el cambio, se verá influenciado por el nivel de consciencia que tengan.

¿Merece o no merece la atención la manera cómo las personas viven la experiencia? ¿Creen que esto impacta la felicidad, el bienestar y la motivación de las personas? ¿Cómo las organizaciones manejan sus frustraciones y sus errores, cómo viven su cultura? Sin dudas, todo esto es afectado por el estado de vigilia en que se encuentren y la habilidad para dar lectura al *feedback*.

Cuando vives en el sueño, es muy probable que vivas desde el miedo y la supervivencia. Contrario a las organizaciones con inteligencia superior en su liderazgo, viven el desafío, desde las posibilidades, como una oportunidad para tomar ventaja.

Diseñar un *plan-to-win* (plan para ganar) debe ser una acción prioritaria del líder, sabemos que la estrategia no es un suceso de un momento, sino que es un proceso continuo. Debes estar dispuesto a desarrollar una ventaja competitiva con relación al recurso humano. Tienes que sentirlo de esta manera, eres tú como líder quien debe competir para ganar, eres tú quien sabe mejor que nadie de las capacidades del ser humano para superarse así mismo, quien no se rinde, quien sigue creyendo, muy a pesar de la renuncia de muchos, eres quien maneja la mente para permanecer en lo alto, eres tú quien cree en tu potencial infinito para triunfar y ayudar a otros en su propia conquista. Así como miras al mercado para conquistarlo y ser diferente y elegible, así se debe lanzar una mirada al interior de la organización, en donde el recurso humano sea el foco, para desarrollarlo, para sentirlo, y hacer que este se convierta en una ventaja diferenciadora y ganadora. Aprovecha este espacio, no todo el mundo está centrado en el capital humano, por desgracia. Es de adentro hacia afuera el cambio, existe un potencial subutilizado por desconocimiento. Todos han escuchado esto por años; pero no saben cómo hacer para arrancar los motores; y menos como generar las emociones para asegurar el proceso transformador. Estoy seguro que muchas empresas han invertido una cantidad importante de recursos para el empoderamiento de las personas; pero aún los resultados no cubren las expectativas; y esto se debe a que no existe una obsesión para lograr que los colaboradores alcancen el éxito, quizá sea por un acto inconsciente o por el hecho de vivir en el auto engaño. ¿Por qué no llegamos aún? La mirada hacia el talento humano tiene que provocar un momento disruptivo, y para ello, debemos cuestionar la forma en que lo hemos visto o reflexionar acerca de la mirada perdida y difusa hacia ellos. Reconocer es renacer, bríndale este regalo a tu gente. Reconoce su potencial, su naturaleza, sus capacidades, sus recursos, virtudes y conocimientos. Existe una experiencia única en cada individuo, esa historia individual tiene poder, inicia desde lo más simple; pero inicia el proceso que hará que todos en la nave lleguen muy lejos, es un trayecto, no es un destino.

"Una mirada puede hallar en una persona belleza, fuerza y poder"
Epicteto

Cuando un líder ve a una persona como aquello que puede llegar a SER, se produce magia, las personas se comportan según la expectativa que tenga el líder de ellas. Estamos igualmente hablando de la profecía autocumplida. Cuando el líder ve a la persona como un ser con posibilidades infinitas, quien es capaz de hacer de lo imposible lo posible;

podemos estar frente al líder que ha elegido un camino diferente, conoce el proceso para lograr que las personas despierten y hagan honor a ese ser maravilloso dotado de recursos infinitos, porque hasta la fecha no hay límites para la creación. El ser humano nos sigue sorprendiendo, por años, décadas y siglos, es infinito el potencial que tiene, y no soy yo quien se limite al exponer esta grandeza. Por desgracia, este poder ha sido reducido por el mismo hombre, quien se encargó de atrofiar su mente, condicionar su poder, condenar su voluntad y desconocer el camino a la sabiduría. Lo limitó en el manejo del conocimiento, lo encadenó al pensamiento colectivo y lo programó para practicar el conformismo, no lo dejó ser libre y, aún, en este siglo, sigue habiendo esclavos, hombres y mujeres sugestionables, influenciados por estereotipos pasivos, propio del vulgo; limitando el progreso y su propia evolución.

Antes no se hablaba del conocimiento vivo, así como tampoco del conocimiento muerto, este último, el que se vuelve obsoleto, el que hace al hombre autómata, quien opera generalmente desde el inconsciente, zombi, distraído y sin libre albedrío probablemente. Quien lidera su vida, quien guía y lidera a las personas y a las organizaciones, debe comprender y aceptar que no se puede llegar lejos sin que ocurra un despertar, y este despertar es de consciencia. Hay algo más grande que el mero conocimiento intelectual, es el aprendizaje consciente, es conocimiento vivo, el que aprendes con una intención, muy enfocado, con un fin, añadiendo como ingrediente catalizador la motivación al máximo. Es lo que te impulsa hacia la evolución y trascendencia, es perseguir la sabiduría, es alcanzar la consciencia superior en el liderazgo. Esto no es solo para ti, es para que te hagas consciente de cómo viven la experiencia tus colaboradores y puedas hacer algo de valor con ese conocimiento.

Esto no es una teoría para explicar la diferencia entre una inteligencia atrapada subyugada al subconsciente, desprovista de mente, y la inteligencia superior, esa que persigue la grandeza, quien te eleva por encima del común. No es mi objetivo que te quedes allí; es que ese mismo despertar lo traslades a toda la organización, porque es aquí en donde podrás cubrir las grandes aspiraciones de los trabajadores, ofrecerle una experiencia y, la única manera de hacerlo bien, es a través de un despertar consciente.

Hoy en día el ser humano que desee conocerse así mismo debe alcanzar la clase de inteligencia que despierte el yo superior, la vigilia, el carácter volitivo, el cerebro, el corazón, la intuición y al conocimiento de las cuatro inteligencias (Aparato reproductor, digestivo, respiratorio y circulatorio). Créeme, en estas cuatro inteligencias hay energía. Lo digo para que te hagas consciente de que en ti no hay carencias, lo que existe en tú naturaleza es abundancia. Sería un gran desperdicio que alguna persona pudiera pensar en esta necesidad de despertar como una alternativa y no un deber en las organizaciones ni en las personas. No está permitido renunciar a nuestra inteligencia, si no la reconocemos, pide a alguien que te ayude a encontrarla, pero haz algo, te han concedido el permiso para ser una persona legendaria, lo tienes todo, nada te limita lograr tu mejor versión. Abandonar o renunciar a tu destino de ser el mejor está prohibido para ti, así que, no insistas en esa estupidez. Como dicen, si no puedes volar, corre, si no puedes correr, camina, si no puedes caminar gatea, y si esto no es posible, arrástrate; pero tienes que hacer algo; porque como he dicho, no tienes permitido renunciar a SER extraordinario.

Visionamos organizaciones inteligentes, no autómatas, organizaciones con espíritu emprendedor, con actitud cien por cien, conscientes y con una visión y cultura que prometa, que atraiga e inspire al talento, que le brinde el espacio para crecer y hacer algo por lo cual se sientan muy orgullosos. Esto no se logra desde la mentalidad del líder tradicional, ortodoxo, de la vieja escuela, quien lo alcanza es el líder sabio, quien se ha establecido como meta el empoderamiento y el éxito de las personas, y ya saben a qué me estoy refiriendo, una experiencia única que les haga sentir la mayor felicidad posible.

La comunicación como elemento transformador.

> *La barrera más inamovible de la naturaleza es la que hay entre el pensamiento de un hombre y el de otro.*
>
> *William James*

La comunicación, es otro de esos tantos milagros con los que puede contar el ser humano, solo que, lamentablemente, ignoramos mucho al respecto, aún. Es por eso que dedico un espacio para honrar su valioso significado. Para todos debe ser considerado un valor a promover, defender, y hacerlo de uno como el recurso más poderoso que ser humano alguno pueda tener. Digo valor porque el milagro ya está concedido, nos concedieron los cinco sentidos y la capacidad para comunicarnos a nivel superior. Ignorar este proceso es como caer en un abismo sin fin, sería muy doloroso, pues pienso que así debe ser encontrarse con la muerte sin entenderla en lo más mínimo. Somos una comunidad inteligente en nuestro SER, con múltiples inteligencias, dotado de una consciencia insuperable, que se comunican permanentemente para garantizar ese balance, esa homeostasis tan vital para que nuestro ser nos regale el milagro de vivir una vida hermosa y placentera.

Esa capacidad para comunicarnos, ese don, ese milagro; nos permite, inclusive; conectar con algo divino, con esa consciencia superior, con *Dios,* con nuestro sabio interior, nuestra genialidad, y con ese universo infinito del cual somos parte. Muchas veces no vemos esto, no queremos o nos negamos a aceptar y comprender por qué estamos hoy aquí, por qué nacimos y qué se espera que hagamos, y esto se teje porque vivimos carentes de consciencia. La comunicación debe ser considerada materia obligada para los seres humanos, y esta debe ser conducida al nivel de maestría. No quiero dejarlos en los conceptos básicos de comunicación efectiva, entre dos o más personas, es que aprendas a desarrollar la capacidad innata de vivir el *feedback* como elemento vital en vuestras vidas.

Los resultados que obtenemos son afectados en gran medida por la manera en que nos comunicamos y esta forma de comunicación puede ser consciente o inconsciente, pocos tienen la habilidad de internalizar esto, lamentablemente, y esto es de vital importancia que lo reconozcamos. Es imposible mejorar nuestra efectividad a la hora de comunicarnos si no sabemos en profundidad cómo se vive este proceso, cuál es su real dimensión, y qué puedo hacer para volverme un maestro en ello. Es un hecho, sin la comunicación no tendrían significado muchas cosas, y entre ellas, la pregunta ¿por qué habrá creado *Dios* al ser humano tan inteligente? La falta de comunicación produce un vacío, una ruptura, un divorcio del ser humano tanto con el mundo interior como con el mundo exterior, sería como vivir en la nada, sin cuerpo ni conciencia. En esto no existe la vida, todo estaría muerto, porque la comunicación es feedback. Este último explica el impacto que tiene la comunicación en la vida de las personas, las sociedades, la relación causal de cada partícula subatómica con el equilibrio universal y nuestro cuerpo.

Ocurre que, la comunicación la vemos como algo que se da por sentado, algunas veces puede generar resultados favorables, y nada pasa, todo está bien. Pero, otras veces los resultados de comunicarnos con poca efectividad, sin medir el contexto y el entorno, nos lleva a los errores o a la falta; esto es como decía Platón, provocar la falla por ignorancia, esa ignorancia no es más que la falta de sabiduría, insisto. Esto se ve en todos los niveles jerárquicos de la sociedad y las organizaciones. Muchas veces el resultado de sentirnos satisfechos intelectualmente no nos deja ver otras cosas; especialmente la comprensión profunda de los conceptos y los hechos, atados a lo aprendido en el sistema. Es por ello la importancia de ser humildes, como condición importante a la expansión del SER. De allí la famosa frase de Sócrates "Yo solo sé que no sé nada", cuando el oráculo de Delfos declaraba con fuerza en sus palabras ante el profeta y la pitonisa, "Sócrates eres el hombre más inteligente del mundo". Sócrates decía que era un gran ignorante, ya que él solo sabía una minúscula proporción de ese universo infinito. Lo que quiso decir, que nada es suficiente en el conocimiento y debemos estar brazos abiertos para aprender todos los días. Por tal razón, es muy importante recordar que, mejor imperfección consciente que perfección inconsciente, esta última no te deja despegar, te mantiene anclado al piso, te aleja de la empatía, la sabiduría y del conocimiento vivo. Es muy difícil desatar al genio, al sabio dentro de ti, cuando sientes que lo sabes todo y defiendes al Yo que te mantiene lejos de lo que tu mereces en la vida, lejos de los sueños, lejos de cumplir con tu misión de contribuir y dejar mejor el camino por donde has transitado.

La comunicación le da sentido a vuestra existencia, te permite apreciar de manera sublime el tiempo que se nos ha dado para vivir la experiencia y para poder discernir entre lo malo, lo bueno y la excelencia; nos coloca frente a ese *insight* que nos lleva a refinar para agarrar mayor impulso hacia nuestro objetivo, el de ser mejor persona cada instante de nuestras vidas. Si no tenemos conciencia plena del impacto que ella tiene en nuestros resultados, estaremos frente a un obstáculo de proporciones incalculables.

Un liderazgo con dificultades para lograr comunicar efectivamente, jamás conseguirá liderar a las personas, y si esto es así, estaremos frente a la ausencia de un líder y, por consiguiente, el clima adecuado para el declive o la muerte de la visión de la organización. El liderazgo consciente reconoce el poder que hay en la comunicación y la necesidad de que esta sea clara, concisa y precisa; contigo mismo, y con los demás.

La única manera de comunicar efectivamente es con consciencia elevada, diferente a esto, estaríamos hablando de comunicación con distracción, nos perderíamos la fuerza y el poder de cambio del *feedback;* jamás entenderías completamente las respuestas que obtienes de tu mundo interior y del entorno. Si no hay consciencia elevada, estarás limitado en tus resultados. Si logras superarte en este sentido, comprometido, haciendo uso de tus facultades, tus habilidades y poner todo el poder de la atención y el foco cuando estás comunicando, estaremos dando los primeros pasos en el proceso que nos llevará a convertirnos en un comunicador de impacto e influencia.

La comunicación es un arte, no es solo hablar bonito, con fluidez y coherencia, es también entender que no todas las personas se comunican o captan la información de igual manera. Todas son diferentes. Es todo un arte esto de llegarle a las personas con el mensaje, no la puedes estandarizar, debes adaptarla al momento, a las circunstancias, según el *feedback* que recibas, debes moverte con audacia, usar todos los recursos según la lectura que tengas de la audiencia o el interlocutor. Si los resultados que obtienes no están de acuerdo a las expectativas de los involucrados, debes hacer algo, debes ir y venir, debes pausar, algunas veces acelerar, otras veces modificar por completo tu estilo, pero tienes que hacer algo. Digo esto porque la comunicación no es información en una vía, esta debe ser recibida y entendida por el receptor, si esto no es posible, no habrá comunicación, solo transferencia de información y esto no sería comunicación efectiva.

> *"La gente olvidará lo que dijiste, la gente olvidará lo que hiciste, pero la gente nunca olvidará cómo la hiciste sentir".*
>
> Maya Angelou

No estoy hablando de la comunicación como si estuviera en un mero discurso de oratoria, estoy refiriéndome a la oratoria para la vida. Es conectar con tu ser para expresar el mensaje de manera empática, honesta, respetuosa, auténtica, desde el amor. Cuando comunicas y conectas, creas un vínculo con esa persona, es cuidar cada detalle, te importan los resultados y te comprometes, te esfuerzas para que tu comunicación no solo sea comprendida, sino que pueda ser multiplicada a terceros, pueda tener significado para la persona que te escucha o recibe tu comunicación, es estar consciente y con atención plena, dirigida y acompañada de una fuerte motivación, es cuando concentras todas tus energías y recursos para crear impacto en ella. Nada puede ser más atractivo cuando comunicas desde la mentalidad de superhéroe, en donde lo más importante es la otra persona, no tú.

Una cultura que abrace el valor de comunicar con excelencia, como elemento vital para la existencia, estará más cerca de intimar con el poder del cambio, ya que estará más cerca de las personas, comprender su realidad es importante, ser empático, tener lectura de lo que sienten, de sus emociones, de sus preocupaciones y de sus aspiraciones, es comunicación con conexión. Estamos hablando de conectar con las personas, no solo comunicar. Conectar es sentirlas, desde el amor, desde el deseo del bienestar, el respeto a su condición, es la escucha para expandir sus posibilidades, para inspirarse, para crear sentido sin importar las circunstancias del momento. Es lograr ese nivel de conexión en donde la confianza sea el catalizador para crear el *flow* necesario para la creación, el despertar de la imaginación, en donde seas capaz de aceptar tu hermosa constitución de SER quién eres. Comunicar con conexión nos eleva como un todo, en una especie de *network,* en donde solo ves el talento en una dinámica coherente y congruente, sin confusiones, todos aprendiendo y trabajando en equipo, compartiendo una visión.

La comunicación con conexión hace que el líder que reside en cada individuo comience a despertar, dado que gracias a esta clarificación tu realidad cambia y, consecuentemente, tu persona. Es transformador, ya que cuando aprendes el poder que tiene comunicar con efectividad, conectando con las personas, te esfuerzas por mejorar con obsesión, porque es clave, te empuja con fuerza cuando te planteas objetivos.

Cambiar y ser diferentes es una constante que requiere de mucha retroalimentación, mucha comunicación en todos los niveles. ¿Debes estar preparada para escalar de nivel en este sentido, ser un comunicador consciente y efectivo? ¡Indudablemente! No puedes esperar, no se puede ser pasivo.

El abordaje al tema de la comunicación, no es nuevo, así como tampoco ha sido el tema de *people engagement* (compromiso de la gente) en las organizaciones. Ambos han sido temas principales de discusión; pero aún no alcanzamos los niveles esperados, algo falta, y por eso mi intención de tratar la importancia de comunicar como los ángeles, encantando a las almas ¿Será una casualidad curiosa que tengamos estas dos variables como foco y prioridad de mejora, la comunicación y *people engagement*? La respuesta es NO. Es una causalidad, y están íntimamente ligadas, existe una correlación entre estos dos indicadores; cuando tu comunicación falla, se produce una desconexión de la persona y del equipo, creando confusión, desgaste, pérdida de motivación y energía, conduciendo a una pérdida de productividad y sentido de pertenencia con la organización y la visión.

Hoy en día la comunicación y el *feedback,* con los avances de la tecnología y la ciencia, han alcanzado niveles estratosféricos. Existe comunicación y diálogo interior en todo. Este tema de la comunicación es infinito; ¿te has imaginado, por ejemplo, que sería del marketing sin el intercambio de información y sin el *feedback*? no existiría, al menos no en este mundo ni bajo las mismas circunstancias. Entonces, ¿cómo no prestarle verdadera atención y recursos para procurar la excelencia?

No todo es bueno en el intercambio de información, es por eso que hablamos de comunicación consciente. Más en los tiempos actuales en donde existen infinitos ciber gurús; muchos influyentes, mucha acción de redes, mucha ignorancia y libertad sin responsabilidad. Muchos quieren ser eruditos, sin mayor esfuerzo, pues para influir hoy en día, no requieres ser educado, especializado ni tener un título. No me estoy refiriendo a que debas tener un título para opinar o cambiar el mundo para bien, no es mi intención. Me estoy refiriendo a que, por la ley de los promedios, no predomina la sabiduría en el vulgo, por lo que debes ser muy selectivo y responsable cuando estés seleccionando la fuente de la información. El mensaje es que, no debes ser tendencia, y me refiero a no dejarte dominar por la información que proviene del exterior; esta debe ser digerida, analizada, transformada quizá, para ser utilizada luego a favor de tus propósitos. No te conviertas en una cadena de información que no tiene una base de validación, debes ser responsable. Crear el hábito de no pensar y esperar por otros para actuar, deteriora tus neuronas, tu inteligencia, te habitúas a lo cómodo y lo fácil y estoy seguro que esa no es la personalidad que quieres para ti. Más si estás consciente de la influencia que tienes a tu alrededor, siempre hay personas que te ven, personas que te admiran, personas que buscan imitarte, personas que esperan más de ti, porque creen en tu potencial o sencillamente porque ven en ti una fuerza de inspiración. No creo que conformar una personalidad conformista sea tu caso.

Es indudable que, a través de la comunicación efectiva y trascendental, puedes explotar el poder de cultivar y transformar las mentes de las personas, y este poder es sin límites, es descomunal, es tan diferenciador que no es posible negarse a ello. Negarse la oportunidad de hacer foco en este elemento es estar destinado a la renuncia, al fracaso, a la pérdida absoluta de sentido, a la renuncia de tu condición, esa condición que se te ha dado para transformar la realidad a tus deseos, porque se te ha dado todo para ser recordado como un superhéroe. Tienes todos los recursos necesarios para convertirte en una persona legendaria, así que haz que tu vida se llene de gloria, haz que tu alma se sienta orgullosa de ti, que sienta que estás a la altura del compromiso de ser una persona audaz, osada y con el coraje suficiente para mantenerte firme en tu idea de ser una persona extraordinaria, un modelo y un ejemplo para todos.

Haz que la gente te extrañe, no por la necesidad de ti, sino por el impacto positivo que has provocado en sus vidas.

Renacimiento es poder para el cambio.

> *Lo que está detrás de ti y lo que está frente a ti palidece en comparación con lo que hay dentro de ti. No vayas a donde el camino te lleve, ve a donde no hay camino y deja un rastro. Ser tú mismo en un mundo que constantemente intenta hacer de ti otra cosa, es el mayor logro.*
>
> Ralph Waldo Emerson.

El renacimiento es esperanza y la esperanza es la fuerza que nos mantiene firmes, creyentes, y en confianza plena de nuestras facultades para alcanzar el éxito aún en situaciones adversas. El problema es que no todo el mundo está dispuesto a cambiar lo suficiente, ni siquiera las organizaciones. Existen aún muchos obstáculos, y estos tienen sus fundaciones en la resistencia que ofrecen las personas y corporaciones al cambio, aferrados a los viejos paradigmas de gestión, incluyendo sus estrategias y sus mercados. El miedo por lo nuevo bloquea la necesidad de transformación, y muchas veces no lo entiendes, lo percibes hasta normal mantener esa mentalidad limitada por lo aprendido, una especie de atadura a lo ortodoxo y tradicional. La falta de conexión de puntos y la poca intuición en la actuación de los líderes vuelve más complejo y difícil el escenario.

> *"Nadie actúa mal voluntariamente. El que actúa mal, lo hace por ignorancia del bien, porque desconoce qué es "lo bueno": nadie obra mal a sabiendas".*
>
> Sócrates

Estar dispuesto a resurgir es de vital importancia; pero para aceptar que hemos errado se requiere de valor y sabiduría, lo opuesto a presumir del saber. Para hacer el mejor juego se requiere del saber, de la práctica, de la constancia, de la perseverancia y de la disciplina. Se necesita mucha dedicación para ser un atleta de alto desempeño, debes estar obsesionado por ser esa persona capaz de cambiar las reglas del juego si es necesario, es estar comprometido con el cambio y la transformación personal. Tiene sacrificios, sí; pero también grandes recompensas. Cuando nos referimos a las organizaciones sería el líder, dispuesto a transformar la cultura empresarial para crear la atmósfera adecuada para ganar.

Cuando estás dispuesto a compartir la medalla de oro con las personas que conforman tu equipo de trabajo, es cuando empieza el renacimiento de un nuevo liderazgo, consciente y transformador. Sabes que ya no se trata de ti, sino de ellos; y esta forma de ver el mundo ahora, es lo que te lleva a tomar el camino hacia la trascendencia. No es tu medalla de oro, es la de ellos, el reflejo de su luz será la tuya.

Cuando comprendas que tienes la capacidad de crear una verdad poderosa de ti mismo, cuando comprendas la influencia que tienes sobre el destino de otros; y cuando tu ambición por ser mejor crece todos los días, es cuando el camino hacia la excelencia se construye ante tus ojos. Cuando puedas manejar todo este poder para transformar tu realidad y la de otros, estarás conformando un modelo de organización manejada por un liderazgo humano, moderno y de naturaleza superior. Un liderazgo capaz de formar una visión sistémica, en donde el todo es lo más importante, es la institucionalización de una cultura colaborativa que da frente a las circunstancias, con gran capacidad para adaptarse a los cambios, sin importar el tamaño del desorden impuesto.

Una cultura ganadora, con talento humano motivado, valorado y reconocido jamás sucumbirá ante el caos, pues tiene un manejo eficiente de la energía que proviene del cuerpo, la mente y el alma de cada miembro del equipo. El trabajo fluye, las ideas florecen y la creatividad se hace omnipresente. ¿Es que acaso no es el mayor reto para el líder promover y asegurar el empoderamiento de las personas?

Lo único que puede devolver el orden a las empresas, y el impulso hacia el éxito, es una mirada profunda y celosa hacia el talento humano, asegurando personas de pensamiento crítico, capaz de utilizar la mente y la razón para perseguir con ambición la visión de la organización. La atención dirigida por automotivación volitiva debe estar en la formación de líderes y agentes de cambio para fortalecer la posición competitiva de la organización. Para sobrevivir al entorno se necesitan personas energizadas, inteligentes que comprendan la visión y la misión de la compañía y que sepan cómo lograrlas.

En la actualidad se hace necesario ser muy efectivo, diferente y disruptivo para lograr verdadera transformación, algo que permita atraer al talentoso y conquistar la simpatía y la fidelidad de los interesados por lo que eres y por lo que representas como cultura. Estoy hablando de las organizaciones. Debe haber una propuesta creíble y atractiva, es lo que valoran las personas. Toma importancia suprema el *reason why* y los valores que soporten dicha cultura. Ya no solo es buena paga, ahora toma importancia el perfil de la empresa, cómo piensa, cuál es su espíritu, en qué creen sus representantes, si son o no responsables socialmente, si tienen o no amor por el planeta tierra, y si están verdaderamente comprometidos en participar activamente, con acciones, para la preservación del mismo.

¿Están dispuestas las organizaciones a vivir este renacer, están dispuestos a cambiar y asumir los desafíos que exige el momento histórico? No todo es *money* (dinero, ganancia, beneficio), a veces lo que se necesita es una mirada diferente hacia el talento humano. Pero esta mirada solo es posible desde el liderazgo. Si esto no es posible, solo quedarán las máquinas y la tecnología; estarías fuera de competencia, dado que la gente es la única garantía para enfrentar los desafíos actuales y alcanzar el éxito.

Despierta y lidera con coherencia

La mentalidad y actitud de líder te brinda poderes extraordinarios solo si te desprendes del piloto automático, de la rutina, la urgencia, la distracción, y de todo aquello que te limita, de aquello que te aleja de lo que es vital para alcanzar las metas. Ya es un tema conocido, nos hemos paseado por el proceso de crear sonambulismo, y cómo romper con las cadenas para un despertar. Se espera que el líder sea un visionario, con capacidad para cultivar e inspirar a las personas que le acompañan. Es poder de influencia e impacto, habilidad de guiar y conectar con la gente; para provocar cambios en el comportamiento y el entorno; cambios en la cultura. Pero hay que estar dispuesto a salir del sueño profundo. Si existe coherencia en su mente, la energía y los recursos estarán enfocados hacia un liderazgo centrado en el talento. Esto debe ser muy bien entendido por toda la organización.

El líder debe usar el poder de su imaginación para construir el futuro que desea, incluyendo la nueva personalidad que desea cultivar. Debe visualizar el modelo a seguir; pero muy consciente del deseo y del acto de serlo. Debe convertirse en una persona visionaria, con claridad suficiente para tener la mente, cuerpo y corazón en eso que es importante. Importante es desarrollar una conducta y voluntad orientada a desatar todo el poder del talento dentro de su ecosistema. Ya no es influencia y conexión dentro de los muros de la organización, ya el COVID cambió la forma de concebir el trabajo. Ahora el liderazgo debe conectar y sacar lo mejor del talento dentro y fuera de la organización, y procurar la tecnología necesaria para hacer que la experiencia sea única, compatible al propósito y atractiva.

El líder debe ser persona de acción, dispuesta a servir de puente entre quienes le siguen y sus respectivos sueños. Es quien dedica su tiempo y energía para crear una visión clara para el equipo, quien sin desmayo incentiva a la necesidad del intelecto para lograr crecimiento y auto empoderamiento en las personas. Es quien brinda claridad en la búsqueda de significado en el trabajo y en las vidas de las personas que le acompañan en la persecución de la visión.

En el líder predomina el carisma, la simpatía y la apertura; tiene la magia de crear un vínculo genuino con la gente. Procura las relaciones porque entiende que es un valor crucial para conformar redes de talentos. Busca lo mejor en las personas, siendo capaz de ver ese potencial en ellas, y en el poder de la inteligencia del todo y no aisladamente.

¿Acaso no es mágico pensar en este poder que está allí y solo necesitas un despertar? ¿Es que acaso no es esto lo que quiero para mí? ¿Qué clase de fuerzas son estas las que me impulsan a ser mejor, a brillar y hacer lo imposible para obtener resultados sobresalientes? ¿Es que esta mentalidad de líder tiene influencia en los resultados que obtengo en la vida; será clave desarrollar este poder del liderazgo para los fines personales? ¿Estas facultades y competencias de líder consciente me ayudan a guiar a mis seres amados a puerto seguro? ¡Absolutamente SÍ!

Seguir las modas, sin la más mínima comprensión, copiar un lenguaje sin poder traducirlo con claridad, o seguir las tendencias estratégicas sin creer en ellas, sin entenderlas porque no salieron de la red de talentos, no te salvará de caer en el mismo punto en donde empezaste. Aunque generalmente no sucede así, realmente caes hacia atrás. Me refiero a que debes comprometerte y poner todas tus energías en el cambio, es transformación, es cultivación del talento, es institucionalizar una cultura con ambición, de la clase que busque ganar y no solo competir en un juego que es infinito y no finito. La observancia sobre el pensamiento, la actuación y el lenguaje es fundamental para garantizar que en todos los niveles hay contagio por la nueva cultura. Debe incrustarse un magneto que atraiga al talento hacia esta nueva propuesta. Hay que ser coherente para poder conseguir cambiar a toda la organización. Hay que ser garante, pero sobre todo muy comprometido con los resultados. No esperamos excusas, ni razones para justificar el por qué no se alcanzaron las expectativas.

¿Cuál es la situación en las organizaciones, por qué todas coinciden en la atención y foco sobre el liderazgo? Sencillamente porque los cambios actuales y los venideros exigen exhibir verdaderas competencias orientadas al recurso humano, exigen sabiduría, exige un cambio de personalidad verdadera en el líder. Hemos probado las competencias clásicas y aún no encontramos los resultados esperados. Un liderazgo consciente y reflexivo, que acompañen las habilidades y las competencias esenciales del líder para dirigir a las organizaciones, son indiscutiblemente necesarias.

El liderazgo exige honestidad e integridad. Honestidad para hacer lo que ha sido comprometido y la integridad para llevar a cabo lo prometido en cumplimiento de los valores éticos y principios universales. Si tu enfoque es el recurso humano, dedícale tiempo y recursos, demuestra que son importantes; haz que sean parte de una cultura ganadora. Atrévete a luchar por ellos, pero, sobre todo, enfócate en cumplir con tu promesa de brindarles una cultura diseñada que haga que su talento brille y que piensa en el éxito de todas las personas que la conforman. Se busca a un líder con competencias y voluntad para actuar con sabiduría, ese líder consciente, el que reconoce el talento de las personas y sus potencialidades, el que busca cultivar las mentes, no entrenar para el saber basado en conocimiento muerto. Se busca la transformación para despertar ambiciones y deseos por la grandeza. No estoy hablando de la clase de liderazgo que busca matar o sustituir al estratega natural innovador, por el estratega de la planeación detallada y los números del momento. Se requiere de un liderazgo natural, intuitivo, agudo, perspicaz e innovador que considere al todo, como lo he dicho, y no se empeñe en las partes.

Todo líder debe creer en el potencial de las personas, pero encontrará diferentes historias, una por cada persona que conforma su equipo, esta historia contada por ellos, llena de creencias, ideologías, paradigmas y percepciones, define quienes son; pero no determinan cómo serán. Ellas desean cambiar, pero muchas veces no saben cómo dirigir este cambio. Las personas están destinadas a forjar las herramientas que necesitan para alcanzar sus metas, eso que tanto añoran, y están dispuestos a hacerlo, solo deben crear la chispa y reavivar su llama. Tú tienes la responsabilidad, como líder, de hacer que se encienda ese fuego, porque en tu mente reconoces que el compromiso de las personas, el *engagement,* hará que las organizaciones garanticen el éxito y su supervivencia.

Si tienes la mente, tienes el control, y ya sabes a qué me refiero, te reconoces, sabes que nada vendrá a ti, a menos que estés determinado a conquistarlo; tú conoces tu naturaleza, es más fácil para ti conectar con tus recursos para conseguir cualquier cosa que te propongas, inclusive ser más inteligente, intuitivo y audaz porque eres más consciencia. Si tienes la mente, tienes a las personas, ellas también son como tú. Enséñales como ambicionar y como obsesionarse por lo que quieren y desean. No solo hay trabajo en las organizaciones, también hay humanos, conócelos; enséñales a vivir, provócales un despertar.

He estado en organizaciones, interactuando con personas en puestos de liderazgo, alta gerencia, altos ejecutivos y poco saben de lo que estoy hablando. Existe un vacío, y este vacío genera frustración, pérdida de energía, recursos y desesperación en la persecución de los objetivos. No asumen la responsabilidad de los resultados, quizá por el conocimiento incompleto del que he estado hablando. Un líder es responsable de su gente, por lo tanto; insistir, sin declinar, en el empoderamiento de cada quien es su prioridad. Si son importantes, conecta con ellos, involúcrate, escúchalos, vive lo que viven, haz que se sientan atendidos, enséñales a vivir el éxito. Enséñales que los errores son necesarios cuando se aspira a la grandeza.

Capítulo III EL CAOS, LO MÁS PRÓXIMO AL ORDEN Y AL ÉXITO

> *Hagas lo que hagas, necesitas valor. Cualquiera sea el curso que elija, siempre hay alguien que le dirá que estás equivocado. Siempre surgen dificultades que te tientan a creer que sus críticos tienen razón. Trazar un curso de acción y seguirlo hasta el final requiere el mismo coraje que un soldado necesita.*
>
> Ralph Emerson

El éxito no es posible sin la existencia del caos. La sola presencia del caos nos cambia, nos lleva a ser mejores. El caos, te obliga a pensar duro, te lleva a crear, te hace fuerte, te cambia emocional y psicológicamente, te hace diferente. No es la definición que todos suelen creer, muchas personas piensan que el caos es como la crisis que nadie quiere; pero con más dureza. El caos es solo una manera de definir a los sistemas abiertos, complejos, a la falta de orden y armonía, en donde intervienen un sinfín de variables y, por lo tanto, muy difícil de predecir.

Cuando me detengo a mirar el mundo hoy, este no es más ni menos caótico, solo te puedo decir que es caótico ¿Es complejo? ¿Está lleno de incertidumbre y ambigüedades? La respuesta es un rotundo "Sí". Pero, qué tal si la opinión que tenemos del mudo y el universo caótico es que es parte de su naturaleza serlo, y lo aceptamos. ¿Qué pasaría?, si aceptamos que esta tendencia a ser caótico es normal en la mirada al mundo como un sistema abierto, y que el caos no es crisis ni desorden; son solo hechos, que pueden ser favorables o no; seguramente estaremos más cerca del orden, atraído con propuestas más sabias, con un pensamiento crítico, creativo e innovador que sirva de *momentum*, para alcanzar un nuevo *status quo* que nos impulse a la conquista de las metas que se proponga una organización, un país y la humanidad; con la participación intencionada y más consciente de todos nosotros.

> *El caos es la partitura en la que está escrita la realidad*
> Henry Miller

Esto era lo que nos decía el famoso meteorólogo, matemático Eduard Lorenz, con su famosa teoría del caos. La teoría que estudia la sensibilidad, a condiciones iniciales, que tienen algunos sistemas. Es decir, de aquellos sistemas en los que un pequeño cambio puede originar grandes consecuencias. Lorenz decía, que matemáticamente estos cambios siguen una dinámica no-lineal. No se puede hablar de predecir los comportamientos futuros con precisión, quizá solo podemos acercarnos un poco, pero es imposible acertar con precisión. Ustedes se preguntarán, ¿por qué hablar sobre teoría del caos en conversaciones acerca del liderazgo, la gestión del talento humano, el saber y el mundo en las organizaciones? La respuesta: Las empresas y las personas tienen esta misma definición, son sistemas abiertos, sistemas que son influenciados por factores externos, seguidos de una dinámica compleja interna, porque las empresas son las personas. Las burbujas en las que se encuentran las empresas son muy permeables, están hechas para intercambiar materiales, tecnología, conocimientos e información multidimensional, con un ecosistema que, al mismo tiempo está sometido al mismo fenómeno. Esto multiplica la complejidad. Entra y sale información de estos sistemas, con realidades diferentes, pensamientos diferentes, cada persona, con su propio mapa de la realidad, sometido a una atmósfera o un ambiente cambiante y multifactorial. Sistemas que evolucionan con el tiempo. Pequeños cambios en las condiciones iniciales pueden provocar grandes cambios en el comportamiento futuro. Cambios en el entorno pueden provocar, sin lugar a dudas, cambios en la dinámica de las personas y las organizaciones por el nivel de interdependencia.

Las organizaciones deben, por consiguiente, diseñar estrategias para adaptarse a dichos cambios y tomar ventaja. Es aquí en donde vale la actuación del líder, su comprensión del saber, la gestión de su talento y las mentes, para sacar provecho ante el cambio.

No se trata solo de vencer en una estrategia, de nuevo lo repito, sino de enfocarnos en jugar a ganar sin límite de tiempo, y sin reglas definidas; se trata es de crear mentes capaces de interpretar los fenómenos no lineales, complejos, sometidos a la incertidumbre y cambios repentinos, para crear estrategias efectivas y retornar al estado de orden, es decir, capaces de crear potentes atractores que nos mantengan en competencia y que no nos alejen del equilibrio.

El caos como catalizador para lograr la excelencia.

Existe una verdadera ilusión en nuestras cabezas, la de esperar que lo perfecto se haga presente. Ideal es que no exista el riesgo a la hora de tomar decisiones de vida y de trabajo; pero esto es una verdadera utopía. Siempre existirá una probabilidad de éxito y un margen de fracaso. Es imposible controlar todas las variables que están en juego, es absolutamente imposible. De allí que surja la teoría del caos. La incertidumbre no desaparece nunca, y de paso la puedo ver como una bendición necesaria en nuestras vidas. Cuando sabes que existen cosas que escapan de tu control, luchas o te esfuerzas para desarrollar fortaleza e inteligencia mental, en línea con tu cuerpo, y en donde tu alma toma alas para tu propia edificación. Esto sigue un proceso continuo. Mejor preparado, que ser solo una consecuencia de algo. Pensar que puedo imaginar el futuro que deseo, en medio de la incertidumbre, me da alas para volar. Al imaginar lo que quiero, me pone inmediatamente en los recursos con los que cuento hoy y lo que necesito para llegar a ese futuro anhelado, sin temor a los obstáculos, ya que se convierten en la fuerza desde la perspectiva del desafío que representa; te creces. Desde la visión del caos, no puedo pretender ser suficiente con estrategias orientadas al largo plazo, con tantos cambios nos perderíamos en el camino, perderíamos efectividad, recursos, tiempo y dinero. Debemos pensar en el corto plazo también, este tipo de decisiones nos permite ser más específico en la estrategia y los objetivos; el foco aumenta al aumentar la necesidad de seguimiento sobre la estrategia, y agudiza la capacidad de observancia; nos mantiene en cercanía a lo observado y, por lo tanto, se expanden las posibilidades de obtener información relevante del entorno, ver cosas que otros no logran ver, traduciéndose en un abanico inmenso de oportunidades. El liderazgo se fortalece, se transforma para siempre, al igual que lo debe hacer la red de talentos. El equipo se empodera y eleva su nivel de desempeño, no por un momento sino para siempre, en todas las facetas de la vida; dado que estarán cultivando sus mentes para algo grande, para dejar un legado que los llene de orgullo. El cambio es a nivel mental, si tu mente cambia, cambian tus creencias y hábitos, se configuran los filtros de información en tu cerebro, cambia tu actitud, tu conducta, la energía y la intuición. Tu manera de concebir la realidad cambia, porque habrá renacido un SER de nivel superior en ti. Estamos hablando que, pequeños cambios pueden desencadenar grandes consecuencias, y una de ellas, es el cambio de tu personalidad y de tu inteligencia.

No se trata de evitar el caos, se trata de usarlo para la autoorganización del sistema a través de los atractores e iniciativas que nos permitan mantener nuestra capacidad de reaccionar frente a los cambios. Es también una forma de preparar a las personas para situaciones complejas, que tengan la capacidad de mirar a todos los actores en un sistema, junto a las distintas variables interrelacionadas, de manera que puedan hacerse de pronósticos más cercanos a la realidad del momento, más cerca de establecer el orden.

Hasta este momento es muy probable que muchos líderes se estén preguntando, qué hay de diferente, quizá dirán: es lo que hemos vivido por años. La respuesta a esto está en el desarrollo de la mente y el carácter, te hace creer que lo imposible es solo un mito, y tu inteligencia nada tiene que ver con la mera experiencia de alcanzar el éxito solo una vez. Es la transformación de tu ser lo que hace que no renuncies nunca a lo que te pertenece. Es conocer conscientemente que tienes recursos infinitos para hacer lo que te propongas. No es lo mismo transformarse conscientemente con el cambio para ser mejor, que enfrentarlo en modo supervivencia y de manera accidental. El caos, el desorden y el orden mantienen una relación estrecha. No puede haber orden ni desorden sin la existencia del caos.

El caos es lo que nos hace utilizar la razón, el pensamiento crítico, el poder y las fuerzas de nuestras energías para renovarnos. Es lo que nos hace entrar en acción, muy motivados, en una dinámica para salir más fuertes y con mejor posición ante un entorno de variables múltiples y cambiantes. La clave es la atención autodirigida y el poder de observación que se teje en la red de talentos cuando abordamos el caos con una mente entrenada para ganar. Tal y como sucede con un músculo que se entrena, así mismo lo hace la mente. Esto no se escucha normalmente en la voz de la alta dirección. A las personas les cuesta creer en sus potencialidades porque de esto no se habla a profundidad. Apenas raya la superficie del agua ¿será que se deja sobreentendido? ¿Es acaso ignorado, el desconocimiento del poder que tiene entender el proceso que hace grande a una persona? Hay muchas cosas que suceden en las organizaciones sonámbulas y tiene que ver con el nivel de competencias. Agrego a esto, las organizaciones se han vuelto cada vez más mecánicas, menos corazón y menos mente, esa que es capaz de utilizar la razón para lograr verdadera transformación. Una persona que logre conocerse, jamás será conformista, nunca abandonará la idea de hacer historia, una historia inspiradora y que sirva de guía a muchas personas.

Cuando ganamos experiencia, pensamos que es la misma la que nos saca de las crisis y el caos, pensamos que es esta misma la que nos devuelve el orden en todo momento. La respuesta: puede ser "si" y "no". Resulta que si no conoces cómo trabaja tu cerebro y tu mente, si no comprendes el saber, el que hay detrás de las distintas teorías en oferta, solo acumularás experiencia; pero te imposibilitan a la hora de conectar puntos. Si no está en tus propósitos hacerte más consciente y sabio; podrías terminar esclavo de lo que aprendiste.

El conocimiento solo sirve si lo usas; pero limitarse a este, te dejará en una posición muy comprometida, con muy poco para brindar a la red de talentos desde tu posición de líder. Ellos esperarán mucho más de ti, y no sabrás que darles. El talento debe ser empoderado continuamente, y no se trata solo de conocimiento, se trata de conocimiento útil más experiencia consciente, orientado a la transformación, al crecimiento, a la dotación de recursos mentales que estarán a su disposición para ser y actuar con alto desempeño.

El caos visto desde una mente superior es la oportunidad para trabajar más inteligente, generando propuestas innovadoras para la resolución de problemas que requieren especial atención, por su complejidad e impacto. Para eso se conforma la red de talentos en un todo; para sobresalir, para superarse constantemente y ser cada vez más efectivo. El caos exige foco y mucha imaginación, ¿cierto?, ¿de dónde crees tú que se alimenta tu intuición?

La atención y los recursos deben estar en aquello que es importante, las prioridades, y para eso debes aprender a relacionar los distintos factores que amenazan con tu propia capacidad competitiva. Insisto, aprendes a ver el todo, te vuelves perspicaz. Seguimos hablando de las personas, cómo se transforman y cómo viven el cambio y el aprendizaje. A la pregunta ¿Cómo se potencian las redes de talento?, y la única manera es conociendo el proceso que los lleva a construir un yo superior, una actitud y una conducta orientadas a objetivos de nivel superior, es aprendizaje y práctica, es conocimiento vivo, es transformación y evolución. Es formar la conducta volitiva hacia tu visión de convertirte en un SER estelar. No habrá metas u objetivos que puedan resistirse a este tipo de personas.

Recuerdan a Michael Jordan cuando, durante el periodo de reposo, por la lesión en hueso del tobillo, practicaba en canchas con luz apagada. Tenía en mente el deseo vehemente de hacer historia, era lo que quería, tenía un sueño y no estaba dispuesto a cederlo. Su voluntad y su conducta eran inquebrantables, su visión y su imaginación fueron el combustible que lo llevaría en esa temporada a convertirse en la leyenda por muchos años. Todos los seres humanos pueden generar ese nivel de energía, para no doblegarse ante los obstáculos.

Así también fue nuestro Miggy (Miguel Cabrera), dos veces nombrado Jugador Más Valioso de la Liga Americana, ganador de la Triple Corona y 11 veces seleccionado al Juego de Estrellas con cuatro títulos de bateo; y el primer venezolano en pasar los 3000 hits. Se dice fácil, pero Miggy atravesó momentos difíciles: lesiones, demandas, problemas de conducta, y muchas otras dificultades más; pero allí está. Él no se rindió, y sigue haciendo historia. Así puede uno ver manifestar el caos en nuestras vidas.

Pequeñas decisiones pueden generar grandes consecuencias. Son estas mismas variaciones constantes, únicas e irrepetibles, multifactoriales en un entorno donde estamos todos; las que hacen que nos apartemos del orden; pero es esta misma dinámica del cambio la que nos devuelve al orden. Esto es en un ir y venir en la vida, nada es perfecto, todo cambia, y no es posible controlarlo todo. ¿Qué hizo que Miggy no se alejará de su destino de ser uno de los beisbolistas más consagrados del mundo? Su compromiso, su pasión y la disciplina. Su equipo de trabajo fue crucial en esto; pero finalmente la decisión de superarse fue de Miggy. El caos convive en nosotros como vive el orden, solo hay que conducirse como las estrellas del deporte lo hicieron. A través de la construcción de un *mindset* para el éxito, una mentalidad para ganar en la vida. Existen muchas estrategias para manejarse en el caos, los famosos atractores de Lorenz; está en nosotros prepararnos para usar el momento de caos como catalizador para desarrollar lo mejor de nosotros, para ser personas que destacan en el mundo, modelando lo que mejor puede hacer el ser humano, actuar desde el amor para hacer el bien.

El cambio visto desde el modelo de Virginia Satir nos prepara para asumirlo desde una conducta diseñada para ganar. Ver figura 1.

EL CAOS, LO MÁS PRÓXIMO AL ORDEN Y AL ÉXITO

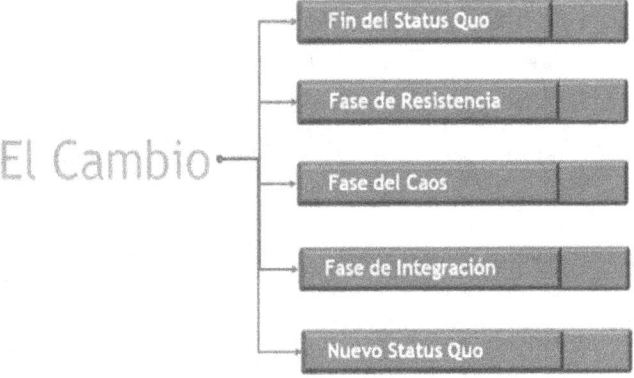

Figura 1: Modelo de Cambio de Virginia Satir

En dónde está la clave, si bien no pretendo describir completamente el modelo de Virginia en detalle, haré un breve resumen:

1. **Fin del estatus quo:** llegó el cambio, fin de la normalidad.

2. **Fase de resistencia:** No lo acepto, acaba con la rutina existente, se destruye el confort y sobreviene la incertidumbre. Satir llama al factor de cambio "elemento extraño". Puede ser tejido desde tu mundo interior o puede provenir del exterior. En esta fase, puede hacer presencia el miedo en las personas y en los equipos de trabajo.

3. **Fase de Caos:** En esta fase el elemento extraño tiene presencia y es sentido, tiene forma, aspecto y tamaño, el cambio ya es irreversible, y es seguro que va a ocurrir. La incertidumbre se

siente, no sabes que va a pasar. Ya nada es igual; las formas de trabajar u operar en la vida cambian de alguna manera. Ya no funcionan las viejas prácticas, los viejos métodos, muchas cosas pueden cambiar.

4. **Fase de integración:** Esta fase es transformadora, surgen ideas desde una mentalidad de crecimiento, una mente preparada para tomar ventaja del cambio. Y esto sí es muy poderoso; el cambio desde la aceptación y la neutralidad. Esta idea florece cuando ves cómo este elemento extraño puede traerte beneficios. El solo hecho de pensar asertivo, desde una mente motivada, emocionada por la idea de superación del cambio y la imagen de éxito futura que has creado, no solo te ayuda a superar el momento, sino que te transforma; te impulsa hacia tu propia evolución; te abre a las posibilidades y te edifica como líder. Te haces fuerte, te haces promotor del cambio, no solo ves al cambio como algo que viene del exterior, sino algo que puedes propiciar tú mismo para volverte más competitivo. Cuando este tipo de ejercicios se analizan y se discuten desde una mente reflexiva y consciente, la experiencia te lleva a niveles superiores de razonamiento. Ya no es lo que has logrado, sino la transformación que has tenido. Ya no se trata de pensar y decir: qué tanto

hace falta para llegar a la meta, sino que tan lejos puedes llegar con el cambio.

5. **El nuevo Status Quo**: La situación de desorden e incertidumbre pasan, y las nuevas maneras de hacer las cosas se convierten en el nuevo estándar.

Cuando aprendes del cambio, el ambiente y la confianza en los equipos de trabajo cambia. Las personas confían más en sus recursos y capacidades para enfrentar los retos por venir. Saben que con el cambio vienen nuevas oportunidades, y la red de talentos lo sabe. Cuando un cambio es llevado a la práctica, disminuye la resistencia a sucesivos cambios. Ya no es el éxito o el fracaso accidentado, sino la consciencia y la mente puesta en las ideas y la creación para el triunfo. La prospección siempre es clave cuando estamos frente al cambio, bien porque lo quiera propiciar la misma persona, o bien porque siente que se aproxima y se preparó para sacar el mayor beneficio de este. Con una mente preparada, las oportunidades, la suerte y el éxito, siempre buscarán la forma de encontrarte.

El liderazgo moderno y la transdisciplinariedad

El liderazgo moderno es desafiante. Es capaz de manejarse en la línea del tiempo con sabiduría. El líder moderno usa la imaginación para crear cambios dentro y fuera de su SER, porque persigue la transformación y cultivación de su mente. Usa la atención y el foco para no desviarse del propósito, reconoce el poder del sexto sentido, su intuición, y usa el poder de la prospección para expandirla. Es quien usa las emociones a su favor para convertir estrategias en acciones, buscando siempre la superación en todos los terrenos o espacios vitales.

El líder *prospectus*, es una persona muy reflexiva, con gran capacidad para adaptar su mente y su cuerpo para auto desafiarse, poniéndose a extremo; porque sabe que es en ese punto donde explota la inteligencia y la creatividad. Es quien usa el poder de la imaginación para escalar su actitud, provocando cambios en el comportamiento, es el poder de su voluntad, sus fuerzas y sus energías las que se unen para alcanzar sus metas más elevadas. Este liderazgo reconoce su poder, porque reconoce que toda persona en la tierra ha sido bendecida con recursos y dones para desatarlo. Este líder ha asumido el compromiso de empoderarse y lograr que otros se transformen. El foco para este líder visionario, líder *prospectus*, son las personas. Reconoce que la única manera de superar la adversidad y tener éxito frente a los retos de hoy y mañana, es a través de la conformación de un gran equipo de trabajo, una red de talentos, interna y externa a la organización, que trabajen en perfecta armonía por una meta común, súper conectados, involucrados y compenetrados. Y cuando digo esto, me refiero a estar conscientes del poder de la reciprocidad en el talento. Ya el talento está dentro y fuera de los espacios de control de las empresas, estoy refiriéndome al hecho de que el trabajo remoto o a distancia es una realidad, ya está entre nosotros como algo normal, es el nuevo paradigma. Se requiere de un liderazgo claro, moderno y visionario para hacer lo que se necesita hacer. La constitución de una gran red de personas talentosas haciendo posible, no solo el sueño de las organizaciones, sino también, el sueño y las aspiraciones personales que cada talento tiene para sí.

El talento humano ya no solo es visto como importante, me refiero a captar y retener al mejor. Si no que existe la necesidad de convertir a todo el talento en una sola orquesta sinfónica, alineados, con excelente ritmo y armonía. Cada pieza maestra debe ser visualizada y reproducida por todo ese gran talento y, para ello, se hace necesaria la creación de los espacios para que ellos desarrollen al máximo sus ideas y entren en acción. El líder tendrá como desafío pasar de la interdisciplinariedad y multidisciplinariedad, a la Transdisciplinariedad, en donde la red de talentos pone la mirada al todo, generando perspectivas múltiples, una visión sistémica de la red, para dar respuestas a una realidad integradora, a problemas complejos, para brindar una solución integral de gran impacto. Es así de poderoso pensar en la transdisciplinariedad. Si el centro son las personas, el liderazgo está obligado a estirar su línea de pensamiento, encontrar la disrupción, expandir el saber y la capacidad creativa a límites inimaginables. No hay razón para pensar encerrados en los viejos conceptos y paradigmas, por el contrario, se plantea la necesidad de crear nuevos. No estoy diciendo que esta mirada descarte la oferta de la interdisciplinariedad y la multidisciplinariedad, simplemente es complementario a estas, de allí también se nutre. Se hace necesario que los líderes conozcan cómo se maneja o gestionan las distintas fuentes del saber y cómo se pueden potenciar. Esto es lo que se quiere, ¿cierto? Pero aún nos falta un largo camino por recorrer, dado que el saber y el conocimiento pueden excitarse o inhibirse; y este es el verdadero reto que tiene el liderazgo, el cómo hacer para desarrollar todo el potencial posible del talento humano.

Las circunstancias dentro y fuera de tu radio de acción se mueven a gran velocidad, si tú no lo haces, simplemente quedas fuera de juego. El éxito no se presenta para los que tomaron la decisión de esperar. El clima, las oportunidades, las ideas, las interacciones con un mercado, las relaciones, las comunicaciones, la información, etc., todo cambia, dentro de un sistema complejo tendiente al caos permanentemente. No todo lo que se ha establecido como regla debe perdurar en el tiempo. Todo cambia cada segundo, tú, yo; todos cambiamos. Lo único que puede hacer que las organizaciones se impulsen con fuerza hacia la conquista de su visión es su capacidad de crear una atmósfera, en donde la inteligencia y el saber de las organizaciones sea valorado y atendido por un liderazgo consciente y humanista, con competencias humanas excepcionales, que sepa guiar y motivar al intelecto desde una consciencia elevada y motivadora, en donde la excelencia sea vista con orgullo y al talento como la esperanza generadora de los nuevos paradigmas emergentes.

El cambio no representa un problema, de hecho, es la oportunidad de ser diferentes. Lo que sí es un problema es la ausencia de innovación y creatividad en una organización. Antes las organizaciones se reinventaron teniendo como foco: Equipos tecnológicos, estructuras, etc. y la parte blanda: procedimientos, software, técnicas y modelos administrativos. Todo a disposición de todos los colaboradores para que cada quien, cada área resolviera según la manera en que los líderes funcionales pensaban y se alineaban para contribuir con las estrategias claves corporativas, desde su posición funcional, y esto es estar aislado. Ahora ya esa mirada queda a un lado, al menos no como conductor principal. Ahora el liderazgo moderno tiene una mirada diferente, la estrategia está dirigida hacia el interior de la organización en donde el talento es el centro, los valores por la cooperación es clave, todo el talento en una red colaborativa. Es una red de personas talentosas, automotivadas, que persiguen una visión colectiva y que trabajan alineados, en comunicación permanente, comprometidas y actuando con determinación para lograr la consecución de objetivos en común. Es importante, donde la cooperación, el trabajo en equipo y la colaboración, desde la razón sistémica, genera una fuerza y una energía convertida en acción que contagia a los equipos y los anima a dar lo mejor de sí.

El Poder reside en las redes del talento

> *La comunidad se estanca sin el impulso del individuo.*
> *El impulso muere sin la simpatía de la comunidad.*
> *Las personas somos seres sociales y, por lo tanto, mejor unidos.*
>
> William James

No es el trabajo de las partes lo que hace exitosa a una comunidad que persigue objetivos retadores en un mundo complejo, sino la mirada conjunta al "todo". Esta complejidad exige valorar tanto los fenómenos interconectados, así como también la efectividad comunicacional y feedback entre los distintos colaboradores. Igual decir, desde los distintos saberes. Hablamos de construir una cultura ganadora, atractiva, unificada y mucho más inteligente, en donde cada quien se sienta valorado y reconocido, son las distintas disciplinas unidas y enfocadas para propiciar el pensamiento complejo y colectivo, junto a este, la autocrítica, la autoética y el autoconocimiento es parte de esta evolución del talento humano. El reto para el líder es cómo lograr integrar las distintas disciplinas. Cómo construir esta red de pensadores estratégicos, cuyo objetivo es dar respuestas efectivas a problemas complejos; de la manera más inteligente, traspasando las fronteras parcelarias que pudieran existir en una organización, en donde la mentalidad a construir sea un todo unido para el éxito, y no las partes individualizadas y distraídas en una clase de competencia desorganizada y desprovista de significado.

Cuando las áreas funcionales y la especialización se dispersan y se distraen, los recursos a emplear para alcanzar los objetivos son significativamente mayores, y aquello que está por encima de lo mínimo necesario para alcanzar los objetivos es, por consiguiente, un desperdicio y debe evitarse a toda costa. Cuando manejas equipos multidisciplinarios el saber y el intelecto se limitan a una realidad, un mismo ángulo, bajo los mismos preceptos y paradigmas del propio individuo, sin desestimar lo que pueda hacer el entorno sobre él. El ingenio del líder es hacer que esto no suceda, por el contrario, debe conseguir unir el talento a otros saberes, junto a otros pensamientos y realidades para que la magia de la creación tenga un renacer, un nuevo cerebro formado por una red de especialistas de distintas áreas del saber, dotados de inteligencia, con un propósito en mente, enfocados en una meta común, proyectos o problemas que requieran de soluciones inteligentes. Es otra alternativa del pensamiento estratégico, de muchas existentes. El manejo adecuado e inteligente de la gestión de la inteligencia del talento humano requiere de especial atención.

> *"Si encuentro a alguien que sea capaz de ver la realidad en su diversidad y, al mismo tiempo, en su unidad, ese es el hombre al que yo busco como a un Dios"*
>
> Platón

Cuando nos enfocamos en redes colaborativas, estamos obligados a lanzar una mirada al poder que encierran dos conceptos: la interdisciplinariedad y la transdisciplinariedad, como la vía para la solución de problemas complejos, algo que nos resulta familiar en los sistemas abiertos, no lineales, de alta complejidad; una característica que tienen las organizaciones, más aún en entornos **VUCAD** (volatilidad, incertidumbre, ambigüedad, complejidad y digital, por sus siglas en inglés).

Estas redes colaborativas unidas, por un fin común, requieren algo más allá de solo la visión sistémica individualizada, necesitan una forma más efectiva de abordar el problema para plantearse soluciones integrales poderosamente inteligentes. Ya no solo era la necesidad de entender el contexto de los hechos y los problemas desde una perspectiva sistémica y holística, entendiendo el problema en su totalidad; pero desde la perspectiva de las diferentes disciplinas, aportando cada quien su punto de vista, por separado; sino que era absolutamente necesario un poder unificador de gran capacidad de resolución, que diera mayor fuerza a la creatividad y la innovación. Se necesitaba ser efectivo, rápido, ágil y muy versátil. Nace la transdisciplinariedad; un concepto más reciente que la interdisciplinariedad y la multidisciplinariedad; pero no son nuevos, al igual que otros tantos; son de gran impacto en la actualidad, sobre todo para los fines de un verdadero despertar en las organizaciones.

Ahora vivimos en un mundo globalizado, digital y espacial, en donde las teorías existentes se modifican, se reestructuran o cambian, y con ello nuestra percepción de la realidad. Como consecuencia de ello, nuestro enfoque hacia la solución de problemas también cambia. Nada parece ser absoluto en el mundo del saber, y quedarse en la individualidad o aislados de la inteligencia colectiva, esa que piensa y desea la transformación para alcanzar niveles de evolución superior, no es alternativa. La necesidad actual de la humanidad marca una pauta, está en nosotros seguirla. La gente es lo más importante, su valoración y el reconocimiento hacia ellos es imperativo. La clase de reconocimiento en donde puedas ver belleza en ellos, puedas ver poder y fuerza, puedas ver una voluntad que está dispuesta a entrar en acción por los nuevos ideales y paradigmas emergentes, una visión de impacto, en donde todos vivan el orgullo de ser extraordinarios. Así se debe resaltar esta mirada hacia el talento, una mirada con grandeza. Se ha hablado de esto por décadas, pero algo está ausente, quizá tenga que ver con la camisa de fuerzas que aún mantienen muchas organizaciones, en donde se secuestra la evolución y la trascendencia, limitando los niveles de consciencia y el poder del conocimiento vivo en las personas.

La transdisciplinariedad surge como una necesidad para superar al saber fragmentado de las partes. Ya no es solo conformarnos con que los distintos especialistas o disciplinas puedan actuar para resolver un problema, sino que es imperioso actuar en reciprocidad, interconectados. No se trata solo de técnicas, ni de tecnología, se trata de comprender los procesos de transformación del talento, cómo operan las mentes brillantes desde su propio círculo de excelencia y como lo hacen cuando se unen a otras mentes para crear verdadero valor a la humanidad. No quiero limitar a las personas hablando solamente de las metas en la organización, objetivos estratégicos, ya eso es lo que intentan hacer cuando son contratados; estoy hablando que allá afuera existe un mundo de posibilidades que esperan por ti para que seas parte. No te limites impactar solo dentro de las fronteras que cercan tu área de acción para el trabajo y la creatividad. Atrévete a imaginar fuera de esta y haciendo algo grande que te haga sentir orgulloso de ti mismo, algo retador y ambicioso. Si decides ir por el camino de retarte lo suficiente, estoy seguro que recibirás en reciprocidad tus acciones. Yo soy de las personas que piensa, que esta forma de despertar debe ser llevada a todo el talento de una organización, sin egoísmo. Esto no significa que lo pierdas, por el contrario, terminarán admirando al líder por su valoración, aprecio y respeto. Las personas sienten lo auténtico, lo genuino, y desean estar allí, en donde estos valores son exhibidos, en donde la integridad y la ética sean el oxígeno que se respira.

Cuando tienes a un equipo de pensadores, combinando disciplinas, enfocados, creando métodos unificados, formas de observación y métodos científicos, amplificando la capacidad de la observancia para idear soluciones innovadoras y disruptivas, es definitivamente poderoso. En este tipo de culturas el compromiso aumenta, se genera un clima de confianza que supera las distintas barreras que se originan del acto de congregar la diversidad de conocimientos, del saber; unido a las distintas formas del pensamiento que buscará naturalmente algo grande y majestuoso.

Ser estelar es tu derecho no tu renuncia:

Conocernos permite conectarnos con nuestro sabio interior, y es de esta conexión que las personas alcanzan liderar su propio proceso de transformación para abrirse a las posibilidades.

Jorge Luis Guillén

Siempre me esforcé para dar resultados que me hicieran sentir orgulloso y elegible entre muchos, pero siempre lo vi como el deseo o el compromiso que una persona comprometida puede asumir en determinado momento; claro está, con aspiraciones elevadas. Lo veía solo como experiencia y no como transformación consciente, no como el proceso de dejar de ser quién eres para alcanzar un nuevo "Yo" mejorado, un renacer. Muy a pesar de ser de los estudiosos de las diferentes teorías motivacionales, no comprendía el fenómeno del cambio que viven las personas. El proceso de transformación en profundidad no lo tenía muy bien comprendido. Esto le sucede a la mayoría de las personas, no comprenden con claridad quiénes son, desde su naturaleza, su poder interior, y esta condición termina por limitarlos.

Si esta es una realidad, en la que el líder sufre de la misma falta, entonces es entendible los resultados que se obtienen cuando miramos las encuestas de ambiente laboral. La pandemia no debió socavar tanto a las organizaciones, me refiero a que muchas personas no querían regresar a sus puestos después del momento pico en las estadísticas de infectados por el COVID. Algo no se había hecho bien en los espacios de trabajo. Algo quedó por hacer desde el liderazgo. No solo es miedo lo que hizo que las personas no quisieran retornar a sus puestos de trabajo, hay algo más; y nos toca reflexionar. Estoy seguro de que existen empresas que lo hicieron diferente, y el talento se mantuvo unido a ellas con mayor compromiso. Estas empresas habían creado seguramente atractores poderosos, estos mismos que ayudaron que dichas empresas regresaran al orden, muy a pesar del momento caótico. Las preguntas que me hago son:

¿Qué podemos aprender de esto? ¿Cuál es el vacío existente del que adolece el talento humano en las organizaciones? ¿Creen que la desatención hacia el recurso humano es consciente o inconsciente? ¿Creen que los procesos de capacitación en las empresas son una copia de los modelos educativos ortodoxos? ¿Creen que la gestión de capital humano son solo números en un tablero de balanced scorecard? ¿Creen que se debe a una renuncia que hace el ser humano a su condición natural, dotado de inteligencia para autodeterminarse? ¿Creen que su falta se debe a la ignorancia de quienes son como personas? ¿Hay reconocimiento de este potencial por parte de las personas, pero no hay voluntad para desatarlo? Si las personas tienen el potencial y los recursos para lograr los cambios que se propongan, ¿Qué los hace renunciar a lo que pueden llegar a ser o alcanzar?

Todo esto me lleva nuevamente a los procesos de cambio y aprendizaje que viven las personas. Sucede que muchas veces cedemos. Sí, cedemos terreno al apego, a los viejos patrones mentales, ideas y paradigmas. Cedemos voluntad a las creencias limitantes, cedemos terreno a lo que intentan sembrar las sociedades del mundo en nuestra cabeza, a la opinión general sin filtros, ni análisis, con escasez de razonamiento lógico. Comenzamos a creer en todos menos en nosotros mismos. Nos volvemos muy cómodos, ya el acto de pensar lo vemos hasta extraño y, en sustitución, preferimos que otros piensen por nosotros. Aceptamos cualquier cosa que veamos en las redes sociales sin mayor análisis, nos hacemos esclavos de los *"likes"*, limitando nuestra inteligencia. Nos acostumbramos a ceder nuestra inteligencia, porque somos sugestionables y, sin percatarnos; fortalecemos un *mindset* destructor de la genialidad natural del ser humano, el cuerpo se hace adicto a emociones ajenas. El problema con esto no es que pasó una vez y ya, quizá dos veces, en donde cedemos toda nuestra grandeza. Pasa algo más complicado y aniquilador, verdaderamente aterrador; perdemos el libre albedrío, el poder de elegir y crear desde nuestra consciencia despierta. Ahora somos pensados[13], no pensamos, y esto hace que las personas se vuelvan sonámbulas, en una especie de sueño inducido, sin consciencia, y es aquí en donde se forma una nueva personalidad.

Ser una persona estelar es tu derecho, es tu destino irrevocable, es la impronta que ocurre al nacer, esa marca que te deja la divinidad misma en tu espíritu, cuerpo y alma. Sin renuncias, es tu sello. Renunciar a esto es renunciar a la vida misma. ¿Hay razón o justificación alguna a esta renuncia? ¿Qué poco o mucho sabemos de nosotros mismos para renunciar a ser una persona estelar? Es más difícil vivir una vida cuando renuncias a la felicidad. No se

---

[13] **N del E.** En la era de las inteligencias artificiales, y de los algoritmos que "piensan" por nosotros ya varios filósofos modernos, hacen cuestionamientos sobre la capacidad de pensar por sí mismos de muchas personas, al parecer, la sociedad ha comenzado a pensarnos, es decir, pensar por nosotros, una tarea que por décadas han pretendido los políticos, haciendo mención a que ellos deciden por nosotros lo que más nos conviene como sociedad.

puede ser feliz cuando renuncias a los dones y al genio que llevas por dentro, es por eso que, muchas veces esta búsqueda resulta agotadora, pues de este modo, se corre el riesgo de perder la esperanza. Pierdes el control de vivir la vida que deseas para ti. Si esto es así, ¿Cómo puedes gestionar el talento humano si has renunciado a tomar el liderazgo de tu vida? Sería imposible gestionar el talento humano en una sociedad, comunidad u organización. Jamás podrías conectar con las personas, no sabrías cómo desatar ese potencial, no sabrías cómo equiparlos, empoderarlos y, mucho menos, podrías enseñarles una experiencia de vida mágica.

Comparto con ustedes un momento de aventura intencionada, fue en una experiencia de buceo, en mi certificación como buzo internacional en aguas abiertas. Fue un día domingo, eran las 10 am, una experiencia reciente, febrero de 2022. Todos equipados, mucha emoción, pues era el día de navegación cerca de la pared montañosa y los arrecifes de Bahía de Cata. Era el día de disfrutar del mundo marino; pero también era el día de poner a prueba todo lo aprendido en clases. No les voy a mentir, había emoción, excitación, pero había algo de incertidumbre y algo de miedo. Llegó el momento de irnos, lancha en la orilla, y el grito del capitán, ¡listos! Nos miramos las caras, Instructor (Richard), dive master (Francisco), Alice (compañera de curso) y Yo, y el grito: *"let's rock and roll"*, manos a la obra. Nos montamos en la lancha, y nos dirigimos hacia el punto de inmersión, el punto en donde la lancha nos deja o nosotros a ella. Para dejar la lancha, el estilo de despegue de la misma es "entrada maroma atrás"; para alguien nuevo o para un aprendiz, es algo para pensar un poco. Llegó el momento. El dive master sale primero de la lancha, modelando el estilo para nosotros, salgo yo en segundo puesto. Ya ambos dentro del agua, esperábamos por el despegue de Alice, quien se encontraba con el instructor en la lancha. El tiempo pasaba y Alice sin despegar de la lancha; y el instructor Líder con ella. Por su mente pudo haber pasado el miedo al igual que a muchos, esas imágenes poco agradables que a veces llegan a nuestra cabeza, qué se yo; pero no renunciaba, allí estaba todavía, pensando, aceptando el momento y el desafío, las motivaciones sobraban para lograr el salto al mar, solo se necesitaba controlar lo que el cuerpo pedía, el cuerpo no quería el salto, o simplemente estaba esperando el momento oportuno, ante el *feedback,* cargado de información, estímulos y emociones; pero allí estaba la mente, controlando el pensamiento para devolver al cuerpo al estado pico de *flow*. El instructor estaba conectado con ella, existía ya ese vínculo entre el instructor y nosotros, sentíamos seguridad y confianza al máximo. En la lancha, un silencio, respiración, una mirada del líder instructor, desde la grandeza, una comunicación y un feedback brutal, sin desesperos, un tiempo corto transcurrió cuando Alice logró la maroma atrás para salir de la lancha, y entrar al agua como si se tratara de una buza experta.

Cuando perseguimos un sueño, una meta o un objetivo, por nuestra cabeza pasan ideas de renunciar o tirar la toalla, porque perseguir un sueño no siempre el camino que nos conduce a él es el camino fácil. Pasa que muchas son las veces en que una persona cede y renuncia, cede o reniega de su grandeza para convertirse en el común, personas conformes con lo que tienen, sin mayores ambiciones, pues viven la vida como vaya viniendo, siempre que haya dinero para comer o resolver, todo va bien con el favor de Dios. Alice nunca renunció, ella soñaba con ser buza desde hace mucho tiempo, era su sueño. Sabía que la renuncia no le estaba permitido, el tiempo que tomó en la lancha fue el tiempo suficiente para sentir el *feedback* interno o diálogo interior, con su consciencia superior; y el *feedback* con su instructor. Eso hizo que Alice creara una fuerza indetenible, era su voluntad, su capacidad para elegir lo que deseaba hacer, consciente de su intención, con un para qué claro, tenía toda la energía puesta en el momento, sus emociones estaban allí con ella, eran poderosas sus razones y su motivación para lograr lo que tenía que lograr. Finalmente, esto que estaba sucediendo en ella era un proceso de transformación con dicha experiencia. Veamos la posición del instructor. El líder tampoco renuncia al objetivo, por su mentalidad no pasa esa idea. Cuando alguien detiene el paso, el líder se detiene al auxilio, sin renuncias, sin juicios y sin limitaciones, se involucra con empatía, reconociendo la realidad de su supervisado, seguidor, colaborador, *mentee o coachee*. Él está allí para escuchar, edificar y construir o configurar una nueva realidad, una realidad transformadora. Estar en consciencia de que, no solo estás haciendo que una persona se certifique como buzo profesional, sino que estás transformando su vida. Cuando tienes esto en consciencia, todo el contexto cambia para tomar un significado con divinidad.

Todo cambia cuando sabes que fuiste dotado con grandeza, y que renunciar a esto no lo tienes permitido. Cuando sientes esto como algo sagrado, cuando sabes que toda decisión que tomes debe apuntar hacia el éxito tuyo; jamás te detendrá el desierto, el miedo, ni obstáculo alguno cuando decides perseguir aquello que tanto deseas. Ser estelar es tu derecho, no tu renuncia.

El liderazgo no es solo números, no es solo tecnología y mercados, el liderazgo es conexión con su red de colaboradores. Es sabiduría, es empatía y es la voz inspiradora. Es quien crea una visión y la comparte con total claridad y entendimiento. Quién alienta al intelecto para animar a la transformación de las personas. Es la fuerza capaz de conseguir que las personas se auto motiven para lograr su auto empoderamiento. Es quien entiende que el ser humano no está hecho para vivir en desgracia. Esto solo fue puesto como opción a las personas incrédulas de su propio talento, solo como opción, y que tiende a desaparecer con el despertar consciente de las personas.

El hombre y la mente

Un hombre puede vivir cien años, sin poder responder con claridad a las preguntas: ¿Siente que valió la pena vivir la vida? ¿Cuál cree usted que fue su legado? ¿Obtuvo lo que quería en la vida? ¿Cree que el tiempo en la tierra fue suficiente? ¿Sintió la fuerza del liderazgo en su proyecto de vida? ¿Tuvo grandes aspiraciones, proyectos, sueños? ¿Tuvo logros, alcanzó un sueño, sintió que hubo una transformación en usted?, si volviera a nacer ¿Viviría la misma vida, si no es así, qué cambiaría?

No siempre se llega a tener una mente preparada, no ocurre *by default*, lo que ocurre normalmente es que las personas sientan una atracción por lo que conocen. Limitan el descubrirse permanentemente, dejan la curiosidad a un lado, no les apetece la exploración; pero todo esto es por desconocimiento, no tienen idea del potencial que tienen, y no toman del elixir de la inmortalidad por ignorancia, que no es más que déficit de información en algo. No renuncian a sus capacidades porque quieren, No. Nadie renuncia a esa riqueza sabiéndose portador de esta. Lo que sucede es que las desconocen. Una persona que desconozca su grandeza, se apega a sus limitaciones como si fuese lo único que tiene seguro, se siente bien con sus amarres; aún cuando este proceso sea doloroso. La causa de su desgracia no la ve en su mundo interior, sino en lo injusto de la vida, y aquí está el problema.

Un liderazgo en modo clásico, se convierte hoy en un liderazgo adormecido, no tardará mucho para entrar en decadencia si no logra empoderarse. El liderazgo moderno exige un nivel de conocimiento amplio del SER humano; pero con especial consciencia de lo que puede hacer con su psicología y su mecánica, es necesario potenciar ambos aspectos. Es necesario que el hombre se haga de una mente preparada, una mente superior, para razonar, pensar y tomar decisiones inteligentes.

Una mente preparada entiende que el talento per sé no te hace llegar lejos, lo que hace que llegues lejos es tu compromiso por la práctica diaria; el talento requiere de trabajo, de tiempo, de coraje, perseverancia y determinación para ir detrás de la meta; como lo hace el Halcón Peregrino al divisar su objetivo. Una mente preparada siempre consigue la cercanía con la oportunidad y la aprovecha. Aunque debo admitir que, la oportunidad sienta una especie de atracción hacia ésta.

Los retos actuales para el líder y su equipo no están solo en superar las crisis o alcanzar los números del plan estratégico, sino en cómo desarrollar una mente que sea capaz de manejar situaciones complejas y con gran capacidad de resolución. Una mente dotada de facultades para alumbrar el camino, aún en momentos de oscuridad. El mundo está desprovisto de líderes dispuestos a transformar el mundo, y esto se debe a que no consideraron la preparación de la mente para ese gran reto.

Nos toca a nosotros hacerlo, no solo desde el pensamiento, la idea, sino también en la acción para que suceda.

Las organizaciones piensan generalmente en capacitación y no en cultivar las mentes. Aunque en los últimos años el concepto de transformación y empoderamiento sigue vigente, aún el liderazgo tiene en su mente los conceptos viejos. Se habla de transformar, pero lo que hacen es capacitar, y con esto hay un problema: no se forma una actitud mental positiva, no hay voluntad con intención y propósito, la motivación se hace externa, no hay valor por el pensar, por el análisis, por la autosuperación, la imaginación y el sueño no es una práctica conocida y la oportunidad de elevar su inteligencia se deprime. Mucho de este conocimiento está muerto, no crece, se pierde, o se ancla de manera permanente y el conocimiento evoluciona. Si usted no se hace de una mente su conocimiento se transforma en una fuerza restrictiva y no te das cuenta.

El control del conocimiento no le compete realmente al área de gestión del capital humano, esta responsabilidad debe reposar en las mentes de cada individuo. Estoy hablando de su puesta en práctica y renovación constante. Educar, entrenar y transformar a las personas es una tarea que debe ser impulsada, promovida, desde el liderazgo, la alta gerencia de la organización. El hombre sin la mente preparada, la mente que razona, no conseguirá actuar más allá de los problemas. Pero, una mente preparada, apostará todo por el conocimiento vivo, transformador, por su evolución, por su auto-empoderamiento y por su trascendencia.

No se buscan personas promedio para tomar el liderazgo de las organizaciones; se buscan mentes inteligentes capaces de atraer al talento, creando una visión con propósito, sujeta a unos valores apetecibles para la red o la comunidad a la que son parte. La red de talento, será integrada por los mejores. Esto significa que no habrá espacio para la mediocridad. Tampoco para darse el lujo de perder el talento, o quemarlo (fundirlo), inclusive. El liderazgo tiene que estar dispuesto al cambio, a la verdadera transformación de las personas. Cuando una persona se hace de una mente preparada, el producto final, es capaz de cambiar la realidad del mundo en una apuesta.

Capítulo IV: VISIÓN PROSPECTIVA DEL LÍDER

> ¿Qué sentido tiene correr si no estás en el camino correcto?
> —Proverbio alemán

¿Sin una mirada al futuro, qué sentido tendría el presente? La prospección es necesaria, esa necesidad de una mirada al futuro será clave. No puedo imaginar la vida sin la esperanza de que mañana habrá un nuevo día. No existirían los sueños, visión, metas, objetivos, no tendría sentido la existencia. El futuro es el sitio donde quiero estar y vale la pena pensar en él.

El líder debe visualizar, imaginar y estimar sus acciones hacia lo que viene, sus estrategias con relación a ese futuro, es prepararse para la competencia y para ganar el juego. Las estrategias se componen de la visión del líder y lo que es la organización, su cultura. Es necesario construir nuevas experiencias, pero guiadas por la visión, porque son estas mismas experiencias las que los conducirán hacia ese futuro deseado. La mente del ser humano está diseñada para mirar su porvenir, y para hacerlo bien, debes escalar los peldaños del conocimiento vivo, evolutivo y sabio. Ya no es posible liderar desde el conocimiento muerto, viejo, vacío, carente de sentido, rígido, desconectado de la naturaleza humana y de la realidad.

Para liberar todo ese potencial, tienes que cambiar, tienes que estar dispuesto a renunciar a todo lo que aprendiste. Llegará el día en que lo aprendido no te servirá, y debes soltarlo. Parece tarea fácil, todos podrían decir, es obvio; pero la gran mayoría de las personas sienten una especie de aversión hacia el cambio, prefieren lo conocido y, muchas veces, ni siquiera se dan cuenta del peso inútil que cargan encima de sus hombros que no les permite avanzar, todo lo contrario, los estanca.

El líder prospectivo debe elevar su alcance en la mirada, tan alto como el buitre Griffon de Rupell; pero con la agudeza visual del águila calva. La incertidumbre desmaya cuando aumentas tu capacidad de observancia, con esa mirada sabia, holística y sistémica para animar a la travesía de conquistar metas elevadas.

Compartir la habilidad de visión prospectiva con la red de talentos, genera una energía poderosa creando voluntades, para conquistar, desde las emociones, ese futuro apreciado. Despierta conciencias, desata el poder del pensamiento colectivo, y desarrolla una actitud cognitiva orientada hacia el logro. Existe mucho poder cuando se visualiza ese futuro desde la red de talentos, imagina todo el poder creativo de la organización diseñando el futuro que te hará diferente, creando un enfoque unificado para la acción, con el poder del sentimiento positivo por la conquista de la causa.

La visión prospectiva te lleva a diseñar el camino hacia ese futuro. Conectar y asociar las ideas es importante. No es adivinar, ni imaginarlo caótico, para abordarlo desde el temor o el miedo. De ese futuro sabemos que no es perfecto y está acompañado de gran incertidumbre. Pero, el liderazgo prospectivo nos lleva a edificar el futuro que hemos escogido para nosotros. Entendiendo quiénes somos y de dónde venimos. Es mirar un futuro posible, sin limitaciones; un futuro retador. Para nada sirve crear un futuro conveniente para aquel que siempre prefiere la seguridad y la comodidad. El éxito no existe en la zona cómoda, el éxito siempre exige más de nosotros. Sería lamentable quedarnos cortos en esa imaginación. Jamás seríamos capaces de reconocer el talento en nosotros ni en los demás. Sería imposible desatar la capacidad creadora que existe en cada SER. Solo cuando eres capaz de retarte al máximo, es cuando aparece ante ti la magia, y el milagro se hace posible.

La visión prospectiva nos lleva a enfrentarnos con el cambio constantemente; pero de manera consciente y eso sí que tiene impacto. Se tiene el poder de las motivaciones que nos impulsan hacia él. Cuando lo haces con un por qué y un para qué claros, desarrollas conductas y comportamientos que buscan obsesionadamente ese futuro que existe para ti. Este poder compartido con los equipos o con los miembros de una organización forma conductas de campeones, atletas ganadores de campeonatos.

Un liderazgo prospectivo, es un liderazgo de acción, proactivo. Conforma equipos activos que trabajan para construir un sueño. Reconocen que el futuro no les trae lo que ellos quieren, sino les brinda el espacio para convertirse en los arquitectos de él. Esto eleva la consciencia por el compromiso, el involucramiento, el foco, y todos los sentidos puestos para alcanzar lo que nos hemos propuesto conquistar como equipo. Esto es transformación y, reconocer desde la reflexión este proceso, es lo que nos hace diferentes.

A continuación, comparto con ustedes el proceso que se dispara cuando hacemos prospección desde el liderazgo en las organizaciones. El ejercicio de prospección nos lleva a:

1. Tener una mirada ambiciosa y automotivada hacia el futuro que se desea. Hay que ser un soñador, no quiero que se confundan con ser iluso.
2. Acordar el futuro con el equipo de trabajo y hacer que visualicen ese futuro deseable. Es necesario una revisión de los viejos paradigmas, reflexionar sobre el cambio, desde un punto de vista positivo, disminuye la resistencia a este. El cambio implica ampliar y profundizar la forma de pensar, revisar las creencias y hábitos. Si no se modifican los

hábitos, difícilmente podremos sentir la bendición del crecimiento.
3. Proyectarnos a la versión mejorada del futuro con atención a los detalles. Ese futuro no se proyecta sobre lo que puede hacer según su historial o antecedente, o según las amenazas y oportunidades del entorno como único foco; ese futuro es el que usted visualiza como deseable y posible, no se limite, asegure estados de alerta, todos los sentidos agudizados, hágase consciente de lo que desea e imagina. Discuta y logre acuerdos que contagien y animen al equipo a conectar de forma inteligente con la visión. Acompáñese de la mejor gente y comprométase a construir la ruta que lo llevará a esa imagen que se tiene del futuro.
4. Imaginar ese futuro con detalles, cómo se llegó allí, qué observó, qué cambió, qué transformaciones ocurrieron en el líder, los colaboradores y el entorno para llegar a ese futuro deseado. Tome en cuenta las emociones, hay fuerza, poder y energía en ellas; guían el comportamiento futuro y nos mantienen firmes y optimistas por la meta. Analice las brechas que lo separan entre el hoy y la visión de futuro que se ha creado. Diseñe la ruta para equipar a los colaboradores con lo que se necesita para

adueñarse de la visión. Desde la actitud, la voluntad, es necesario mirar cómo están las fuerzas motivadoras y las energías. Hay que lograr que la energía fluya, hay que desatar todo ese potencial del equipo de trabajo. Hacer una revisión de los recursos necesarios para el cambio es importante.

5. Diseñar las estrategias claves con la red de talentos, las mismas que guiarán al líder y al equipo a ese futuro prometedor. Se hace necesario explotar todas las formas del pensamiento, es motivar y retar al equipo a pensar libremente sin complejos, desde el pensamiento lateral, analítico y crítico. El ejercicio de pensar es fundamental, haga un esfuerzo para que esto suceda. Jamás saldrá zumo del limón si no lo exprimes.

6. Comunicar con claridad la visión a los colaboradores y los agentes de cambio que tendrán la tarea de implementar las iniciativas y estrategias. Hágalo con claridad. Asegúrese de que sea entendida la necesidad de cambio, evalúe nuevas ideas, reorganice de ser necesario, logre acuerdos. Reflexione sobre la prospección, la imaginación, haga este ejercicio con la red de talentos y cada una de las personas. Haga que se sientan tomadas en cuenta en esta visión del futuro y logre el

compromiso para que todos sean partícipes de la construcción.

7. Lograr un plan maestro que guíe a las áreas funcionales en la ruta hacia la conquista de la visión. Haga seguimiento periódico, la distracción se encuentra en todos lados, tentando a cada instante.

8. Mejorar la experiencia de las personas. Haga que la experiencia que toca vivir en la persecución de ese futuro tenga especial significado para las personas. Como líder asegure el crecimiento de su gente, es libertad para trabajar con autonomía e impacto. Asegure una conexión brutal con su equipo, hágalos sentir que son únicos.

9. Enseñar para la vida. No desperdicie horas de capacitación que no logran nada. Inyecte conocimiento útil, entre en acción con él y transforme la experiencia en crecimiento y resultados. La prospección es la mejor técnica o herramienta personal y gerencial para trabajar en la transformación del SER a través de un despertar consciente.

10. Utilizar el *feedback* para acompañar el salto al futuro. Usar la retroalimentación para ajustar las acciones e iniciativas, no pierda efectividad. No abandone el plan, no renuncie nunca. Muchas veces nos enredamos al incluir la fatalidad en la visión del futuro, o la idea del

determinismo, en donde imponemos la falsa creencia de que existe solo un futuro para todos.

11. Imaginar y soñar debe ser una constante; pero, sobre todo, manténgase en movimiento, sea una persona de acción. Plan sin acción no sirve. La reflexión es importante, si tiene que dar un paso hacia atrás hágalo. Si tiene que pararse a pensar o reflexionar, para ajustar; hágalo: pero salga con mayor energía hacia la persecución de sus sueños.
12. Mantener el compromiso por la mejora continua. El seguimiento, la atención y el foco, hacen posible corregir las desviaciones oportunamente; y el esfuerzo constante por alcanzar la excelencia, se convierte en una cultura.

Cuando te haces de una visión del futuro, cuando eres quien la has creado en tu mente, y es el futuro que deseas para ti y los tuyos; simplemente lo entregarás todo para que sea posible. Visionar con la red de talentos, cuando esta visión es compartida con todos; se reducen los errores por déficit de visión, aumenta el optimismo del equipo, al eliminar el fatalismo como resultado, en donde se hace fuerte la apuesta por un futuro deseable y posible.

Tener una visión posible ante nuestros ojos es defenderla. Nos emocionamos con ella; si es allá en donde queremos estar; nada ni nadie nos impedirá alcanzarla. No todo podrá controlarse en el camino hacia ese futuro, hay cosas que no podrán ser vistas o percibidas por nosotros. Todo cambia en este entorno de millones de factores y variables interactuando. Sin embargo, hay algo que sí podemos controlar cuando nos planteamos la visión de ese futuro, el poder de elegir cómo sentirnos y la actitud que asumimos ante cualesquiera sean las circunstancias del momento. Esa elección de elegir cómo nos comportamos nos pertenece. Siempre podemos tomar la decisión de cambiar aún en situaciones comprometedoras, y si el entorno no está a nuestro favor, tenemos la capacidad y el poder para ajustar nuestras fuerzas y nuestras energías para adaptarnos y salir crecidos.

La prospección nos lleva a crear los espacios para el éxito. No siempre el futuro es cálido y tranquilo; pero la visión prospectiva prepara al líder y a la organización para actuar asertivamente, con la confianza plena puesta en las capacidades y aptitudes de un equipo que peleará hasta el final por lograr la conquista de la gran meta. Está en el liderazgo y la red de talentos el poder para actuar de forma proactiva frente al destino, ante cada cambio súbito, ante cada situación inesperada; pero es el amor por ese futuro el que permitirá lanzar el juego perfecto.

El reconocimiento es renacer.

Tenemos que admitir que, el conocimiento, la tecnología y la ciencia se están actualizando muy rápidamente. Aunque, en cuanto a las personas, trabajadores, empleados y líderes; estos no parecen ir a la velocidad del cambio. No sabemos si están desarrollando nuevas habilidades y competencias necesarias; pero todo indica que no hemos crecido al mismo ritmo.

Todo parece indicar que existe una conciencia muy limitada de cómo viven la vida las personas. ¿Qué los define, el pasado, el presente o el futuro?, ¿qué los emociona?, ¿qué los impulsa a seguir en el trabajo todos los días?, ¿qué los hace apegarse a lo conocido?, ¿qué los lleva a renunciar o no aceptar la naturaleza de SER humano?, ¿qué los mantiene desvinculados con la visión de la organización?

¿Habrá interés en responder algunas preguntas reflexivas o, mejor dicho; existirá la voluntad para formularse preguntas reflexivas o inteligentes?

Si las personas siguen siendo el centro de atención y la clave para el éxito de las organizaciones, ¿por qué aún tanta apatía hacia ellas?

¿Acaso es el desconocimiento de nuestra naturaleza lo que nos hace tan vacíos y poco efectivos a la hora de gestionar el capital humano?

¿Será el conocimiento incompleto lo que imposibilita la capacidad de anticiparnos a lo que viene, por qué elegir ser miopes si no estamos profundamente anclados al pasado ni al presente?

¿Será que no comprendemos qué hace que una persona ambicione la superación y la felicidad o, por el contrario; el deseo por encontrarse con la muerte?

¿Cree usted saber cuál es el origen de las emociones y qué impacto tienen estas en nuestro futuro?

¿Puede la anticipación del futuro afectar el presente de una persona y, si esto es así; pueden las empresas brindar una mejor experiencia presente si logran visualizar y anticiparse al futuro?

¿El liderazgo actual conoce el cómo hacer la transferencia de conocimiento para lograr que las personas se auto empoderen?

Pueden ser muchas las preguntas y muy diversas las respuestas; pero hay algo que ya no podemos negar: la importancia que tiene la visión prospectiva en la vida de las personas. La visión del futuro siempre ha sido un tema constante en las organizaciones. Visión limitada diría yo; pero no natural; ha sido condicionada desde la alta dirección, inconscientemente claro. La capacidad de imaginar el futuro no es un tema de aprendizaje en las organizaciones, las personas no reciben entrenamiento acerca de usar su imaginación y el foco, libre de distracción, ni siquiera desde el punto de vista mecánico; mucho menos desde un punto de vista psicológico, para abrir la mente hacia la posibilidad de que sea intencional, transformacional.

Reconocer al talento es dar a luz al hombre estelar, al pensador, al creador de realidades. Reconocerte es dar vida al SER despierto, provisto de inteligencia, quien entiende el proceso de evolución del ser humano. Quien logra desatar el poder de la mente y la consciencia superior para lanzarse arrollador sobre el camino que lo conduce al éxito. Reconocer a otros, es dar esperanzas a la humanidad para la reconstrucción del hombre y, por ende, la del mundo mismo. Todas las personas tienen la posibilidad de renacer, lo haces cuando reconoces que eres voluntad en acción, cuando descubres tus dones, tus recursos y tus talentos para disfrutar de todo cuanto te propongas. Cuando entiendas el proceso para desarrollar todo ese potencial, estarás listo para empoderar a otras personas. Los patrones mentales, los meta programas, y los patrones comunicacionales que manejas de forma natural; determinan el comportamiento de las personas cuando te vinculas con ellas. Es conexión lo que está en juego, si esto se improvisa a la hora de dirigir a los colaboradores y a las organizaciones, tendrás que vivir con la suerte; y esto no tiene nada que ver con asegurar el éxito. Este último tiene que ver con un proceso tejido, consciente y planificado, con mucho *feedback* de por medio; para conseguir resultados que superan, inclusive, las expectativas. Las palabras tienen poder, pero todo lo que ha sido creado tuvo que haber pasado por la mente primero. Reconocer es un acto creador, desata una fuerza para la acción, es el inicio de un nuevo orden, es la voz de bienvenida a lo nuevo, la despedida de lo viejo disfuncional, es la bienvenida a las nuevas ideas, es el renacer de una nueva cultura y la oportunidad para hacerse de una mente con inteligencia superior.

Las personas se mantienen muchas veces en el anonimato porque no se creen inteligentes, alguien o algo los condiciona a pensar de esta manera. Crecieron con la falsa creencia que la inteligencia y el ingenio solo es para algunas personas reservadas en el planeta, sin percatarse que limitar a una persona ha sido la práctica en la mayoría de las instituciones educativas del mundo. No saben que todo puede cambiar a partir de la imaginación, un pensamiento, una acción, un pequeño acto puede transformar tu realidad para siempre.

El reconocimiento abre las puertas a las posibilidades, al aprendizaje, a la mejora constante de tus habilidades (*skills*), te invita a creer y a trabajar duro para conformar hábitos de alto desempeño, entrenas para ganar. Definitivamente, te hace imaginar que tus sueños son posibles, te hace creer en la idea de que la grandeza está hecha para ti, lo que ha sido constituido como una verdad universal. Es tu decisión creerla; pero recuerda; que tienes prohibido renunciar a este destino.

La visión que tengas del futuro transforma tu presente.

Las personas no viven ancladas al pasado ni al presente. Mucho de lo que viven y sienten está más asociado o ligado a cómo visualizan su futuro, a lo que imaginan, los escenarios que crean de ese futuro. Esto determina, en mayor medida, lo que sienten, sus emociones y sus acciones están muy ligadas a lo que es creado en su imaginación. Esta facultad prospectiva en las personas, los lleva a la anticipación y, por consiguiente, a la preparación. Nadie quiere fallar en el futuro, a menos que este sea fatídico, según la mente del constructor. Como he dicho, para hacer prospección se necesita formación, hay que comprender su proceso y el poder que tiene. Hay que enseñar a las personas qué significa, primero que nada, el acto de pensar y cómo se forma una mente para ganar campeonatos. Es fácil que las personas se distraigan y comiencen a crear escenarios negativos de ese futuro y se queden cortos a la hora de proyectar lo que verdaderamente desean. Sabemos que es más fácil perderse en el pesimismo, pues es lo que mayormente practican las personas. Comprender el proceso y el propósito de la prospección es de suprema importancia, cómo hacerlo, qué se persigue; pero hay que entrenar la mente para apuntar al cielo cuando estemos creando.

Pronosticar el futuro y conducir estrategias basadas en necesidades para evitar el impacto negativo o aprovechar oportunidades, no es lo que yo llamaría tener una visión prospectiva para ganar. Del futuro poco se sabe. Visión prospectiva es imaginar ese futuro que deseo para mi y/o la organización, con atención dirigida automotivada, con las emociones y los sentidos al máximo puestos en la meta, con un propósito claro y con plena consciencia. Es revisar de manera consciente y creativa, lo que fue necesario cambiar para alcanzar ese futuro. Es como diseñar la ruta para estar donde quieres estar; es un acto de prospección, vives el cambio en la imaginación. Esto es una actitud responsable y consciente, es realista. Los resultados de tomar una decisión de cambio, un proyecto, acción o inacción, o simplemente de cambios en el entorno como es frecuente; se miden y se ajustan los planes de ser necesario. Será más fácil mantener estrategias defensivas, ofensivas, de supervivencia y de mantenimiento para mantener una posición favorable, o simplemente crear una ventaja competitiva que nos haga diferentes y convenientes. El futuro seguirá siendo impredecible y muy a pesar de las amenazas y los cambios que puedan suscitarse, yo he creado el mañana en mi mente; he imaginado un futuro que quiero y me pertenece, y jamás renunciaré hasta llegar a él. Esto es muy importante para el liderazgo. La ruta a lo que quiero es nuestra, sin importar las opiniones de los demás, ni las fuerzas en contra; hemos diseñado un proceso para llegar a esa visión de futuro, porque creemos que es posible, y estamos comprometidos con esa promesa.

A este punto te habrás preguntado, ¿qué tan lejos puedes llegar cuando conoces realmente a las personas y por lo tanto a las organizaciones? Eres líder solo si tienes a las personas que te siguen o tienes una vida que dirigir, y eres un líder extraordinario si logras comprender y conquistar las expectativas tuyas y de las personas o colaboradores; ¿Qué es lo que buscan en el trabajo o en su vida? ¿Qué es lo que los mueve y los impulsa a entregar su máximo en el trabajo, comprometidos, involucrados y dispuestos a perseguir obsesivamente los objetivos de la organización?

Impulsar y valorar el conocimiento es importante, no solo es tecnología, es también ciencia y tendencia. La combinación del conocimiento que proviene de los espacios y debates multidisciplinarios han dado origen a nuevos hallazgos. Esto cambia las cosas y debemos estar preparados para ello. Estamos obligados a renovarnos, prepararnos y auto empoderarnos, creando los espacios para provocar discusiones en pro del cambio, la creatividad y la innovación como cultura.

Haciendo retrospectiva, unos años atrás, recuerdo que, salías de la universidad y te ibas a la industria o al mercado laboral y sentías que todo lo que aprendías parecía muy estático con el pasar del tiempo, el conocimiento te podía durar cinco o diez años y seguías con disimulo como profesional actualizado y competente, y no quiero que pienses que era el deber ser; si no que el cambio lucía mucho más lento.

Hoy en día, el conocimiento, la tecnología y la ciencia cambian muy velozmente y exige que los empleados, trabajadores y líderes se actualicen con la misma velocidad, como requisito mínimo. Si esto no es posible, las personas se vuelven víctimas de la dinámica propia de las organizaciones y las sociedades económicas, gracias a sus viejos paradigmas, cumpliendo con lo que ha sido establecido en sus descripciones de cargo o, en su defecto, cumplir con aquello que se les ha pedido hacer. Se convierte esto en un círculo vicioso en las organizaciones tradicionales, aquellas que viven en un sueño permanente, en donde las personas no son el centro de atención, y como resultado, sufren de productividad decadente, retardando el crecimiento de las mismas, achicando la estructura para reducir los gastos, aplicando multifuncionalidad sin una visión clara y ordenada.

Los retos actuales que enfrenta la humanidad exigen un alto nivel de preparación. ¿No es esa la visión que tienes del futuro, en donde solo los mejores serán contratados? Toda organización que desee alcanzar el éxito, crecer, ser competitiva y estar entre las mejores, debe dirigir su mirada al talento humano, no solo es captar, es mantener en el pico de flow al equipo, cosa que ya se ha hablado por décadas; pero lo más importante es hacer que la red de talentos alcance liberar toda su creatividad, y que sea capaz de alcanzar resultados extraordinarios con total autonomía. Esto no es solo para los que tienen la gran responsabilidad de dirigir organizaciones y guiar a sus colaboradores; los altos ejecutivos, los líderes; sino también los colaboradores, en todos los niveles se requiere de preparación, esa hambre por el conocimiento vivo, esa obsesión por la excelencia debe sentirse en toda la red. Estar altamente educado, especializado, capacitado y ser competente te hace elegible; pero no te garantiza el éxito. Tienes que demostrar, con actitud y voluntad, que eres la persona correcta y necesaria para superar con éxito los retos y las expectativas de la organización; siempre buscando ser mejor. Esto no es aspiracional, esto se ha convertido en una necesidad en las organizaciones. El capital humano debe ser competente y punto.

Cuando imaginas ese futuro, haces todo para llegar a él. Una persona competente, con actitud al cien por cien, jamás visualiza su tumba; su visión solo puede apuntar al cielo. Cuando logras conocer las tendencias, cuando sabes hacia dónde apunta el progreso, cuál es el desafío para las empresas y las personas, cuál es el nuevo orden y las nuevas reglas, en lo político, social, económico y legal; te preparas, te obsesionas por equiparte y competir, como lo haría un atleta de alto desempeño. Puedes generar suficientes elementos motivadores para impulsarte al desarrollo de las nuevas *skills* y el nuevo conocimiento, porque lo que deseas es ganar el juego.

Cuando haces prospección ganas más consciencia, en donde tu nivel de observancia te hace agudo e instintivo, ocurre magia, un despertar que te vuelve efectivo en la persecución de tus objetivos. Sabes que te vuelves suficiente, promueves el hambre por lo nuevo, ahora te vuelves obsesivo, muy orientado al logro. Sabes cómo hacer el llamado de tus recursos, desde tu círculo de excelencia; como si se tratara de ajustar virtualmente el perfil de un avatar en un videojuego. Tu presente cambia porque sabes que para llegar a la imagen que has creado para ti necesitas actuar, necesitas un renacer. Tú eres el protagonista, nadie más.

En este particular, toma especial relevancia las conclusiones de Martin E. P. Seligman y sus colaboradores, en su maravillosa obra "Homo Prospectus", nos deja una visión diferente del ser humano, argumentando que, se debe practicar la prospección; esa visión del futuro, lo que sucederá, ese futuro que visualizamos, que nos imaginamos, nos ofrece una guía para ser mejores.

Los desafíos que nos planteamos, los obstáculos y las oportunidades que pronosticamos, son los que nos invitan a orientar nuestras acciones y nuestros recursos, a prepararnos con anticipación, para ganar ventaja frente a los retos y la competencia por ser mejores.

Es este poder de prospección el que nos impulsa hacia la mejora continua, no solo de la parte dura de las organizaciones, sino, con más fuerza, las habilidades blandas, el conocimiento, la mentalidad, en definitiva, el crecimiento de las personas. El conocimiento debe ser multidisciplinario, muy especialmente en los puestos de liderazgo, en donde la visión es holística y sistémica. La complejidad de estos sistemas, las organizaciones y su gente, requieren que seamos más astutos, versátiles y perspicaces. La prospección nos ubica en el futuro, bajo diferentes escenarios; para luego influir en los "cómo" para alcanzar ese futuro y tener éxito. Es un arma poderosa para la gerencia y el liderazgo.

Sin embargo, toda persona debería desarrollar y experimentar la fuerza del liderazgo. Cuando se cultiva en las personas una mentalidad y actitud de líder es realmente poderoso. Contar con la mentalidad de liderazgo, hace que las personas desarrollen un carácter invencible. No solo para conseguir llevar a las organizaciones a alcanzar su visión y ser los mejores a nivel profesional; sino que hay una vida que dirigir, y esto es aún más importante. No se puede llevar a todo un equipo a la cima si no podemos guiar nuestra propia vida con satisfacción, bienestar y felicidad. No solo se dirigen a las organizaciones; existe una familia que nos observa desde la grandeza y espera lo mejor de nosotros. Cuando desarrollamos una mentalidad con esa fuerza y poder que ejerce el liderazgo, puedes sentir esa mirada, esa mirada que te hace grande, disparas la reciprocidad; porque un verdadero líder no viene a perder sus recursos, él sabe que viene a potenciarlos, es una persona orientada a la acción y al logro, y va por él, sin rendirse, se hace de la gloria junto a las personas que lo siguen.

Que no te agobien las sombras de tu pasado, haz que brille tu futuro.

Es muy fácil ser arrastrados por las viejas costumbres. El pasado no cuenta mucho si no es usado de manera inteligente, tiene la experiencia y puede ser de un valor incalculable. No obstante, la mirada hacia él muchas veces busca dolor y confusión, muy especialmente si no practicas la prospección con intención, con una mente clara y preparada que busque de manera constante la excelencia. Permanecer siendo el mismo duele más que el dolor de transformarse. Sentirte a la suerte, es como depender de otros para comer del pan por el resto de tu vida.

Las organizaciones son un cúmulo de cosas viejas, estas se mezclan inexorablemente con las tendencias del momento, porque hay un temor a la pérdida. Esta pérdida son los viejos métodos, los viejos paradigmas, las viejas creencias. Son las mismas restricciones que ponen freno a las personas en las propias organizaciones. El proceso de cambio es muy lento de esta manera, tanto que no se da espacio para la innovación disruptiva. Te acostumbras a las mismas personas, a los mismos mercados, a las mismas prácticas y hasta los mismos problemas, todo se te hace familiar y conveniente. Un cóctel muy peligroso para el estancamiento. Las personas se acostumbran a cerrar los periodos con informes de gestión incómodos, porque no terminan por convencerse del progreso, del cambio y de los resultados. El líder impregna con su estilo y lenguaje a toda la organización. Es muy fácil crear organizaciones conformistas, las que justifican todo; y esto no requiere de mayor esfuerzo e inteligencia. Debe haber un momento reflexivo en el liderazgo, se necesita ser muy crítico y estar dispuesto al cambio. El ejercicio serio de pensar no es tan común en la mayoría de las empresas. Es muy notorio el estilo de liderazgo orientado a las tareas, muy directivo. Las personas se acostumbran a resolver los problemas basados en experiencias, casi con un manual, se aplican soluciones tipo recetas. Igual sucede cuando te planteas propuestas o soluciones para la mejora; las mentes no terminan de despegar porque no se crean culturas para la creatividad y la innovación disruptiva. Esto se debe a que no se entrenan a las mentes para desafiar el poder creativo que existe en la red de talentos en una organización. Permanecen ancladas o atrapadas en una sombra oscura que no permite que el ingenio de su gente brille y resplandezca.

> *La sabiduría es luz permanente, todo aquel que la ame es capaz de encontrarla fácilmente, de esta búsqueda constante surge el hombre estelar.*
>
> Jorge Luis Guillén

¿Cuál es el problema de estar atado a las sombras del pasado y de la rutina? El conocimiento y el saber entran en la misma espiral. Tanto que un hombre puede llegar a creer que el ingenio no es para él. Duda de su imaginación, sin pensar que la carencia se debe a la falta de atención y foco, dado que hacer lo conveniente para sí mismo te pone en el cuadrante de lo urgente de manera permanente, vives la distracción intensamente. No hay reconocimiento de capacidades, el pensamiento no es desafiado, se desconocen el origen de la actitud y la voluntad, sin saber que ambos se desarrollan para crear a un ser brillante. En su lugar, las personas se hacen de las prácticas viejas porque es el patrón que siguen la mayoría, que, ante las nuevas exigencias, se vuelven miopes e ineficaces. Esta condición termina por coartar la imaginación, la visión, las fuerzas y el poder para que una persona busque de manera obsesiva su luz, su crecimiento y su propia evolución; que logre desatar todo el poder de sus energías para impulsarse con el cambio hacia donde apunten sus metas más elevadas; pero que les aseguro que no está en la zona de confort sino en la zona de expansión.

Hoy en día es muy fácil vivir la vida de muchos, menos la tuya. La globalización y la tecnología al servicio de las personas, sin una verdadera formación, sin educación, sin una consciencia que les guíe, hace que sus vidas se edifiquen a partir de las acciones o influencia de otros. Es decir, es más fácil vivir una vida accidental y estar sometido al cambio como una desgracia, en donde la espera para que lo mejor aparezca, como milagro ante tus ojos, se vuelva en desesperanza para la humanidad. No hablar de la transformación de tu personalidad, no creces, todo lo contrario, te estancas y te haces dependiente, tu autoestima se va en picada. Esperas mucho de la vida en este estado del ser, nada pasa; porque en la vida se viene es a hacer, en ese "hacer", está la vida que mereces con todos los juguetes a los que aspiras, están tus sueños, tú eres el único creador.

> *Hoy en día es muy fácil vivir la vida de muchos, menos la tuya.*

Nada está escrito, el futuro tampoco es un resultado aleatorio.

Aléjese del fatalismo y de los círculos de personas pesimistas. Elija qué ver, qué escuchar y qué tipos de pensamientos decide sembrar en su jardín (cabeza). El futuro se vuelve una especie de suerte cuando renuncias a tus capacidades, tu actitud cognoscitiva y tu propia naturaleza. Renunciar a este poder no es una opción para ti, no tiene sentido ir en contra de ese poder universal que te pertenece. Renunciar al hambre por lo nuevo no está permitido, esa apertura hacia el nuevo conocimiento, esa hambre por la exploración para comprender la realidad de las cosas, es lo que te proyectará hacia el alto desempeño. Tu destino no tiene un final conocido, ese futuro lo tejes tú todos los días y tú eres el único quien decide de qué tamaño será ese amor por ti. Es ese amor precisamente lo que hará que tu alma se ilumine y te conduzca, aún frente a la adversidad, hacia los caminos que hayas elegido para obrar con prudencia y sabiduría. Es el reconocimiento del poder de la razón, y el uso máximo de esta, lo que hará de ti un superhumano, una mente sin límites, capaz de ver en otros las mismas virtudes y fortalezas.

Una cosa es lo que piensas como líder y otra cosa es lo que piensan los colaboradores, la red de talentos de una organización. El ser humano es un sistema caótico, flexible e impredecible; pero siempre tiende al orden, ese es el llamado. Negarse a esta realidad es no entender un ápice de quienes somos en realidad. Así son las organizaciones también, lo hemos discutido en el capítulo III. Tenemos los recursos necesarios, desde nuestra naturaleza, para hacernos de estrategias y atractores que nos mantengan en la ruta hacia lo que hemos establecido como meta. De nuevo, nada es casual; el hecho de que no conozcamos las causas de un problema o un hecho, no significa que no exista, todo cuanto sucede tiene una causa que lo originó, nada es fortuito, los resultados que obtienes se deben a tus propias decisiones. Una cosa es el hecho y otra la interpretación que hacemos de este. Aprender a ordenar el presente y hacer que el pensar sea un ejercicio para construir, debe ser un acto natural en nosotros; entrenarnos conscientemente es nuestra tarea principal. Para crear e innovar se necesitan más que simples ideas.

Desde el punto de vista del caos hemos dicho que el futuro no se puede determinar con precisión, muy especialmente en sistemas abiertos, complejos, que siguen una dinámica no lineal, no determinista. Todo puede pasar; pero construir el lugar a donde quiero ir o queremos estar como organización, lo cambia todo. No se vive el día a día en las empresas, tampoco la vida de cada individuo se puede vivir así. Vivir el día a día es vivir sin objetivos. ¿Para qué estrategias? Si no sabes para dónde vas, es muy difícil asignar recursos. Muchos no se dan cuenta del impacto negativo que tiene el hecho de vivir de este modo. Nadie quiere que suceda de esta manera, pero es el inconsciente y su programa quien manda, así que, debes decidir cambiar, debes entrenar a tu mente, debes decidirte por el cambio. Esto me recuerda a las personas que enterraban sus riquezas, no tenían dónde ponerlas a dónde invertirlas, no existía un sueño, una visión clara; tenían el síndrome de la apatía y la ceguera por déficit visionario.

Aún en el futuro más oscuro, alguien tendrá éxito. Nada está escrito, los resultados futuros siempre dependerán de ti, por tu capacidad visionaria, resiliencia, imaginación; tu capacidad para moverte e impregnar de energía y entusiasmo a todos los colaboradores. Tu capacidad de conectar y comunicarte asertivamente con tu gente será clave para marcar como tuyo el porvenir que luce brillante para ti. Tú como líder, eres el responsable de tener una mirada elevada y un espíritu competitivo para mantener a todo el equipo unido por la meta. Las personas deben creer que la meta es posible pase lo que pase. Somos flexibles, sí; pero tampoco abandonamos una meta tan fácilmente. La podemos ajustar; pero nunca bajo la mirada cómoda. Esa actitud no es la que define a un equipo ganador. Para ser el mejor, para apuntar a un sueño, se necesita de un trabajo constante en tu saber, tu actitud cognitiva y constructiva; es el desarrollo constante de una mente creadora de lo posible, desde la experiencia y el nuevo conocimiento. Es desarrollar una mentalidad que sea capaz de convertir personas ordinarias en personas extraordinarias. Este líder debe edificarse con el proceso volitivo del SER, como resultado de tener clara la determinación que los impulsa a la acción, con un propósito que es posible y factible; con claridad absoluta de lo que se tiene que hacer, desde la posición reflexiva, para lograr los objetivos propuestos. El estado de ánimo y las motivaciones de todo el equipo debe sentirse, debe exhibirse, pues esta visión debe ser un atractor[14] poderoso

---

[14] Hay casos en los que uso atractor, basado en los atractores de Edward Lorenz. **N del E**. El atractor de Lorenz es un concepto introducido por Edward Lorenz en 1963. Se trata de un sistema dinámico determinista tridimensional no lineal derivado de las ecuaciones simplificadas de rollos de convección que se producen en las ecuaciones dinámicas de la atmósfera terrestre. En nuestro contexto, un atractor describe un estado al que evoluciona un sistema dinámico después de un tiempo suficientemente largo. Los sistemas que nunca alcanzan este equilibrio, como las alas de mariposa de Lorenz, se conocen como atractores extraños. Un atractor poderoso en el ámbito de las organizaciones podría ser, por ejemplo: la declaración de su visión, tal y como lo definió en 1992 Margareth (Meg) Wheatley; entre otros.

para atravesar los momentos de turbulencia, como algo normal en nuestras vidas; y retornar de esta manera al orden esperado.

La única manera de predecir el futuro es cuando te haces dueño de él, cuando lo visualizas, lo imaginas y lo sueñas posible. El futuro no es enteramente el resultado de algo fortuito o aleatorio. Muy a pesar de que influyen infinitos factores de cambio; son muchas las cosas que podemos hacer para ganar o tener éxito; pero más allá de los planes y la preparación es la entrada en acción.

Siempre existirá influencia del entorno. Las organizaciones y las personas siempre estarán sometidas a estas fuerzas y las propias existentes en el mundo interior de las personas y las organizaciones. Cuando somos conscientes de que no existen planes ni rutas perfectas hacia el futuro deseado, nos esforzamos para sacar lo mejor de nosotros ante cada circunstancia, siempre buscando estar en mejor posición para brindar una respuesta contundente aún frente a las desviaciones. Es una preparación constante para anticiparnos a ese futuro y ganar. Todo puede pasar, pero podemos aumentar el nivel de atención sobre las cosas verdaderamente importantes, establecer prioridades y seguimiento minucioso sobre los puntos vitales. La red de talentos debe estar activa y en estado de vigilia, en observancia, inclusive, de nuestros propios cambios de pensamiento y comportamiento. El desorden es parte del caos, como lo hemos citado; debe ser entendido como es, pero siempre confiados de que somos capaces de regresar al orden. Los resultados que obtenemos se evalúan, con mentalidad constructiva, para accionar desde una mente entrenada para crear el *momentum* que nos impulse hacia el destino elegido.

El pasado, presente y futuro constituyen tu universo.

El futuro no le pertenece a nadie más. El futuro siempre será tuyo, desde tu posición individual, como colaborador, como líder, como responsable de la dirección. Nada te quita esa responsabilidad; eres tú el único dueño y responsable. Cuando miras con esa esperanza y determinación el futuro, desde tu carácter, desde tu naturaleza, desde tu mente superior, es cuando se producen los grandes cambios. El liderazgo cambia notablemente su efectividad, cambia el poder de la red de talentos. La forma de concebir ese futuro, te lleva a plantearte estrategias eficaces; te lleva al compromiso ineludible por los objetivos, la conexión emocional y mental es por las metas de la organización.

La experiencia pasada influye en tu acto de prospección, la prospección nace de quién eres, sumando más realidades podríamos acercarnos mejor a una verdad menos subjetiva. Al igual que tú, la imaginación de ese futuro, desde la red de talentos, se teje desde su experiencia y su capacidad prospectiva. Y aquí aparece el juego de palabras, el dilema; siempre existirá un pasado; pero este pasado puede ser mejor, en la medida que nos imaginamos un futuro mejor y hacemos todo para llegar allí. Cada vez que hacemos el proceso de prospección, con los años, la forma de vivir la experiencia cambia drásticamente, halada por nuestra propia evolución y crecimiento. Si podemos diseñar un mejor futuro para nosotros, tendremos un mejor pasado y un presente que siempre estará en crecimiento. ¿Acaso importa el pasado? La respuesta es "Si" y mucho, este tiende a marcar la calidad de tu visión prospectiva. Es un proceso continuo, muy poderoso cuando logras dominarlo, y termina el día que ya no estemos en este plano terrenal. Así que, siempre que exista un presente, tenemos la posibilidad de construir un futuro deseado y, por ende; existirá un pasado que nos haga más fuertes, más inteligentes y más resilientes.

Yo soy de los que creen que todos podemos crear historias poderosas, solo tenemos que aprender a reconocerlas. Reconocemos de pronto las ajenas a nosotros mismos, con gran facilidad, las amamos de hecho, nos inspiramos hasta de momento; pero nos cuesta mucho hacerlo con las propias. No está mal apoyarnos en historias ajenas para crecer y empoderarnos; pero te sugiero que empieces por hacerte consciente de lo que has logrado. Es importante que aprendas a contar tu propia historia de éxito.

Desarrollar una conciencia para detectar lo mejor en las personas, te lleva a mejorar tu actitud para perseguir la grandeza en ti y animar a otros a perseguir la suya.

Dicen que el pasado y el futuro no existen, ¿y qué?, existe la experiencia, el aprendizaje, la memoria y la prospección. Al fin y al cabo, ¿de qué serviría el tiempo si no pudieras hacer nada con él? No existe el presente sin futuro, ni el presente sin pasado, así que, no podría desligarse. No es casualidad que Albert Einstein escribiera que ni el pasado ni el presente ni el futuro existen. "*El tiempo es una mera percepción de nuestros sentidos*". Entonces nadie puede prohibirme expresar mi opinión de lo que el tiempo representa en la vida de las personas. Lo que puedo decir del pasado es que es inmutable.

A estas alturas, quizá tengas algo de confusión con respecto al tiempo; pero no te preocupes. Los científicos se han dedicado por siglos a estudiar el tiempo, aún no se ponen de acuerdo. Lo que sí es importante para nosotros es que por medio de la prospección logramos cambios en el presente, a saber: nuestra forma de pensar, nuestras emociones, nuestras actitudes y nuestros comportamientos. Podemos cambiar significativamente nuestra intuición y la inteligencia. Creo que hay razón suficiente para hacernos consciente de este poder y, por lo tanto, hacerlo una práctica estratégica y recurrente. Podemos alinear todos los recursos y dirigirlos hacia ese objetivo en mente. Por eso nuestro presente cambia, creamos *momentum*, nos volvemos más obsesionados por alcanzar las metas.

Estimar el futuro no es suficiente, tienes que ir por él.

Estimar el futuro en un acto de prospección, es configurar eso que se desea, no es igual a pronóstico; son dos cosas diferentes. No es predecir el futuro desde el presente para lanzarnos con objetivos y estrategias hacia él a partir de una estimación de lo que pasará. Tampoco es diseñar un dashboard (cartelera) futuro aspirando a la mejora porcentual de indicadores, la planeación clásica. La prospección es una alternativa poderosa para conformar una actitud y una voluntad intencionada hacia un futuro que está siendo creado por la mente del líder y el equipo; es cómo deseo verme, cómo deseo que esté la organización, es cómo deseamos que se vea la red de talentos, el ambiente de trabajo, la forma de trabajar y relacionarnos, la forma de sentir y vivir la experiencia; es cómo nos imaginamos a los clientes frente a nuestras propuestas, cómo nos ven y cómo quisiéramos que nos vean. Es nuestra creación. Pero, imaginar ese futuro deseable no es suficiente para generar cambios y resultados. Hacer prospección, desde la mente del líder, implica hacer que la red de talentos sea parte de esa experiencia, es la comprensión e involucramiento de los colaboradores con lo que se desea y entrar en acción con compromiso y energía. Debe haber claridad en lo que se está visualizando y claridad en la traducción del *feedback* que obtenemos para llegar a ese futuro deseado. Si esto no es entendido y comunicado de manera efectiva, solo terminará por confundir al equipo, desacoplarlos, y hasta frustrarlos. No por la intención de sabotear el progreso, sino por información incompleta o ausente, cosa que termina en desconfianza; un estado que los proyecta en retroceso hacia eso que, si saben y conocen, aún y cuando esto implique operar lejos de la nueva visión de la organización.

La prospección es un ejercicio de pensar, inmerso en la visualización, para crear y extraer la mayor cantidad de información de este. Este acto se hace desde la inteligencia, la creatividad y la innovación; es pensamiento crítico, analítico, creativo y estratégico, por nombrar el nivel de exigencia. Un acto de prospección no es para gente cómoda, es para personas que tienen en la mente la idea de ser los mejores en lo que hacen; desean destacarse. Son el tipo de personas orientadas a resultados, persiguen la excelencia, son exploradores y curiosos, en sus mentes está el deseo de impactar y ser parte de un equipo que busca transformar la experiencia de las personas y están determinados a llegar hasta el final, no desisten nunca en su objetivo de alcanzar el éxito.

Los líderes deben asegurar la comprensión del acto de la prospección, como ejercicio constante, de revisión periódica, que exige un estado elevado de vigilia y consciencia. Constantemente se genera información *(feedback)*, que debe traducirse; si hay que mantener lo que se está haciendo y funciona o, sencillamente, hay que hacer cambios; pero es un proceso reflexivo y persuasivo, es un proceso que requiere de perspicacia, agudeza, conocimiento e inteligencia.

Recuerdo que, a inicio de este año, 2022, declaré el lanzamiento de este libro; ya venía de escribir "El Desafío"; sabía el poder que desarrolla una persona cuando se reta lo suficiente, se compromete y cree en su potencial. Esto es lo que me mueve, desde este *mindset* puedo plantearme proyectos, cambios de creencias, hábitos, cambios de personalidad y, también; puedo elegir la persona que quiero llegar a SER. Lo que yo hice fue un acto de prospección cuando elegí el buceo, como deporte para generar cambios con intención, con un fin claro y automotivado; esto fue el resultado inicial después de certificarme como *Open Water Diver (buceador de mar abierto)*:

¿Intención / Por qué y Para qué?:
- Deseaba comprobar el poder de la intención cuando elijo conscientemente vivir una experiencia, para sacar el mayor provecho de esta, e impulsarme hacia metas más elevadas.
- Un significado que sirviera a mis propósitos, proyecto personal y escribir mi segundo libro.
- Quería capturar información que me permitiera establecer las bases para desarrollar y comprobar la fuerza del "Modelo de transformación de JORG y los EBOX" para empoderar a las personas.

- Renovar mis energías. Deseaba transformar mi experiencia, deseaba empoderarme.

¿Qué ambiciones se generan / expectativas?
- Crecer con la experiencia. Confirmar que puedo hacer todo lo que me proponga. Ganar ante el Yo autómata, en miras a desarrollar una conducta volitiva.
- Desarrollar una teoría que sirviera a mis propósitos como escritor, quería vivir una experiencia transformadora y retadora.
- Desarrollar una mentalidad (*mindset*) ganadora. Reafirmar que puedo andar en terreno desconocido y conquistarlo. Demostrarme que tengo todos los recursos para lograr los retos que me imponga.

¿Qué deseas evitar?
- Limitarme.
- Procrastinar, posponer, listar excusas para permanecer en mi confort aparente
- La distracción.

¿Qué deseas mantener?
- Mi espíritu aventurero y mi actitud 100% hacia los nuevos retos.
- Mi relación fantástica con el miedo.
- Mi idea de que estamos hechos para algo grande.

- Mi disposición para adoptar nuevos hábitos. La práctica de la atención (ADAMOV) y el foco como instrumento de poder.

¿Qué deseas eliminar?
- La idea del no puedo.
- La idea de renunciar a lo que quiero y me gusta.

¿Metavisión / elementos observables?
- Sentía el poder de creer en la imagen que yo creaba de mí, desde los zapatos del instructor y el equipo. Sentía el *feedback,* me reafirmaba que tenía lo que se necesitaba para lograr la certificación. Pero, había algo más poderoso. Era mi actitud mental, me imaginaba conquistar las metas que me había planteado con la experiencia, con escenarios, fechas y actores.

    De hecho, en un momento de miedo, en donde perder el control era lo más probable, el instructor con una señal, en conexión o vinculación total, controló lo que pudo haber sido un desencadenante de pánico. Afectando positivamente mi experiencia. Pero es ese instante, esa visión que tienes de ti mismo, desde la lente de otros, hace que te llenes de poder. El control de tus pensamientos y el desarrollo de una conducta mental positiva permanente, harán de ti un ser sin límites.

¿Metaposición / roles claves / destaca lo que valoras?

- Del Instructor la responsabilidad sobre nosotros, la psicología, la capacidad de comunicar con excelencia (VAK)[15]. Tener presente que están transformando vidas, más allá de la experiencia. Es un *feedback* para el líder y para el equipo. Lo pude extraer del *feedback*.
- Del instructor, la necesidad de conocer la psicología del alumno, qué lo motivó a estar allí, lo que vive, qué desea llevarse en su experiencia. Está en el líder consciente apelar por su capacidad de inspirar e influir positivamente. Conexión y confianza total.
- Desde mi posición: la atención, el foco, la escucha. Mi observación, vigilia. En mi mente estaba modelar lo mejor de mí, para destacar en los resultados, para alcanzar las metas que me había establecido, para seguir alimentando este proceso transformador, que como saben, es continuo.
- Desde la posición de mis compañeros de equipo, es comprender lo que siente cada quien, siendo empáticos. Cada quien tiene sus propias metas y sueños, cada quien sabe lo que está viviendo. Te abres a la contribución de que todos nos llevemos lo mejor de nuestra propia experiencia. Cooperas,

---

[15] **N del E.** Hace referencia a los canales de representación preferentes según la Programación Neuro Lingüística (PNL), (VAK) - Visual - Auditivo - Kinestésico.

estás en disposición total de brindarles a ellos lo mejor de ti. Esto nace de este ejercicio.

¿Qué Valores y creencias se quedan contigo?

- La confianza, el compañerismo, el carisma, el código familiar, responsabilidad, ética y el espíritu aventurero.
- Mi capacidad de elegir cuándo y cómo actuar siempre.
- El poder que tiene el desarrollo de una conducta volitiva: intención consciente con un para qué claro, con total motivación por el acto de experiencia, te abre hacia nuevas posibilidades.
- La influencia que el coach, mentor, líder tiene en los resultados y la conexión es fundamental. Y que, es mejor tener un compañero de viaje que andar solo. El buceo seguro es así, es la regla, aunque hay sus excepciones; pero para eso, tienes que prepararte más.

¿Qué ganas en la experiencia?

- El poder de la prospección. Crear el futuro para mí fue mágico.
- Más confianza en mí, mayor práctica de la atención + vigílico + volitivo + intuitivo.
- La transformación, tu conducta cambia, sabes el poder que tiene ir con un propósito , una intención, una meta hacia la experiencia que deseas vivir. Te

haces del poder de la atención, el foco, la imaginación, la visualización. Todo lo que viví, lo había construido antes, ya todos sabían a qué iba, cuales eran mis intenciones claras acerca de la experiencia que deseaba vivir. Y, debo admitir, fue mejor. Porque te transformas cuando vives la experiencia con atención dirigida por automotivación consciente y con un "para qué" claro. Es realmente transformador.

¿Qué tan lejos puedes llegar / compromisos?

- Capacidad infinita para edificar hábitos de alto desempeño.
- Cumplir con la declaración de lanzar mi segundo libro; lo estás leyendo: Liderazgo meta, en la mente del líder prospectivo, reflexivo, positivo, participativo, inspirador. Ya sé que lo puedo repetir, ya nada me puede detener en esta idea de ser mejor persona.
- Alcanzar el éxito, cerca de mis hijos y mi familia; ser feliz.
- Ser referencia, *role model* (modelo a seguir), dejar un legado importante, ser influyente. Ayudar a otras personas en el camino.
- Te haces de un plan, con objetivos "Smart". Claridad hacia dónde quiero ir y qué tan lejos deseo llegar está en mi mente y ahora lo escribo. El seguimiento y el *feedback* es clave.

El futuro que deseas no se da de manera espontánea o casual; es causal. Dependerá de cuánto deseas de ese futuro y cuánto estás dispuesto a hacer por él. Imaginar ese futuro con la mayor claridad posible hará que todo trabaje como un atractor hacia ese escenario deseado. Debes tener compromiso y disciplina, y estar abierto a aprender de otros con absoluta humildad.

Lo anterior expuesto, es solo una idea de lo que se hace en actos de prospección, desde un estado consciente. Más allá de saber lo que se desea, es la actitud mental, la fuerza de voluntad, tus recursos, actitudes y habilidades que, unido a la fuerza del liderazgo, hará que llegues lejos en tus ambiciones. En el capítulo V profundizaré un poco más el poder de la imaginación y la visualización, en un acto consciente, el cual nos hará vivir un momento verdaderamente transformador.

Capítulo V: El CAMBIO Y EL DESAFÍO DE SER DIFERENTES

"No es la especie más fuerte la que sobrevive, sino la que mejor se adapta a los cambios"
Charles Darwin

Las organizaciones se han visto amenazadas en los últimos años, muy especialmente en medio de esta pandemia que inició a finales del 2019, solían reinventarse con gran lentitud, en décadas probablemente. Ahora lo hacen en el corto plazo. Sin embargo, voy a la pregunta, ¿está el liderazgo actual en capacidad de enfrentar este desafío con éxito? ¿Tienen los CEO en la actualidad las competencias necesarias para conseguir una verdadera transformación en toda la organización? Porque estoy seguro que se están necesitando verdaderos alquimistas, para crecer y asegurar la sostenibilidad en un entorno en donde no solo se requiere de buenas ideas de mercado, sino también ser un verdadero atractor para conseguir al mejor talento y retenerlo. Se dice fácil, pero si usted cree que el mundo cambió, imagine a las personas.

No soy de los que piensa que este es un tema que debe manejarse al nivel del liderazgo en las unidades de negocio solamente, no. Es necesario que esté bien claro y entendido al más alto nivel, y es aquí en donde nos encontramos al CEO, desde las unidades corporativas, niveles altos de dirección, es aquí en donde se tejen las estrategias, y las necesidades se entienden y se comunican. Digo esto porque es necesario la asignación y el despliegue de una gran cantidad de recursos y acciones, dadas las implicaciones que tiene en toda la organización. No se trata solo de que el CEO maneje los objetivos y establezca relativamente el cómo, es que entienda a profundidad los procesos de cambio necesarios para conducir la nave con éxito en medio de la complejidad y la dinámica dentro de este ecosistema global, el entorno; y las propias restricciones dentro de la misma organización.

Este nuevo liderazgo corporativo son agentes de cambio orientados a la acción, son inteligentes, intuitivos; son pensadores holísticos, sistémicos y con un nivel de consciencia y agudeza superior al promedio. Se espera que este nuevo liderazgo tenga desarrollado el arte de comunicar, habilidades lingüísticas y una gran capacidad para relacionarse y conectar con las personas. Debe ser un líder socialmente inteligente. Es quien conoce a las personas y a las organizaciones, cómo cambian y cómo se transforman; es quien ha logrado desarrollar su inteligencia intrínseca, intrapersonal; esa que lo vincula con su sabio interior, su divinidad, algo trascendental. Estos líderes han aprendido a cultivar la observación, la consciencia y la intuición de una manera intencional. Ya no es el líder clásico, con las tradicionales competencias, no son efectivos en sistemas dinámicos, de alta complejidad y cargados de ambigüedad, incertidumbre en entornos volátiles, en medio del avance feroz en tecnología digital. La forma de vivir la experiencia ha cambiado radicalmente y necesitamos actuar con la misma velocidad.

Cuando discuto estilos de liderazgo, intento no adueñarme de alguno en particular, y hablaba de la importancia de revisar los extremos entre los estilos Laissez Faire, que significa dejar hacer. Este estilo no está orientado a dar instrucciones o guía todo el tiempo, por el contrario, permite a los colaboradores usar sus recursos, creatividad y experiencia, para conseguir sus metas. Pero, expongo su contraste, el estilo de liderazgo autocrático, quien intenta tener casi todo bajo su control, pero sin estigmatizar, dado que este estilo puede ser combinado, en circunstancias o momentos especiales para cumplir fines específicos. Usted debe combinar de mejor manera sus competencias, manejarse con sus virtudes y recursos y adoptar los estilos que mejor le den resultado y saquen lo mejor de usted. Lo importante es reconocer el momento, las circunstancias que lo llevan a escoger un estilo en una determinada situación, y esto es válido; siempre que se ajuste a un estilo que dé resultados, que logre conectar, inspirar, motivar, entusiasmar y comprometer profundamente al talento humano. En donde se sientan tomados en cuenta, valorados y reconocidos; dentro de los valores y principios morales y éticos, con honestidad, empatía y autenticidad.

Comparto con ustedes el enfoque de contingencia de Tannenbaum, ver figura 2; en el mismo orden de lo expuesto, puedo elegir conscientemente el impacto que tendría al adoptar un estilo. Lo importante son las preguntas y las respuestas que obtengo. ¿Cuál es el momento que está viviendo la organización?, ¿cuál es el momento actual y qué exige con relación a las expectativas o resultados? ¿Es momento de ser directivo o es momento de ser delegativo? ¿Es momento de ponerse el sombrero Laissez faire o el autocrático? Con todo esto, lo que pretendo es hacer consciencia que, no tiene porqué existir un único estilo que defina el liderazgo de una organización, y eso muchas veces va a depender del grado de especialización, educación, preparación y experticia del talento y del líder, así como también, de los retos o el desafío del momento. FD Roosevelt, por ejemplo, se dice que su estilo era claramente Laissez faire; y tuvo un reconocimiento brutal. Bill Gate, se dice que su estilo es positivo, transformacional, participativo y democrático. Sergio Marchionne, CEO de Fiat Chrysler Automobiles (FCA), en cambio, su estilo fue autocrático, participativo y capacitador o coach. Pero los resultados que obtuvo en su gestión fueron sobresalientes. Su estilo fue necesario para las circunstancias y el momento. Steve Jobs, fundador de Apple, fue autocrático visionario, carismático y participativo. Jack Welch, presidente y CEO de GE, autocrático, democrático y participativo. La lista podemos extenderla y nos daremos cuenta que no existe un estilo único. Pero, puedo destacar el reconocimiento mundial de los líderes que fueron mencionados. Nadie es perfecto, es verdad; pero debemos exigirnos para ser mejores cada día.

VISIÓN PROSPECTIVA DEL LÍDER

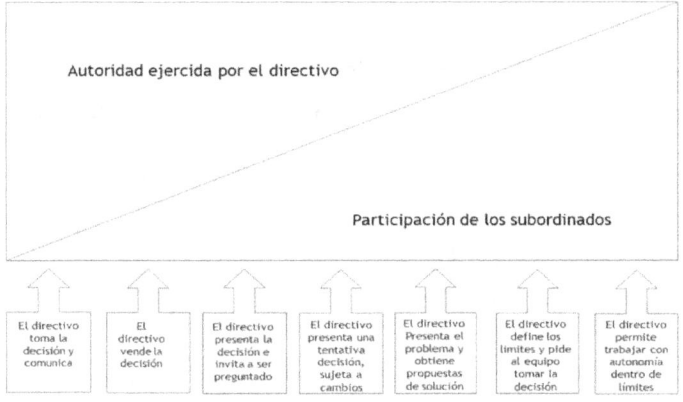

Figura 2: Enfoque contingente de liderazgo de Tannembaun Schmidt

Así mismo, podemos ver el modelo de Blake Mouton. Ver figura 3. Una matriz con distintas intensidades con relación a dos factores: Interés y preocupación del líder por las relaciones interpersonales, e interés y preocupación por las tareas o los resultados. Su enfoque nos ofrece un abanico de opciones posibles cuando dirigimos personas y tenemos la responsabilidad de guiar a toda una organización a la consecución de metas elevadas. La grid o parrilla gerencial nos deja ver conscientemente que queremos. Si es un líder prospectivo, debe decidir dónde quiere estar. Por ejemplo, en el cuadrante 1.1, esquina inferior izquierda, prácticamente no hay jefe, las personas no importan, así como tampoco los resultados. Cuadrante 9.9, esquina superior derecha del grid, el líder consigue maximizar los resultados y lo mejor para su gente. La pregunta es entonces, ¿Hasta dónde deseas llegar? Estar en el promedio (cuadrante 5.5) ordinario?, o deseas exigir, dar lo mejor de ti para conformar una red de talentos que sean capaces de brillar, orientados a resultados, en un clima en donde se sientan apreciados, respetados y valorados; ver cuadrante esquina superior derecha 9.9 del grid gerencial.

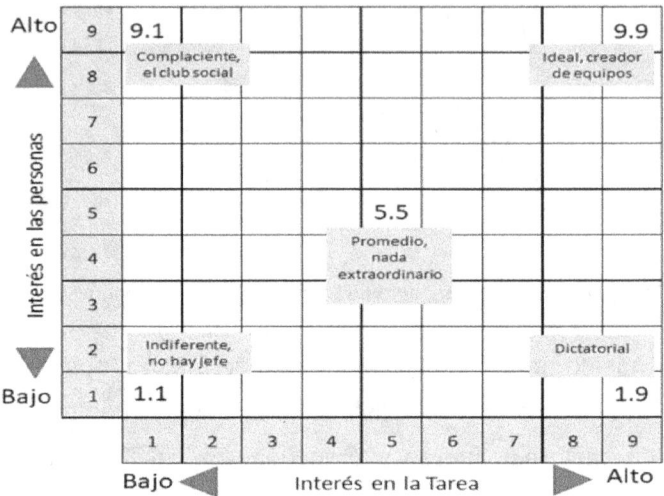

Figura 3: Grid o parrilla de estilos de liderazgo Blake Mouton

El líder debe tener la capacidad para adaptarse, debe ser flexible, debe crear el espacio para el éxito y debe expandir su horizonte de opciones. Este abanico de opciones le dice que es condición sine qua non su propia superación. Debe mantener el hambre por el conocimiento, por la mejora continua. Debe actualizarse permanentemente, debe saber combinar sus mejores competencias para llegar tan lejos como pueda. Las herramientas y el nuevo conocimiento están disponibles, lo que no esté disponible y sea necesario, hay que crearlo. El liderazgo debe estar a la altura de las necesidades detectadas en la sociedad y en las organizaciones, debe manejarse flexible y audaz para combinar los recursos para el máximo provecho.

El líder se hace de un estilo de liderazgo, pero tendrá que ser muy inteligente y consciente, una especie de vivacidad de genio, para ser flexible, adaptarse y construir una personalidad que pueda inspirar y unir voluntades por una visión, un sueño. Nuevamente, no es un estilo de liderazgo único, sino la mejor combinación de los tantos expuestos. Debe encontrar su mejor fórmula para conseguir el sincronismo, la armonía y la confianza puesta en el equipo. Si no hay resultados, de nada sirve lo que haces, y debes revisar en qué posición te encuentras como líder, pero debes intentar cualquier otra cosa; pero con sentido e inteligencia. Autoevaluarse, siendo crítico consigo mismo, permite reconocer las brechas existentes, permite ajustar también el estilo de liderazgo apropiado para impulsar a la organización y su gente hacia el destino que han elegido en su visión o prospección.

Para resumir, el nuevo liderazgo debe ser integral, rápido, audaz, flexible, es quien sabe recorrer la línea entre el liderazgo Laissez faire y, el contraste, el estilo autocrático, y digo esto porque no creo en un estilo único. Este líder ejecutivo debe conocer los pros y los contras de los distintos estilos de liderazgo, debe ser capaz de hacer un juego de roles, como si se tratase de una obra de teatro de alta competencia. Es decir, debe conocer la influencia que tienen los distintos estilos de liderazgo: visionario, positivo, transformacional, transaccional, coach, estratégico, democrático, situacional, autocrático o manejarse dentro de las prácticas de un liderazgo laissez faire, etc. Conocer dónde está y qué necesita para sí y los retos del momento, marcará la diferencia. No creo que el liderazgo deba conducirse con el librito; nada es fijo, pues de nada sirve una aplicación lineal, cuando el sistema en donde interactuamos sigue una dinámica compleja no-lineal, cambiante e impredecible.

Este liderazgo moderno debe ser capaz de poner en práctica el pensamiento de diseño como complemento para sobrevenir problemas complejos; y para ello se espera que los CEO estén altamente preparados para los retos en esta era tecnológica, digital. Este liderazgo debe ser capaz de manejar complejas transformaciones y resolver problemas complejos, con o sin mucha data. Es decir, debe tener un poder de imaginación y creatividad brutal, con la capacidad de saber ponerse el sombrero adecuado, según las circunstancias. Es quien está familiarizado con todas las formas del pensamiento, es quien ha logrado reconciliar la intuición con el pensamiento analítico y el análisis de los datos. Este líder está preparado para auto-desafiar e inspirar a las personas para lograr el auto empoderamiento. El pensamiento crítico y el pensamiento lateral son siempre deseables y bienvenidos, pues de aquí nace la tan ansiada innovación disruptiva. El talento debe atraerse y se le debe crear el espacio para hacer y actuar con autonomía; es clave para salir no solo del modo de supervivencia en la que muchas se encuentran, sino también, superar los obstáculos para alcanzar el éxito.

La creatividad y la innovación disruptiva se hace necesaria en el interior de las organizaciones para diseñar estructuras, redes, procesos inteligentes que den como resultado la creación de una oferta que los impulse a la conquista de los mercados, que busque ofrecer una experiencia única, tanto para los empleados de la compañía, como también para los clientes. El pensamiento de diseño será clave, no solo hacia afuera sino también hacia dentro de las organizaciones.

El nuevo líder necesitará redimensionar sus unidades de negocio, rediseñar los procesos, cambiar disruptivamente a las organizaciones, repensar y refinar qué son, para qué existen, cómo desean alcanzar su visión de negocio y qué ofrecerán para obtener la atención, la atracción y la lealtad de su público, sus clientes. Se necesita mucha imaginación y creatividad; pero, sobre todo, estar orientado a la acción y asumir riesgos. Para liderar los procesos de transformación se requiere de coraje y valentía, pues tendrá que cruzar el desierto, es decir; tendrá que aventurarse. En este proceso de reinvención y transformación, habrá dolor, desaciertos, errores o fracaso; y el líder deberá interpretar estos resultados asertivamente, para comunicar de tal forma que consiga mantener encantadas e inspiradas a las almas que conforman su equipo de trabajo.

Usted es testigo de los grandes cambios en los últimos dos años; esta dinámica multifactorial sigue y seguirá de forma rápida y fugaz; con el mismo componente para todos, seguirá siendo un futuro incierto. Sin embargo, enfrentar este desafío, con capacidad para adaptarse a los cambios, con rapidez, creatividad, desde la innovación, será la mejor manera de predecir ese futuro desconocido. El liderazgo debe cultivar el *mindset* adecuado para impulsar los cambios y la reinvención, con un nivel de confianza máximo en sus colaboradores para crear ese futuro deseable juntos.

Cuando nos referimos al pensamiento de diseño, es solo otra aptitud más que debe tener el liderazgo en esta era de la inteligencia artificial, la realidad virtual y la realidad aumentada. Nada nuevo; pero aún necesario. La transformación de las personas y las organizaciones debe considerar como elemento vital la tecnología, porque estamos hablando también de la experiencia, el bienestar de las personas, procurando la mayor satisfacción y motivación posible de todos los colaboradores.

> *"Hay quienes miran las cosas tal como son y preguntan por qué. Sueño con cosas que nunca fueron, y me pregunto por qué no".*
> John F. Kennedy

Hoy en día, los altos ejecutivos tienen el reto de adoptar el pensamiento de diseño para mantener y/o desarrollar su ventaja competitiva. No es la práctica ortodoxa de estudiar, diseñar, ir al mercado y evaluar el desempeño de este para medir el nivel de éxito o no de una propuesta. Este tipo de pensamientos se centra en la experiencia de las personas y no estoy hablando solo de los clientes; estoy refiriéndome a la aplicación del pensamiento de diseño para mejorar la experiencia de las personas y de los equipos de trabajo dentro de las organizaciones, como si de un *Journey map* se tratara.

Quien domina el pensamiento de diseño, entiende la importancia de comprender los procesos y los fenómenos que se suceden en él. El pensamiento de diseño aplicado, está intencionado a provocar interacciones entre cliente y propuesta, para entender el comportamiento del público objetivo. Así mismo vuelco la mirada hacia la red de talentos, esté dentro o fuera de los muros permeables de las organizaciones. Es conocer la experiencia del público objetivo (colaboradores) con la propuesta o la experiencia de las personas en el trabajo dada una propuesta de cambio. Para ello, debes conectar, debes estar en donde ellos están, comprender su situación, ser empático, debes ser un excelente observador; es descubrir problemas o situaciones que ni siquiera el público objetivo o los trabajadores saben que los tienen. Cuando estás diseñando, necesitas una mirada más profunda, y la empatía será un verdadero lubricante para acceder a estos niveles de entendimiento.

Esto toma especial relevancia cuando estamos diseñando la estructura organizacional, ambientes de trabajo, líneas de producción y, en general, espacios de trabajo para el personal de línea, tácticos y estratégicos. Aún más en los actuales momentos, en donde tenemos miembros claves del equipo operando remoto, modo mixto y aquellos que trabajan in situ. Lo cierto es que es todo un reto alcanzar el *engagement* de las personas; pero es lo que garantiza el éxito de las empresas en un nivel muy alto y esto es posible.

La alta dirección debe dejar los viejos modelos, las prácticas frías, corporativas, de los líderes poco dados a la trascendencia del SER. Está bien enfocarse en los números, dar valor al negocio y estar un paso adelante frente al cambio; pero siguen siendo el foco central el SER humano. No es suficiente entender y desplegar objetivos claves estratégicos ambiciosos, acompañado de grandes asesores; sino también estar más cerca de comprender a las personas. Es entender cómo es que las personas viven los cambios a través de su propia experiencia, en medio del caos, el orden, el desorden, el avance de la ciencia y la tecnología. Y aquí me detengo nuevamente, no se trata de que los altos ejecutivos (conocidos como *C-Suite en inglés*) solo desplieguen las estrategias, es también hacerse responsables de que los objetivos sean alcanzados en todos los niveles gerenciales. Digo esto porque muchas veces veo y escucho afirmaciones o, mejor dicho, excusas públicas, donde los responsables y socios en la gestión del recurso humano expresan "de nada sirve que el Dpto. de RRHH haga todo el plan para elevar el indicador de *People Engagement* y los gerentes no hagan su trabajo". Si este tipo de afirmaciones se sostienen, entonces hasta aquí no hemos entendido lo suficiente aún.

Estoy convencido, de que los altos ejecutivos en las organizaciones deben asumir un liderazgo superior, trascendental, donde la gente sea verdaderamente el elemento clave para alcanzar el éxito, si fallan los gerentes o el liderazgo alto y medio, fallan todos, sin que haya un dedo que los señale; y esto es responsabilidad de los altos ejecutivos. El objetivo ineludible es hacer que el trabajo tenga significado y dignifique a las personas, donde estas se sientan valoradas, alcancen autonomía y auto empoderamiento con impacto y, además, logren conexión; ellos esperan un lazo que los una en familia, con amor, respeto y de valoración mutua.

La responsabilidad de alcanzar el más alto nivel de *"People engagement"* en las organizaciones reposa en el nivel más alto de la organización, apartarse de esto es manejarse en el liderazgo clásico y los resultados futuros serán los mismo del pasado, son predecibles. Existe una fuerza impulsora, poderosa y de gran influencia para avanzar de manera comprometida en favor de este indicador; la que proviene de los líderes seniors. Esta fuerza es mayor cuando la alta dirección (líderes ejecutivos, CEO) comunica y apoya las estrategias e invita al involucramiento absoluto de todas las unidades de negocio, funcionales y de apoyo, para activar la inteligencia colectiva a favor de las estrategias claves con relación a *people engagement.* No puede dejarse sola en los niveles siguientes porque pierde fuerza. Ver figura 4. Hay que empoderar con fuerza e impacto, y esas energías deben tener como fundamento el compromiso de la alta dirección con el éxito de las personas. Una persona empoderada honrará la vida, buscará fortalecer una mentalidad de superhéroe, atenderá al llamado, lo dará todo por conquistar la visión de la organización; pero el liderazgo tiene que estar presente y consciente, es quien conoce a las personas desde su naturaleza, y su entrega será total para liberar todo su potencial. Ver figura 5.

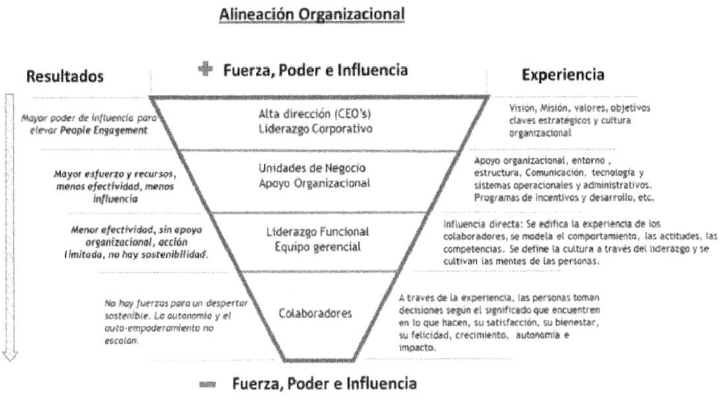

VISIÓN PROSPECTIVA DEL LÍDER

Figura 4: Compromiso Organizacional – Fuerza, poder e influencia para el cambio

Figura 5: Empoderar con fuerza, poder e impacto

Existe una necesidad, hoy los líderes deben demostrar su grandeza; es evolución hasta alcanzar altos niveles de consciencia y espiritualidad, para buscar resolver problemas de fondo; es una cualidad que hace a los líderes conectar con las personas, absolutamente. Usted debe entenderlo, no hay otra alternativa al liderazgo clásico que un liderazgo superior, que aspire con obsesión niveles de consciencia elevado, que logre despertar una gran sensibilidad; es allí donde verá su intuición potenciada, estará construyendo un ser capaz de ver posibilidades en donde otros solo podrán ver obstáculos.

Conectar con su genio interior es algo que tendrá que aprender; es allí donde se produce el encuentro apacible con su alma. Jamás podrá cambiar a las personas si usted no las conoce, es en esta definición en donde muchos solo rayan en la superficie. Para ofrecer una verdadera experiencia a los colaboradores, bienestar y felicidad usted debe conocer cómo piensan, qué sienten, qué aman hacer, qué los mueve, cuáles son sus ambiciones personales, pero, sobre todo, cómo se empoderan y se limitan.

Me pregunto ¿Por qué existen pocos líderes con alto reconocimiento, cuando de conectar con la gente se trata? ¿Qué es lo que buscan las personas en las organizaciones entonces? ¿Por qué los niveles promedios de *engagement* en las organizaciones, a nivel mundial son tan bajos, rozando apenas el 22%, especialmente en Norte América? ¿Por qué se habla tanto del patrono explotador? ¿Por qué se habla tanto del empleado poco comprometido y de bajo desempeño y otros activamente descomprometidos? Algo está pasando, ¿cierto? ¿Qué creen que está faltando entonces? ¿Intentan los líderes estrategias y tácticas innovadoras y contagiosas para realizar el cambio? ¿Responden los líderes con la rapidez necesaria cuando están frente al cambio para aprovechar las oportunidades?

¿Tienen los líderes las competencias adecuadas frente al desafío de ser diferentes? ¿Están preparados para comunicar e inspirar la visión del futuro, motivar a las personas, despertar el intelecto en ellas para su propio auto empoderamiento consciente? ¿Están los líderes creando experiencia individualizada? Son muchas las preguntas, y estoy seguro de que no hay una sola respuesta. Pero, creo firmemente en que todo esto nos invita a ser reflexivos.

Un liderazgo confiable es el clamor de todos, capaz de rediseñar, reinventar y transformar la organización y a las personas, que asuma riesgos y que tenga el coraje de dirigir el cambio con energía y con aplomo. Esa persona decidida a formar líderes competitivos que lo apoyen en este camino tan desafiante. Es volver a inundar a toda la organización con la fiel creencia que, para la creatividad y la innovación no hay límites, y todas las personas están en la capacidad de desarrollar su máximo potencial. Sin embargo, es necesario entender la realidad de cada quien dentro de la compleja estructura organizacional.

Es de importancia suprema entender lo que los demás hacen, ¿cuál es su verdadero trabajo? ¿En qué se enfocan en realidad?, se deben eliminar los prejuicios e ir más allá. Es comprender el contenido real. El liderazgo debe despertar el espíritu de cooperación y colaboración en toda la organización y cuando esto se alcanza, los recursos se usan más inteligentemente.

No se trata de diseñar estructuras organizativas que aumenten el grado de dificultad de la misma, especialmente cuando existen áreas en donde no existe la cooperación, en donde no hay entendimiento en la comunicación y no siguen la misma visión ni propósito por distracción o pérdida de foco. No se trata de agregar operaciones para compensar a las que mal trabajan, no se trata de agregar departamentos o funciones para tapar la incompetencia, se trata es de hacer trabajo inteligente, lo que se busca es simplificar, de aumentar la sinapsis en los equipos de trabajo y el nivel de integración a través de los líderes. El objetivo es que la organización gane poder para adaptarse, gane flexibilidad; y aumente su poder creador, aumente su nivel de inteligencia en toda la organización para conducir los negocios de forma eficiente y eficaz.

Es por ello que hablamos de pensamiento de diseño. Ante los grandes desafíos se requiere de soluciones inteligentes, en este escenario, los problemas son complejos. Así, en una mirada al interior de las organizaciones, debemos entender la situación o problema que se desea atacar, interpretación de esa realidad, trabajar juntos en una propuesta mejorada y más inteligente que busque mejorar, no solo los indicadores, sino la experiencia de cada trabajador. Es actuar para que dicha propuesta entre en acción y seguir, desde la mejora continua, considerando el retorno de la inversión y máxima experiencia.

El cambio se vive con inteligencia

Es mucho lo que se ha dicho del cambio hasta ahora. Pero ante todo eso, también vimos diferentes ángulos o perspectivas de cómo actuar ante él desde una actitud cognitiva, acción con inteligencia superior, qué significa y qué beneficios se esperan. Vimos que el modelo de cambio de Virginia Satir también nos dejó un sabor diferente con respecto al cambio, nos lleva a modificar la actitud ante este, con una apertura positiva hacia lo nuevo, en un acto mental creador que solo te permite enfocar hacia un mejor resultado futuro. Más adelante, estaremos abordando el modelo de transformación o cambio de estado de JORG y los Ebox (cajas de

> "...el dolor de permanecer igual es mayor que el dolor de transformarse, seamos inteligentes..."

energía) o creadores de *momentum*, es cambio de estado y transformación continua del SER.

Nada tiene que permanecer constante, de hecho, es imposible; jamás serán iguales las condiciones de un segundo a otro en este universo. No queremos que sea de esta manera tampoco. Las personas necesitan crecer y expandir su mente con cada experiencia, todos los días. El cambio es y será una bendición para el ser humano. Como dicen, el dolor de permanecer igual es mayor que el dolor de transformarse, seamos inteligentes. Si la obsolescencia no es el fin que se proponen las personas y las organizaciones, hay que vivir el cambio activamente y con un final emocionante. Cuando este cambio es externo, muchas veces no logramos encontrar real significado en nuestras vidas, más si somos afectados emocionalmente, podríamos hasta maldecirlo; provocando una aversión hacia este, cerrando toda posibilidad de creación. Entonces, la transformación con intención y propósito es la llave de acceso hacia un mejor futuro para todos nosotros. Un ser que busca mejorar todos los días, hará lo imposible por mejorar todo cuanto encuentre a su paso, es un mago, un superhéroe, un líder transformador de realidades, es quien lleva la esperanza porque es quien ayuda a las personas a la autosuperación y el auto empoderamiento a través del pensamiento, el lenguaje y la acción.

El cambio es la oportunidad de transformarse. Si el elemento extraño, como lo define Virginia Satir, hace presencia, ejemplo de esto el COVID; y es de gran impacto; nos obliga, como sociedad, a cambiar y lanzar una mirada hacia muchas áreas vitales de nuestras vidas. El impacto de esto en cada uno de nosotros fue sorprendente. Algunos piensan que perdimos un año o dos años de nuestras vidas, y nadie nos preguntó si lo deseábamos. Para otros, este hecho fue considerado como necesario, para muchos otros como una especie de castigo. Simplemente llegó y se instaló; nos obliga a cambiar. Cada quien decide si continuar viviendo con eso y transformarse o, por el contrario, no aceptarlo y esperar por la muerte en cualquier momento. Es así de duro.

*"No hay inteligencia allí donde no hay cambio
ni necesidad de él."*

Herbert George Wells

Dos monjes iban de peregrinación. Habían recorrido ya muchos kilómetros, evitando en la medida de lo posible el contacto con la gente, pues pertenecían a una orden monacal que les prohibía hablar con las mujeres o tocarlas. No tenían intención de ofender a nadie, de modo que procuraban transitar los caminos más apartados y se alimentaban de frutos silvestres.

Era la estación de las lluvias y mientras caminaban a lo largo de una extensa llanura albergaba la esperanza de que el río que tenían que cruzar no hubiese quedado infranqueable. Divisaron a lo lejos que el río se había desbordado; no obstante, albergaban la esperanza de que el barquero pudiera llevarles en su barca a la otra orilla. Pero cuando llegaron al punto donde tenían que cruzar no vieron señal alguna del barquero; la barca, al parecer, había sido arrastrada por la corriente y el barquero había optado por quedarse en casa.

Había allí, sin embargo, una mujer. Vestía ropas elegantes y llevaba un paraguas. La mujer imploró a los monjes que la ayudaran a cruzar, pues tenía una misión urgente que cumplir y el río, aunque ancho y rápido, no era profundo.

El monje más joven se limitó a ignorar a la mujer y miró hacia otra parte. El mayor, sin embargo, no dijo nada, pero cargó a la mujer sobre sus hombros y cruzó el río, depositándola completamente seca en la otra orilla.

Durante toda la hora siguiente, mientras proseguía su viaje a lo largo de espesos y enmarañados bosques, el monje más joven censuró al mayor, desdeñando sus acciones y acusándolo de haber traicionado a la orden y sus votos. ¿Cómo se atrevió?

¿Cómo pudo? ¿En qué estaba pensando? ¿Quién le había dado derecho? Finalmente, los monjes se adentraron en un claro y el monje de más edad se detuvo y miró fijamente a los ojos del más joven. Se produjo un largo silencio.
Por último, y en un tono suave, con una mirada clara y benévola, llena de compasión, el monje de más edad se limitó a decir: "Hermano, hace ya una hora que dejé en tierra a aquella mujer. Eres tú el que todavía sigue cargando con ella".

Nick Owen

Pasa que queremos avanzar cargando conocimiento y hábitos inútiles, como bolas de acero en los pies. Nada permanece igual con el pasar del tiempo; y es necesario vaciar la copa y dar paso a la novedad y lo funcional, porque el cambio nos exige capacidad para adaptarnos. La mente es adaptativa, pero si no lo haces conscientemente te vuelves esclavo de lo que sabes. Los factores externos pueden hacernos perder competitividad. Si alguien desea mantenerse igual, falsa estrategia, sin crecimiento, sin cambios aparentes, siempre estará bajando; porque todo a tu alrededor avanza, las organizaciones, de hecho, tienden a pensar que es mantenimiento estratégico, mínima inversión y recorte en la capacitación. Nada más falso, nada más lejos de la verdad. Una empresa que decida tener una estrategia de mantenimiento, sin opciones de crecimiento, está destinada al fracaso. Este patrón de pensamiento y comunicación hiere a muerte la esperanza del capital humano en una organización. Cuando el líder habla desde la derrota y no desde el triunfo, desde la desesperanza y no la esperanza, desde el fracaso y no desde el éxito; es imposible mantener una estrategia de mantenimiento si lo que deseas es el éxito. Es imposible y punto.

El cambio debe vivirse con intensidad, pasión y sabiduría; pero definitivamente es la puerta para desafiarnos, es la oportunidad para conocer de qué estamos hechos, es la oportunidad para destacar con más inteligencia. Es la oportunidad para revisar las reglas. Nada es para siempre, si hay que rehacer las reglas, pues que así sea. Si las organizaciones no cambian, simplemente mueren. No hay discusión ni debate en esto. El líder, no solo debe saber moverse ante el cambio para salir más fuerte; si no que debe explorar sus ventajas en todo momento, es su inteligencia lo que hará esto posible.

> *"La inteligencia es la habilidad para adaptarse al cambio".*
> Stephen Hawking

El cambio es la oportunidad que tenemos los seres humanos de vencer al miedo. Cuando el cambio es visto con inteligencia, tu relación con él y con el entorno cambia, aparece la aceptación y reviven las energías para aprovechar las oportunidades; porque cuando aceptas, te abres a las posibilidades, ya no es la mirada temerosa y llena de prejuicios, por el contrario, te haces de una actitud para el éxito, lo ves como un reto a superar, reconociendo que ya has pasado por eso, y has vencido. El cambio es un juego en donde aprendemos a desarrollar nuevas capacidades, nuevos conocimientos, nos enfrentamos muchas veces a lo imposible hasta hacerlo posible. Es la oportunidad de crecer con aquello que no resultó como esperado, es la oportunidad de aceptar que el éxito y el fracaso están en la misma línea de nuestros sueños, ambos son necesarios. Entender esto, cambia nuestra manera de percibir las cosas, la forma en que pensamos y comunicamos; se logra una verdadera transformación del líder y, al mismo ritmo, el ambiente organizacional. El cambio es mejor que lo permanente, lo que es permanente duele con los años.

El cambio es la oportunidad de entrenar para fortalecer el músculo, el cuerpo, la salud mental y la inteligencia. Todo lo nuevo, te hace dejar algo viejo atrás. Muchas veces descargas un gran peso de tu espalda que no sabías que tenías. Puede ser el momento para renovarse y despegar. Es la oportunidad de hablar diferente, de conocer nuevas personas, de interactuar y conectar para algo grande. Es la oportunidad de ayudar a otros a crecer y evolucionar.

Uno de los elementos vitales en el cambio es la tecnología del momento y lo nuevo gestándose. Debe haber una mirada aguda hacia esta, especialmente si estamos centrados en las personas. No es solo la mirada a la transformación de bienes y servicios, sino cómo afecta la manera en que las personas interactúan y trabajan, cómo se relacionan, cómo se conectan, cómo se hacen más productivos y efectivos en el manejo de la información y la mejora de la productividad a través del uso de la tecnología. Es simplificación lo que se busca, no complejidad.

La tecnología es poderosa, pero más poderosa aún es la capacidad de hacer *networking* y detectar los cambios que se producen en el ecosistema en donde actúas. Aunque la economía es globalizada, tienes un radio de acción de gran influencia en donde convergen muchas fuerzas, las que provienen desde el interior de la organización, las que provienen del mundo exterior, la competencia, los aliados estratégicos, los proveedores, clientes, el propio mercado, leyes, regulaciones, la dinámica existente, productos existentes y nuevos entrando al juego. Así mismo, los cambios políticos, económicos y sociales que no dejan de transformarse. Todo es un sistema complejo; pero que siempre nos trae oportunidades para mantener el orden y para acercarnos a la visión que hemos creado. Pero todo esto manejado sin una consciencia elevada, sin inteligencia y sabiduría, termina por convertirse en una crisis inducida por ignorancia, conocimiento incompleto, o apatía hacia el éxito.

Sería más inteligente crear una cultura pro-cambio, que crear una para surfear. Una actitud positiva para enfrentar el cambio, es de mentes superiores, gente de acción. Un deportista extremo no va de más a menos, todo lo contrario, siempre tiene sed de experimentar un mayor grado de dificultad en lo que hace, se hace de una mente osada, ambiciosa, resiliente y poderosa. Siente que vino a la vida a conquistarla, no a ser conquistada. No quiere ser parte de una sociedad llevada, sino de una que marca el rumbo y quiere hacer historia.

La red de talentos es poderosa para gestionar el cambio exitosamente. En la diversidad hay poder. El líder debe tener la capacidad de llamar y cohesionar la transculturización. Es construir una identidad cultural superior, es vender el poder creativo del todo, y lanzarse a la aventura de conquistar el orgullo de sentirse ganador. Es el momento de auto desafiarse para devolver la genialidad a donde pertenece, a la razón humana, de quien es dueña el SER, esta razón de equipo te hace sentir cerca de la grandeza.

Visión de conjunto

"¿Cómo es que te interesan los libros de relatos?".
El Mago miró al Joven Aprendiz y contestó: "¿Qué es la magia?".
"El arte de la transformación y del cambio".
"Muy bien. ¿Y cuál es el papel de un mago?".
"El papel del Mago consiste en estimular a la gente a hacer cambios útiles y beneficiosos en sus vidas".
"¿Y cómo logra hacer algo semejante?".
"En base a alentar una mayor conciencia de que todo tiene una estructura, de que siempre se puede cambiar, de que existe en todo caso más de una única forma de ver las cosas y de que la esencia de los cambios provechosos consiste en utilizar

la propia creatividad y disponer del acceso a un mayor número de opciones".

"¿Y cuál es la responsabilidad del Mago inteligente?".

El Joven Aprendiz recordó lo que había estudiado. "La responsabilidad del Mago consiste en utilizar su poder sabiamente, éticamente y con humildad".

"¿Y cuáles son los principios básicos?"

El Pequeño Mago reflexiona un momento antes de responder. "Existen cinco principios básicos:

- Un mago debe pensar sistemáticamente y buscar las distintas relaciones entre las cosas, que no siempre son manifiestas. Por esta razón, debe tratar siempre la información en su contexto más amplio, dado que nada existe o tiene sentido en el vacío.
- Un Mago debe siempre ser consciente de que su conocimiento es provisional, de que siempre hay algo más por descubrir y de que existe más de una única forma de lograr un mismo resultado.
- Un Mago comparte sus conocimientos, pues esta es una forma inteligente de contribuir a la realización de los demás y de acceder a la inmortalidad.
- Un Mago sigue siempre las cuatro erres: respeto por sí mismo, respeto por los demás, respeto por la ecología y responsabilidad para con todas sus acciones.

- El verdadero Mago está convencido de que ninguno de los supuestos anteriores es cierto, pero actúa como si lo fueran. Confía en la evidencia de sus sentidos a la hora de interpretar las reacciones que suscita su comportamiento y siempre toma en consideración cuál de sus siguientes opciones será la más adecuada a la situación particular en cuestión".

"Has aprendido muy bien", dijo el Mago. "Y estas son ciertamente algunas de las razones por las que un Mago se decide a recopilar historias y servirse de ellas.

Nick Owen
La magia de la metáfora

Dirige tu vida con la regla del 100% siempre

La mayor desgracia para un ser humano es no poder encontrar a alguien que le ayude a lograr lo que es capaz de lograr.

Ralph Emerson

La ignorancia acerca del talento está presente en muchas personas, pocas son capaces de reconocer el talento innato que tenemos; y menos reconocerlo en otros.

Sin importar cuál sea tu condición, tu limitación o creas tenerla, si tienes o no alguna discapacidad, siempre tendrás el poder de elegir cómo será tu entrega, es decir, tu actitud y tu disposición mental ante los retos que hayas asumido o los que te haya puesto la vida. Quizá tú no lo sabes, pero si te conoces lo suficiente, esta disposición mental para ganar debe ser tú 100%; te lo aseguro.

Muchas veces nos estancamos en el lodo de sólo enfocarnos en la probabilidad de fallar en un proyecto o una elección de vida, aun cuando esta probabilidad de falla sea del 10%. Nos cegamos, no vemos que aún queda un 90% de probabilidad de éxito.

Quiero narrarles la historia de un deportista que decidió ser diferente, desafió una lesión que pudo haber terminado con su carrera a muy temprana edad. Este deportista fue Michael Jordan, no necesitamos más presentaciones para un hombre, un atleta que logró inspirar al mundo entero. Fue su ímpetu, su espíritu, su fuerza, su poder, su motivación, su pasión y su magia en la cancha. Fue su deseo de convertirse en el mejor del mundo.

En la campaña de 1985-86, Michael Jordan se rompe un hueso del tobillo después de solo tres juegos de temporada regular. Nadie lo podía creer, los ojos estaban puestos en ese joven, había talento; pero nadie conocía su poder real. Jordan tampoco lo podía creer. Muchas voces sonaban, los comentarios no eran los mejores. Al menos esa temporada no sería para el joven Michael.

No habiendo otra decisión posible, Michael tenía que someterse a una cirugía que lo llevó a estar fuera del tabloncillo por 64 juegos en esa temporada. La directiva evaluaba la situación, el propietario del equipo Jerry Reinsdorf y el Gerente General Jerry Krause, ambos se veían las caras, pensando en cuál sería la decisión más inteligente. No era una decisión fácil, existía un elevado riesgo. Como dije, ellos entendían que no se trataba de solo un campeonato, sino de un maravilloso futuro por venir, tanto para el equipo como también para el joven atleta y talentoso Michael Jordan. No querían lastimar el futuro de alguien que prometía llegar alto.

He aquí la historia de impacto, lo que verdaderamente nos enseña esta historia es que, cuando hay un fuerte deseo por la superación, cuando tienes ambiciones, cuando tienes la motivación suficiente, cuando tienes aspiraciones y te obsesionas por ser el mejor, no hay viento ni tormenta alguna que pueda detener tu paso arrollador.

Michael, después de conocer los pronósticos de su recuperación, perder la temporada, ver achicar las posibilidades de llegar a playoffs con el equipo; mucho menos pensar en un campeonato. Michael se lanza y persiste en hacer preguntas, abierto a las posibilidades y se acerca a la directiva y junta médica…

"Michael preguntó: 'Si juego, ¿cuál es la posibilidad de regresar y lastimarme?'. El médico dijo que era 10%", dijo Reinsdorf en el documental Last Dance, que retrata la dinastía Bulls y que fue realizado por ESPN.

"Me volví loco. Dije: 'Es una probabilidad del 10%, pero una probabilidad del 90% de no lastimarme", señaló Jordan.

¿Qué pasaría si el 10% ganaba?

"Dijeron que en este caso sería el final de su carrera. Le dije: 'Si tuviera un dolor de cabeza terrible y nueve píldoras lo podría curar y una lo mataría. ¿Lo tomaría?", recordó el propietario de los Bulls.

La respuesta de Jordan fue: "Depende si duele aquí...".

La historia seguramente la conocen muchos, "No fue Michael Jordan. Fue Dios disfrazado como Michael Jordan". Así lo publicó el artículo de ESPN Deportes.

Muchos veían la probabilidad de fallar, Jordan solo veía la probabilidad de éxito. No siempre el juego ni las condiciones son perfectas para ganar; siempre habrá riesgos. Sucede que, cuando nos enfrentamos muchas veces a opiniones y creencias que nos limitan, se nos presentan dos caminos, uno en donde nos quedamos paralizados y no hacemos nada, y otro en donde se liberan al genio, las fuerzas y el poder de todas nuestras energías para vencer los obstáculos y superarnos a nosotros mismos.

Jordan, no solo regresó al tabloncillo, llevó a Chicago Bulls a los Playoffs frente a los Bolton Celtics. Ese año se convirtió en el inicio de la leyenda que duró en las canchas hasta el 16 de abril de 2003. Aún, nadie lo ha podido olvidar.

Estoy seguro que como Jordan, existen muchos ejemplos. Pero lo que más me llama la atención de este hecho, es la propia historia contada por Michel Jordan. Nada se da porque solo deseas, hay un deseo y luego se establece un compromiso para llegar a él. Se requiere de perseverancia y disciplina como ingredientes, así lo hizo Michael. Mientras todos pensaban en que Michael estaba de reposo, sus fuerzas y su mente estaban en la cancha, con luz apagada, para no estar expuesto a la mirada de otros, Jordan se dedicó a entrenar muy duro, mejorando cada segundo, en su psicología y su mecánica. Jordan sabía que estaba haciendo historia, era su historia, era su imaginación, el foco, sus instintos, y las emociones que vivía en su fuero interior, todo en sincronismo y balance perfecto para alcanzar llegar a donde quería estar, de vuelta a las canchas en tiempo récord, rompiendo con todos los pronósticos.

Su 90%, fue su 100%, allí estaba su mente y su psicología, no había espacio para pensar en fallar, toda la atención y las energías estaban puestas en ganar. Las restricciones y limitaciones solo existían en otras mentes, no en la de Michael. No había espacios para las excusas. Intentar no era una opción, razones para el fracaso estaban prohibidas en su mente. Michael creyó en él, en sus posibilidades, en sus sueños. Michael reconocía quien era, sabía que después de todo lo que estaba haciendo, ya no sería el mismo joven después de una lesión, a la que superó por una voluntad que se hizo más fuerte que él. Michael sintió que era su momento y así fue, él dio su 100%, ya no era 90.

Cuando Michael atiende al llamado, el fin del reposo, para ser evaluado por los especialistas, se encontraron con algo sorprendente, algo que les llamó mucho la atención. Los médicos preguntaron, Michael, ¿qué has estado haciendo? La pregunta vino porque la pantorrilla del pie lesionado estaba mucho más fuerte que la de la pierna sana. Increíble, pero así fue.

Así como se transforma un músculo, así lo hace tu mente con tu cerebro cuando logras despertar , cuando te decides por cultivar tu mente. La transformación no siempre está en lo que es visible. En tu SER reside el verdadero poder, es lo que hace posible que puedas disfrutar de los resultados que obtienes en el mundo exterior. Cuando quieres cambiar tu realidad, debes comenzar por cambiar tu mundo interior, más consciente de tus pensamientos, emociones, comportamientos, hábitos, allí se edifica tu personalidad.

La regla del 100%, no te permite dar razones o excusas para justificar: el por qué no pudiste cumplir con los compromisos, con las expectativas, el por qué renunciaste a eso para lo cual fuiste llamado. Muy a pesar de que exista imperfección en nosotros, nos falte un ojo, un brazo, dos piernas, las extremidades, siempre tendrás la posibilidad de dar tú 100%. Existen muchas personas que no apartan su atención de la carencia, muy a pesar de tener recursos suficientes para ganar.

La magia se produce, cuando tenemos hambre por ser mejores, hambre por la meta, hambre por el éxito, hambre y obsesión por nuestros sueños. Cuando nos enfocamos en el 90% de oportunidad de tener éxito, como lo hizo Michael Jordan, más una actitud basada en la regla del 100%, esa combinación resulta en una voluntad poderosa que se libera para lograr las metas planteadas. Esa obsesión por alcanzar los resultados te conduce a dar lo mejor de ti, te lleva a desafiarte al máximo; y la resultante de ese desafío es tu Yo campeón, un Yo superior. Ahora tu Yo se ha hecho de una mentalidad que no acepta límites, que no cree en complejos, que no se rige por las opiniones externas, sino que se crece y se cree merecedora del anillo de campeones.

La regla del 100% no solo te recuerda que existe una mejor forma de actuar ante un reto, sino que te forma un carácter, te vuelves referente, eres de los que inspiras, de la clase de personas que impactan. Te haces de una mente capaz de crear una conexión con tu ser, capaz de transformar tu suerte en éxito, de crear una confianza colosal en tus capacidades y ser tu propio centro emocional para que nada ni nadie te detenga.

Lo anterior expuesto me hace pensar en la actitud del liderazgo en las organizaciones. Una mente no preparada, tiende a la búsqueda inconsciente de su propia incapacidad, aún y cuando esta no exista. He visto modelos de carácter estratégico que buscan revertir el indicador de *people engagement* en donde se establece una desventaja mental desde su concepción, una especie de *handicap* al liderazgo. Esto se da cuando el liderazgo asume que, *people engagement es* como una especie de lotería en donde el liderazgo se adjudica el 50% y los colaboradores el otro 50%, lo que denominan el borde de influencia de la organización, con esta proporción se justifica el éxito o no de sentir un elevado compromiso, mental y emocionalmente, con la visión y los objetivos de la organización. Ver figura 6. Irse con esta invitación es caer en la trampa del inconsciente, en donde el liderazgo tenderá a dar razones o excusas del porqué no se alcanzó el compromiso esperado, y la culpa reposará en otros, quizá en los líderes funcionales, gerentes, supervisores, el equipo gerencial, mientras otros se alejan de ser parte responsable por los resultados. Con este *mindset* es imposible despertar la genialidad de la red de talentos en una organización. Estaríamos limitando la fuerza y el poder de las energías para avanzar conscientemente hacia la conquista de este objetivo.

Figura 6: Mentalidad autolimitada del liderazgo

El liderazgo en la alta dirección, en el nivel corporativo, debe asumir total responsabilidad por la invitación, es decir, este liderazgo debe asumir su 100% de entrega, talento más todo lo que sea necesario para el éxito; pero debe lograr que toda la red de talentos: apoyo organizacional, líderes funcionales y sus colaboradores asuman también su 100% de entrega, sin *hándicap;* sin limitaciones, con una actitud positiva, y una fuerza de voluntad con intención y propósito; desde una idea fija en mente: "Toda persona está dispuesta a triunfar y desea tener éxito, desea superarse, autorrealizarse, desea autonomía, desea tener impacto, desea ser reconocido, único y legendario, desea encontrar significado. Ver figura 7. Las personas desean comprometerse, queda al liderazgo aprovechar estas energías y condición natural universal para hacerse de un sitial privilegiado, pero desde una mentalidad expandida y de crecimiento. Queda claro para mí que, no todos estarán en la zona de alto engagement (full comprometido), es un embudo; pero lo importante de este enfoque es el tipo de mentalidad que cultivas en el liderazgo, la red de talentos y colaboradores. Esta mentalidad debe ser de entrega máxima, 100%; no podemos condicionar la mente para alimentar la falsa creencia de que el liderazgo hace lo mejor que puede, y la gente decide comprometerse o no. Así no piensa un verdadero líder. Un Líder comprometido, con mente preparada, sabe que la experiencia, la motivación, la satisfacción y el bienestar que pueda sentir una persona en la red de colaboradores, siempre será un objetivo primordial; él sabe que esto depende de su entrega y su influencia en un 100%. Solo así los líderes y los colaboradores podrán descubrir de qué están hechos, reconocerán que están en esta vida para ganar. Ya no existe la línea organizacional de influencia, 50% propuesta organizacional Vs 50% decisión de *engagement* empleado, la propuesta organizacional se basa en un todo, el liderazgo, la red de talentos y los colaboradores entran en acción, en conexión, con la propuesta organizacional, la visión de crear un porqué claro, integrados, dando el máximo, con actitud de superación y en donde el todo se hace dueño y responsable para hacer del embudo, un cilindro. Ver figura 7. Debemos pensar una tasa de conversión elevada, en lugar de tener un embudo que se cierra, debemos darlo todo para conseguir un embudo que se expanda, hasta que deje de serlo.

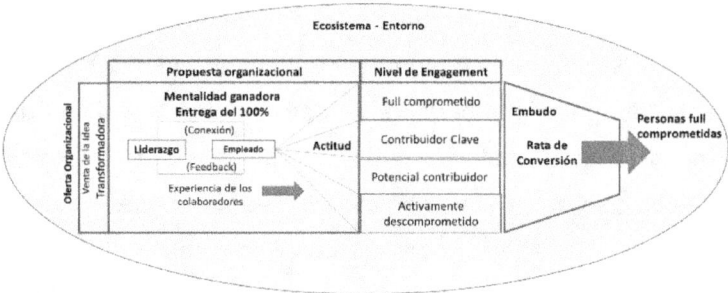

Figura 7: Mentalidad expandida del liderazgo hacia People Engagement

Modelo de transformación personal; "Modelo de transformación de JORG"

Muchas personas viven su experiencia de vida muy automáticos, y este automatismo les reduce su campo visual, su campo de acción; abandonando a su razón, desconociendo su propia naturaleza, su ingenio y sus capacidades, una especie de renuncia inconsciente a sus dones.

Una persona que vive en modo piloto automático, no sabe que se momifica, no comprende tan fácilmente este proceso y no sabe por qué les resultan algunas cosas medianamente y, por otro lado, obtiene resultados que le hacen perder hasta la esperanza muchas veces. Se cierran las oportunidades, las alternativas se reducen, la capacidad de observancia, el camino hacia la meta se nubla, pensar y crear se vuelve un proceso tortuoso, porque cuando estas sonambúlico, eres pensado y dirigido, te vuelves dependiente del mundo exterior, sugestionable, no te reconoces como autosuficiente y limitas tu inteligencia.

Lo mismo les pasa a las organizaciones, pues son dirigidas por personas. Para despertar en las organizaciones, tienes que definitivamente hacer reingeniería interna, desde el alma corporativa, revisión profunda de su cultura, valores y creencias para empezar de nuevo; es asegurar lo mínimo necesario para iniciar los cambios y la transformación en las personas. Deben enfocarse en cambiar la forma en cómo las personas viven la experiencia en el trabajo y fuera de él, es así de profunda la mirada.

Yo no soy quien reconoce a Steve Job como el líder referente en cuanto al trato hacia las personas; pero tuvo algo, su propia luz, su fuerza, su confianza en su visión y una mirada al futuro como muy pocos lo hacen. Pudo crear un atractor poderoso, el alma de Apple, vendió un por qué, con una visión poderosa, en donde enfocó toda su energía para atraer a los mejores, un talentoso equipo de trabajo, logra impregnarse con la visión de transformar al mundo y les brindó una experiencia, los puso a volar, a imaginar y diseño una atmósfera para crear e innovar, para ganar el sitial de honor, ser la mejor compañía del mundo para muchos. Les enseñó a ambicionar ese futuro, los invitó a vivir un sueño, no se hablaba de lo malo, era guiado a enfocarse en lo bueno, en lo posible, les vendió la idea de ganar y las personas se enfocaron en ganar porque lo creían posible.

El modelo de transformación de JORG, tiene como propósito que una persona logre empoderarse con lo mejor de su propia experiencia, haciendo uso de un poderoso recurso, la imaginación. ¿Acaso no fue eso lo que tenía Steve Job en su ADN, la imaginación y la capacidad de visualización como recursos poderosos?

El Modelo de transformación de JORG nace con la idea de demostrar que, el ser humano es capaz de cambiar sus estados de energía, su estado emocional y de consciencia de manera intencionada para buscar, no solo desarrollar destrezas y su potencial, sino también guiar su propia transformación, una nueva personalidad, esa que hará posible el renacer para superarse a sí mismo; en permanente cambio; en conexión con sus recursos, sus instintos y todo su ser, para comprender el conocimiento y hacerlo útil, para cambiar su realidad, su condición, logrando un despertar consciente en la vida, es conseguir a su Yo superior. Ver figura 8.

Estamos hablando del despertar en las organizaciones, y para ello tenemos que aprender cómo lograr el despertar en los individuos. Por esta razón hablaremos de los estados de la mente. Existe una proporción y correspondencia, según John Baynes. Creo que esto explica el por qué permanecemos dormidos tanto tiempo. El ser humano promedio opera así:

- El Yo superior: 1%
- Yo vigílico: 3%
- Yo volitivo: 0%
- Yo onírico (sonambúlico): 96%

Esta proporción equivale a estar dormido, me estoy refiriendo a estar operando en el piloto automático, desde el subconsciente, sonambúlico, el Yo autómata. Se estima que, para alcanzar estados de consciencia superior, lograr un verdadero despertar, en la ruta hacia nuestra propia evolución para alcanzar la sabiduría, se requiere que esta proporción sea:

- El Yo superior: 5%
- Yo vigílico: 20%
- Yo volitivo: 30%
- Yo onírico: 45%

Yo he estado hablando de inteligencia intrínseca, una inteligencia que persigue la superación constante, no tiene fin. Cuando despiertas del sueño en el que estás sumergido, es cuando cambia tu inteligencia o, mejor dicho, despierta el sabio que llevas dentro de ti. En esa nueva proporción, en donde eres más vigílico, observador, volitivo, es cuando te vuelves más inteligente e intuitivo. Comienzas a aceptar el potencial con el que fuiste dotado y ahora lo pones en práctica, lo cultivas, te empoderas a ti mismo, te vuelves más resiliente, crees en ti, en tus recursos internos, en tus aptitudes para atreverte a más, para auto desafiarte y, es aquí, en donde comienza el inicio de tu expansión.

Ahora te pregunto, ¿crees que un líder debe tener este dominio, esta parte del conocimiento vivo, esta competencia, para auto empoderarse y ayudar a otros?, definitivamente SÍ. Veamos nuevamente la figura 8, El modelo de transformación de JORG.

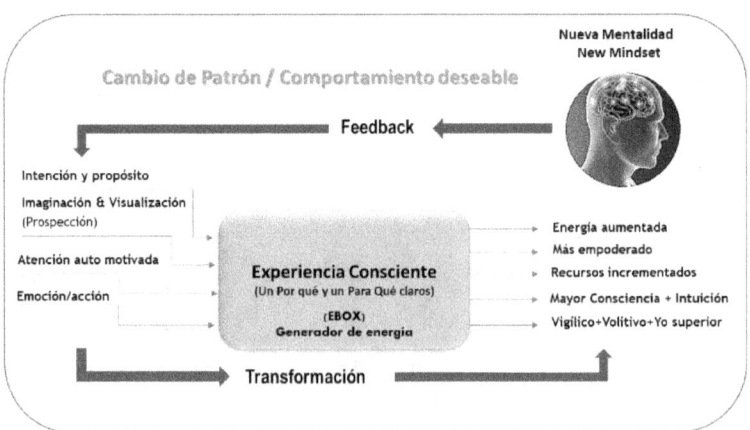

Figura 8: Modelo de transformación de JORG

El modelo de JORG fue creado a partir de la idea de vivir conscientemente una experiencia, con intención, visualizando lo que quería vivir, cada detalle, haciendo uso de la imaginación, foco en lo que deseaba, sabía que la atención era clave, deseaba descubrir si viviendo al máximo el momento presente provocaba un cambio de energía, y una sustancial diferencia en los resultados de aprendizaje intencionado. Ya sabía del poder de la atención; pero debía poner un ingrediente poderoso, las emociones, los sentidos bien agudizados y mucha motivación. Tenía un propósito claro, un para qué, tenía la intención, muy entusiasmado, lo tenía todo. Es todo lo que nos ha dicho la ciencia, pero ahora en una caja (EBOX). Las cosas merecen tener un sentido práctico, es por eso que reúno, de varios científicos, sus aportes para construir una forma de vivir la experiencia y que esta pueda ser creada con intención de ganar *momentum*. Puedes tomar pequeñas experiencias o grandes experiencias hasta conformar una personalidad en el *top* de la evolución del SER. Pero como he dicho aquí y en "El Desafío", el elefante se come por pedacitos. Lo que es igual en la PNL (Programación Neurolingüística), *"dividir en partes pequeñas"*. Esta forma de abordar las metas fortalece tu carácter y tu personalidad, lo puedes ver como los campeonatos, en los que atletas de alto desempeño participan antes de ir a las olimpiadas.

La imaginación y la visualización, antes de la experiencia, como se describió en capítulos anteriores, es un recurso poderoso, la prospección en la persona, en el líder, es la oportunidad de ir preparado. Eso hace la prospección, te prepara para el momento futuro, es preparar tu nivel de consciencia para lo que viene, y esto tiene que ver con el hecho de estar en lo observado y lo vivido, sin separarte de él. Es vivir el *feedback* en toda su amplitud, inclusive desde el momento en que comienzas a visualizar la experiencia futura. Eso hace el Modelo de JORG. Toda esta orquesta de información que entra y sale de tu mente, conformada por escenarios, con una experiencia de simulación recurrente, como lo hiciera el software más perfecto, pero esta vez creado por tu mente; genera una serie de cambios en tus percepciones, tus emociones y actitudes, generando comportamientos que van a favor de la intención declarada para la experiencia seleccionada.

Hay cambios que suceden en ti permanentemente, solo que a veces no te das cuenta, por eso la importancia de controlar tus pensamientos, dado que pueden terminar por anclarte al piso. Es este mismo poder, revertido, consciente, con la intención de crecer y transformarte para ganar campeonatos, lo que hace que tu personalidad se construya sobre fundaciones que harán de ti una persona de impacto e influencia. Así se forman las personas que deciden transformar a las sociedades del mundo. Así cambiamos totalmente la experiencia, cuando somos quienes decidimos cómo va a ser. No debe ser accidental, el momento es único, lo estoy creando conscientemente, la oportunidad es única y es cuando lo aprovechamos al máximo.

Ser la clase de personas que logran convertirse en la excepción, los que deciden honrar la vida y servir a la humanidad, ¿no es maravilloso?, si crees que esto es una utopía, quiero que observes bien a tu alrededor, verás la cantidad de personas que decidieron creer, ellas están haciendo algo que otros no hacen. Estas personas decidieron ayudar a otros sin esperar nada a cambio. Son muchas las que decidieron conquistar sus sueños, y allí están, disfrutando de su conquista. Cuando haces esto, es porque estás en abundancia. Estas fuera del común de las personas, ¿qué piensas? ¿Crees que el éxito es algo complejo, crees que es solo lanzar cohetes al espacio? ¡Te equivocas!

Decide transformarte, ve paso a paso, te darás cuenta que con cada cambio llevado a la práctica tu mentalidad, tu actitud, tu inteligencia y el poder de tu voluntad se fortalecen, y cuando esto sucede, ya no deseas detener tu evolución.

Así ocurre la transformación cuando decides no rendirte con tu cuerpo, mientras tu alma esté intacta, y decidas poner tu voluntad y tu poder al servicio de tu naturaleza y de las personas. Ser una persona de resultados y liderar tu vida como los dioses, es posible, no solo es tu decisión, ese es tu regalo *by default,* no hay discusión en esto. Lo más difícil es que una persona no tenga éxito en la vida y, sin embargo, lo logra porque decide renunciar a sus virtudes, inteligencia y recursos con los que fue dotado. Nadie tiene ese poder para hacerte extraordinario, ese poder de elegir ser extraordinario es tuyo. Así que, anda y ve por él. Sal de ese sofá cómodo y elige despertar y trabajar para ti. Algún día podrás saborear la libertad de la que te estoy hablando. Tienes un poder que no puede estar alejado de tus sueños, por el contrario, debe aproximarse en alta velocidad hacia ellos.

Hoy en día existen algunas organizaciones, con mucho poder económico y político, interesados en mantenernos dormidos, la distracción es su mejor recurso. La distracción es directamente proporcional a los fines de control y riquezas que persiguen estas organizaciones. Muy egoístas, en mi modo de ver las cosas, pero de algo estoy claro, cualquiera que sea la oferta en la calle, la decisión de tomarla o no pertenece a cada individuo. Ser víctima también es una elección. Una comunidad bien educada, muy crecida espiritual e intelectualmente, buscará grandeza, buscará el servicio y la cooperación para metas más elevadas. El único remedio a esto es que rompas cadenas, esas que te mantienen atrapado al pensamiento colectivo, a la tendencia, a las mismas aspiraciones muertas de una sociedad que no muestra evolución y sigue esclavizada a los designios de otros, con el solo propósito de controlar los resultados para su propio beneficio y no lo que es beneficioso, en muchos casos, para la raza humana.

Despierta y te aseguro que, no solo retomarás de nuevo el control de tus actos y de tu vida; sino que empezarás a disfrutar del cambio, tus percepciones, esa manera en la que ves tu entorno y el mundo cambia a tu favor. Saber que tienes este poder para transformarte cambia la forma en que ves a las personas, y si estás formándote como líder o estás en esta posición, habrás desarrollado una ventaja competitiva difícil de superar; te habrás topado con la piedra filosofal de los alquimistas, lo decía en "El Desafío"; porque fuiste creado para ser extraordinario.

> *Estoy decidido a triunfar en esta vida y en la próxima si el espacio existe, en caso de que este no sea posible, le haré lugar.*
>
> Jorge Luis Guillén

Quiero que pienses en eso que deseas para ti y respondas algunas preguntas, como: ¿Qué quieres conseguir?, si pudieras proyectarte al futuro, ¿cómo te gustaría verte? ¿Cómo imaginas el futuro si ese proyecto que tienes en mente se da? ¿Qué te impide llegar a él, si es el caso?, ¿qué pasaría si no hubiera límites? ¿Qué emociones hay dentro de ti cuando te planteas ir por el cambio que deseas? ¿Qué resultados quieres conseguir cuando te planteas un cambio o un proyecto?

Son muchas las preguntas que pueden plantearse, ¿cierto? Te aseguro que habrá muchas respuestas tan inteligentes como lo sean las preguntas. Eso haces cuando te decides por el cambio con intención. El cambio es experiencia vivida, la vida es experiencia. Cuando te vas a vivir una experiencia consciente, intencionado a desarrollar una conducta volitiva, creces, te expandes. Experiencia tras experiencia vividas en este modo, con intención y propósito de elevarte a un Yo superior, más inteligente, tu vida cambia, porque cambiarán tus resultados con tu nueva mentalidad. Quieres riquezas y abundancia en tu vida, allí están, ven y tómalas.

¿Quieres resultados diferentes? ¡Despierta! ¿Quieres liderar con un talento desligado de los viejos paradigmas y modelos secuestradores de la inteligencia, el talento, la creatividad y la innovación? ¡Despierta primero!

Una persona que logre despertar, recuperará con certeza el poder para transformarse y transformar a otras personas. Jamás renunciará a su inteligencia superior, porque habrá salido del closet del conformismo. Jamás hablará como un perdedor, siempre hablará desde las posibilidades, la esperanza y el optimismo. Siempre tendrá una razón poderosa para perseguir sus metas, es quien ha desarrollado el poder para transformar realidades, y él lo sabe. No existe nada en el mundo que lo pueda detener, y no me hables de la muerte, porque vivir una vida exitosa, es vivir en elevación permanentemente, y esto implica que jamás dejarás de hacer y crecer en el camino hacia la sabiduría. La muerte es solo un evento ejecutado. El que vive el éxito, en cambio, triunfa sobre la muerte muchas veces; de manera que cuando esta llegue, solo nos quedará darle una buena lección de honor.

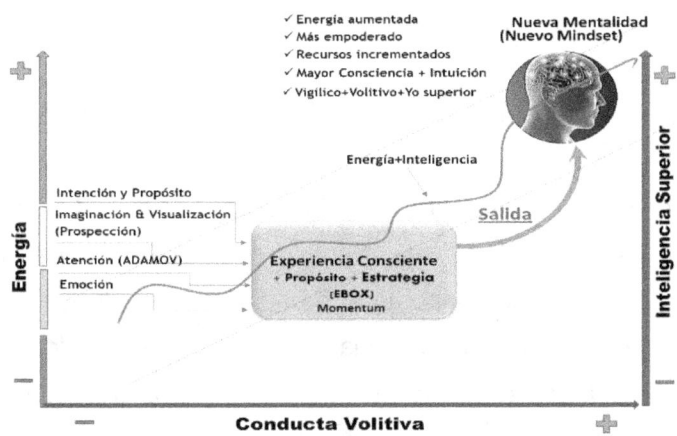

Figura 9: Transformación de la conducta según Modelo de JORG

Aún en mi memoria, fue el 8 de febrero de 2022, el día en que decidí vivir la experiencia de certificarme como buzo de aguas abiertas (Open water diver + Nitrox32 Option). Fue el comienzo de las clases teórico-prácticas, y el 18 de febrero del mismo año, ya estábamos rumbo a cruzar las montañas que separan a la Playa (Bahía de Cata) de Maracay, nuestra Ciudad Jardín. Llegamos, lo dije en voz alta, ya estamos próximos a la acción, súper entusiasmado, más que por la experiencia extrema, lo era por lo que iba a pasar conmigo después de esa vivencia. No podía dejar de contemplar aquel momento. Todo lo que imaginaba estaba en la transformación y eso me elevaba mi estado de energía y mi consciencia, tal y como se expresa en la figura 9. Eran las 8:00 a.m., después de un desayuno a lo venezolano, muy suculento, nos preparábamos para las inmersiones en aguas abiertas, en un día soleado, con gente alegre y entusiasta, un día para disfrutar, para conectar con algo grande, ese era el sentimiento y la emoción del momento.

Todo estaba servido para mí, era uno de los deportes extremos en donde deseaba certificarme, antes ya lo había hecho con el paracaidismo; sabía que, al saltar del avión, nada impediría irme a la aventura nuevamente, sería un punto de inflexión importante en mi vida, y así lo fue. A partir de aquellas experiencias, tomé grandes decisiones, provoqué grandes cambios y, sobre todo, decidido a transformar mi realidad, deseaba ver las cosas desde un nuevo ángulo. Ahora piso terrenos desconocidos con gran facilidad, decidí emprender, ser independiente, vivir mi propio proyecto personal, soportando todo tipo de presiones y aquí estoy. Siento que he crecido como persona, en mi psicología y en mi capacidad de resolución, cómo pienso, lo que hago con el cambio, cómo definir las estrategias para seguir mi escalada a la cima, perdón, mi nueva aventura, la inmersión en aguas abiertas, algo alienígena.

En la foto, de izquierda a derecha, Alice, Yo (Jorge Guillén), Francisco (Dive Master) y Richard Herrera (Instructor y líder del equipo). Debo hacerles el reconocimiento, porque ellos fueron los actores y cómplices de mi búsqueda y mi propósito, deseaba algo que perdurará en el tiempo y en mi memoria, y sirviera a otros en sus aspiraciones.

Foto fuente propia: Bahía de Cata

En esta oportunidad estaba buscando algo más específico, tenía un propósito mucho más claro, estructurado, con una base científica para alcanzar los objetivos que me planteaba, quería una expansión 10X. Quería generar la energía suficiente y el *feedback* necesario, ese *insight* que me hacía falta para escribir este libro que hoy tienes en tus manos y lees con tanto interés. Estoy seguro de que esta obra te ayudará también en tus intenciones de ser mejor persona.

Estaba decidido a vivir esta elección de manera diferente, con la mente en la intención, con la creencia en mí proyecto, comprometido y dispuesto a dar lo mejor de mí. El resultado no fue otra cosa que magia, se encendieron las bombillas y la energía al final, un *momentum* vibrante, lo que quería, activar el flow, un estado pico, para la creación sin vacilación, enfocado en la meta. Como les dije, esto es generativo, atractivo; es una ventaja competitiva insuperable, aprender a desarrollarla te hace diferente, te hace confiar ciegamente en tu talento individual; pero también en el colectivo, porque reconoces que esta capacidad de generar *momentum* la tenemos todos los seres humanos. El modelo transformacional de JORG está diseñado para enfocarte y sacar lo mejor de ti.

Quería desarrollar y comprobar una herramienta para el cambio, generar energía, crear sinapsis, hacer cosas de super humano, activando el sistema de alerta, el filtro selectivo del cerebro, porque no estaba dormido, estaba consciente y despierto, en alerta máxima, sabía que algo distinto iba a suceder. Quería energía, allí la sentía, sentir lo que estaba viviendo al máximo y ahí estaba con todos mis sentidos en alerta, con muchas expectativas, pero relajado y en *flow*; porque estaba consciente y confiado en que iba a experimentar lo que yo había creado en mi imaginación, sentía que iba a darse de manera mágica, la magia la estaba creando Yo, y eso me hacía reflexionar en la clase de persona en la que me estaba convirtiendo.

La verdad llegó, mucha información se revelaba ante mis sentidos, viví esa experiencia muy conectado con mi ser y mis recursos, sentía que tenía el poder para ver y sentir lo que muchos no podían alcanzar percibir, porque ya lo había imaginado antes. Era mi nivel de consciencia, la intención, mi conexión con mi mundo interior, con ese "para qué" claro, atención plena y automotivado, enfocado, con todo mi ser puesto en el momento que decidí vivir, fuera de la distracción. Así fue, estoy escribiendo esta historia para ustedes, un modelo de transformación de estado que permitiera a las personas auto empoderarse y desarrollar capacidades y facultades de superhumanos, porque así nacimos y es algo que no te puedes negar.

Marco Aurelio, filósofo, el último de los cinco emperadores buenos que tuvo Roma, decía que;

"...la vivacidad de genio no es una cualidad que nos es dado a todos poseer. Conforme; pero hay otras muchas cosas de las cuales no te está permitido decir: No tengo aptitudes para eso..."

Al ser humano le fue también negado dudar de su naturaleza, sus capacidades, sus recursos, esos dones que, no hacen más que recordarte que naciste para ser un ganador. No hay razón para dejar de creer en ti. Pero tampoco hay argumento alguno que te haga dudar del talento de las personas que te rodean. Si estas aún no logran desempeñarse de acuerdo a sus capacidades y tus expectativas, intenta otra cosa; pero recuerda, no siempre el problema está afuera. De lo que sí estoy convencido es que, todas las personas pueden cambiar y tienen los recursos para lograrlo. El liderazgo es clave, es el elemento clave para promover el cambio necesario y crear el espacio para que las personas alcancen ese nivel de conciencia y empoderamiento para crear valor, y con elevada felicidad.

Era mi decisión, mi elección libre, las circunstancias y mi voluntad de hacerlo, un deseo vehemente, el de crear este modelo de transformación, aplicable al mundo de las organizaciones y para las personas, en cualquier faceta de la vida. Un esquema práctico y claro para todos, en donde se establecen las expectativas de determinada experiencia, que son las entradas; luego se vive el proceso consciente en la experiencia, salidas (resultados), tu transformación, tus ganancias, tus nuevos recursos y el *feedback* que te ayuda a reflexionar, a refinar y a mejorar constantemente; pero ahora más vigílico y consciente, al comprender el poder de tu mundo interior.

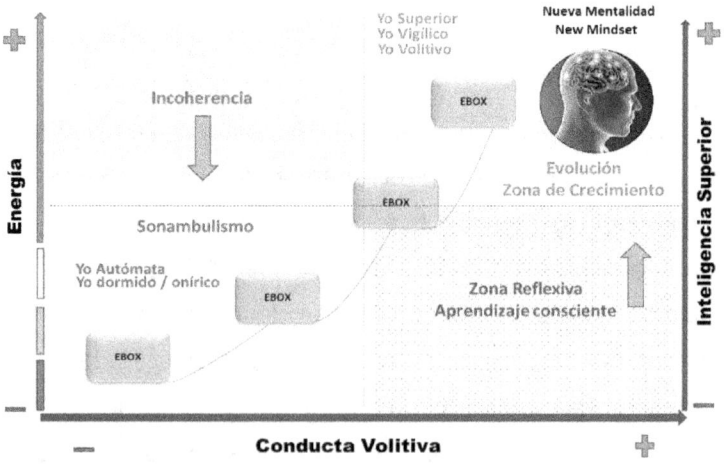

Figura 10: Cambio de personalidad (conducta volitiva)

Esa experiencia consciente, representada como "EBOX", en la figura 10, es una caja de energía; es una fuerza interna que te inspira a seguir, esto es poder en forma de voluntades, es verdaderamente transformador. Puedes vivir una o más experiencias intencionadas para crear momentum, consciente, muy especialmente cuando estás frente a algo grande, una decisión de cambio personal o cualquier desafío que te hayas planteado. Tiene mucho poder cuando sientes que no terminas de decidirte; aplicar el modelo de cambio de estado de JORG te ayuda al arranque, te impulsa a actuar con determinación, desde tu mejor estado de *flow,* con mayor confianza en tus recursos. Pero, te haces de un poder descomunal, cuando alcanzas la maestría en esto; eres capaz de repetir actos conscientes hasta que te haces de una vida con sabiduría, es transformación, evolución, es una fuerza que te conecta con tu inteligencia superior. Te haces de una voluntad que no se doblega ante nada.

Si vives más consciente, y si estás decidido a comprender lo que aprendes, el cambio de personalidad se hace presente. Cuando sientes que lograste aquello que te habías planteado, o te esforzaste para hacerlo posible, tu mentalidad cambia, así como lo hace tu personalidad, y esto es muy poderoso. Siempre experimentas un cambio ascendente, porque aceptas y comprendes operar en ambientes complejos, aceptas los hechos desde la neutralidad, porque sabes que esta forma de percepción hace que tu mente se abra a la creatividad y a las soluciones. Sabes que no existe perfección en la vida ni en los hechos; pero tenemos el poder de la reflexión, que es *feedback,* el cual vimos en profundidad anteriormente, hemos conocido su poder, está allí y una vez que decides tomarlo, usarlo para tu propio beneficio y crecimiento, ¡boom!; te haces de una mentalidad triunfante.

Aprender a empoderarte con lo mejor de tu propia experiencia, te crea una mentalidad que termina por hacerte de un poder de atención dirigida con auto motivación volitiva hacia lo bueno, lo positivo, siempre hacia la búsqueda de sentido para avanzar con mayor fuerza. Este ejercicio crea sinapsis, crea nuevas conexiones neuronales, y te vuelves más agudo y perspicaz. Este ejercicio de foco, en donde pones todas tus energías y recursos en la experiencia que vives con intención, te aleja de la distracción y crea el espacio para la institucionalización de hábitos de alto desempeño.

Cuando aplicas el modelo de transformación de JORG, previamente defines lo que quieres en tu visualización, te vas a la acción con una voluntad de oro y automotivado, vas preparado al campo de juego, porque cuando activas la imaginación, centenares de simulaciones se reproducen en tu cabeza, lo que hace que llegues con los sentidos agudizados a la experiencia, con un *set* de soluciones preparadas por tu mente, como una especie de intuición natural, primigenia a favor de tus propósitos. El impacto en los resultados es brutal.

Cuando decides actuar con intención y con plena consciencia, automotivado, en cada experiencia se producen muchos cambios en ti, como lo muestra la salida o resultados del Modelo de JORG; pero lo que más destaco es tu nuevo SER, tu nueva mentalidad, tu nueva personalidad. Este proceso de transformación es como pasar de ser un atleta con prácticas de garaje, a lo que vive un atleta olímpico de alto desempeño. Es poderoso construir una atención dirigida y automotivada hacia lo bueno, hacia lo importante, tanto en las personas, como en las experiencias vividas. Aprendes a escribir y narrar tu historia, la historia que te empodera, la verdadera, no la que inventas para lastimarte. La manera en que narras la experiencia que vives determinará tu presente y el futuro. No estoy olvidando el poder que tienen los errores en el aprendizaje, que también es de gran valor, ellos serán considerados en el *feedback,* solo que, tu narrativa no será desde la falta o el error; sino desde lo mejor de tu propia experiencia. Cada experiencia (EBOX) llevada a la práctica según el modelo de transformación de JORG, es lo que hace que te aproximes cada vez más a esos niveles de consciencia elevado del cual hemos estado hablando. Una persona que busca actuar con elevada consciencia, que aprende y se renueva constantemente para alcanzar la sabiduría, consigue desarrollar conductas y aptitudes que te acercan a tu Yo superior.

El conocimiento vivo se siente, lo vives en el cambio de energía, sientes que tu capacidad de observancia te hace diferente, desarrollas una vigilia que extrae lo mejor de tu círculo de acción y tu SER. Visualizas con una lente amplificadora los distintos actores de interés dentro tu experiencia, en sus distintos roles, trabajas las metaposiciones, la metavisión, tu atención autodirigida, automotivado, te agudiza los sentidos, te sientes empoderado al conectar con tu naturaleza, al reconocer tu talento y otras aptitudes en ti, te lleva a desarrollar una conducta en donde el compromiso por tus metas te hace indetenible y, por supuesto, te haces más inteligente e intuitivo y eso lo sientes. Es tu Yo superior en marcha. Ver figura 9

Cuando somos niños, aprendemos a vivir el conocimiento como lo hace el vulgo, Ver figura 11, sugestionables, copiando estereotipos del colectivo, esa sociedad con su bagaje, actuando como inyectadora, sembrando en nuestro cerebro cosas que no entendemos muchas veces; pero que se ve reflejado en lo que somos. Este pasa al subconsciente sin mucho filtro, con distracción plena y sin consciencia, sin dirección clara, aceptamos que esa es la forma de vivir el aprendizaje. El resultado de este modo de aprendizaje es hacerte autómata, te momificas con el conocimiento y las creencias que adoptas, aprendes a crecer con lo que llaman conocimiento muerto. Ocurre también con algunos intelectuales y especialistas. Cuando requieres repetición, tipo robot, no hay problema aparente que seas tan automático. Pero mantener el yo autómata toda la vida no es algo que te va a exaltar como ser humano, al contrario, te pondrá barreras y obstáculos mentales poderosos que, con toda seguridad, te mantendrán en la orilla hasta que logres despertar de ese sueño; si es que sucede el milagro. Este solo sucede cuando te haces más consciente y se acrecienta tu deseo de ser mejor persona, sin paradas, porque la mejora personal es continua, no tiene fin. ¿Te puedes imaginar lo que hace este acto sonambúlico en las organizaciones? Solo podrás tener organizaciones sonambúlicas también.

El cambio en el mundo empresarial es muy lento, sin fundaciones verdaderas, muy vulnerable, razón por la que hoy en día existe tan bajo nivel de engagement en las organizaciones. Nos perdemos muchas veces lo importante, más allá de la ambliopía del liderazgo, se debe a los atractores desprovistos de una estrategia inteligente mantenida en la alta dirección en forma de misión, valores, creencias y estrategias. No es solo ceguera o limitada visión, esto también tiene que ver con un conocimiento incompleto que no permite que el talento despegue y se libere de lo que los mantiene dormidos y pasivos.
Cuando las experiencias las vives distraído, sin el poder de la atención y el foco, sin una aspiración, la experiencia muchas veces te vive, te consume y solo queda en ese momento, sin transformación, no generas energía suficiente para automotivarte, no hay mayor crecimiento en

esta forma de vivir el momento, solo se produce una especie de esclavitud a eso que has decido proteger como creencia. No se consigue evolución ni trascendencia bajo este esquema. Hay algo peor, te acostumbras a vivir según lo que el mundo te brinde, y no lo que tu procuras con él, porque ha sido tu elección. Como he dicho, pierdes, inclusive, el poder de elección, porque ya te desconoces; y no te has dado cuenta que se debe a la renuncia de considerarte un ser autosuficiente y dotado de un talento universal.

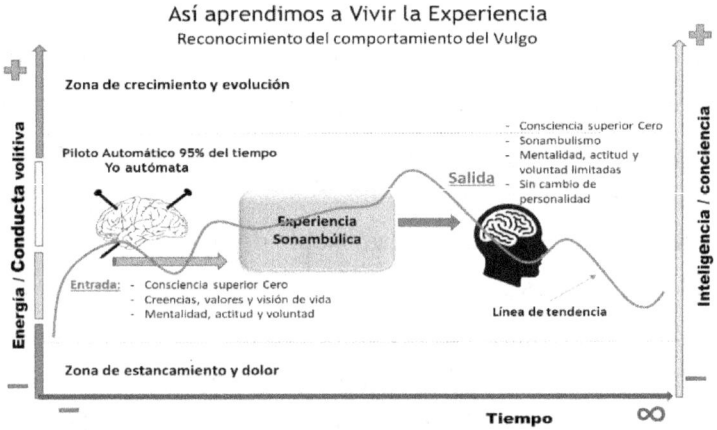

Figura 11: Yo autómata / Yo Sonambulismo

Sucede que esta expectativa de vivir la experiencia es la que aprendió el vulgo, una clase de estándar mediocre, que proviene de la inconsciencia de la población. Muchas personas viven la experiencia de esta manera, inconscientes, porque no existe un interés por el despertar de la humanidad. Así aprendimos, nadie nos dijo que estaba mal, nadie nos advirtió del impacto de crecer a partir del pensamiento, las experiencias y las historias contadas por el común de las personas.

La manera en que el vulgo alcanza su estándar, ese nivel promedio del común de las personas, sin lograr descubrir nunca el poder sin límites del que fueron dotados, no les permite destacar. No les permite liberar todo ese potencial, sencillamente porque no saben que existe, ven de forma extraña a las personas que hablan desde las posibilidades, desde el poder de atraer lo bueno, hacer posible hasta lo imposible, hacer los sueños realidad. Para el común pensar en las posibilidades, es solo un rezo a Dios y al universo, prefieren la espera de una clase de premios o lotería, o sencillamente un encuentro accidental con la suerte.

Esa capacidad infinita que tienen las personas para generar riqueza infinita, está ahí, más que renuncia a ella, es el desconocimiento pleno, la ignorancia. Cuando crees que tu forma de ser es perfecta, en ese sueño sin reconocer, nada cambiará, no harás nada que sea diferente. Operar bajo esa condición tan limitada produce sueño y sonambulismo. Todos desean riquezas; pero se desconoce el camino hacia ella. No es llegar de un salto, es comprender y vivir el proceso virtuoso que hace el camino hacia esta. La riqueza no solo es la que proviene del dinero, sino también de aquel listado incorruptible de aptitudes, actitudes, recursos, cualidades, conocimientos, rasgos, inteligencia y buena dosis de mucho amor. Pero, sucede que es algo que resulta invisible a muchas personas.

¿Cómo salvarte de este secuestro mental que te aleja de las oportunidades? La respuesta es: ¡DESPERTANDO! Lo que sucede después de este despertar es tu libertad, tu evolución y la exaltación de un SER súper estelar que tiene derecho a alcanzar su libertad y su grandeza.

Cuando hablamos de liderazgo las exigencias son altas. Queremos personas despiertas, con consciencia elevada, capaz de crear significado sin importar cuáles sean las circunstancias, con mentalidad abierta, capaz de expandir su capacidad de observación, capaz de dirigir su inteligencia, su atención, sobre lo que es verdaderamente importante. Es saber comprender, no es solo entender, comprender el contexto de las cosas, aprender a conectar puntos, aprender a amplificar su lente, ser holístico y unirse al todo. Significa tener capacidad para crear una red de talentos cooperantes, es dirigir su mente a construir una energía colectiva y lanzarla sobre aquello que los impulsará hacia la excelencia. Se trata de sacar lo mejor para crear una ventaja competitiva difícil de vencer, el empoderamiento de su gente es la clave. Para ello el líder debe lograr atraer, captar y mantener en completa armonía al talento humano, enseñarles a usar la mente para ponerla al servicio de su propia naturaleza humana, es allí en donde se encuentra el camino que lleva al ser humano al reconocimiento, esa mirada profunda a su interior, ese lugar en donde se encuentra su "impronta de superhumano".

El desafío con el talento humano es hacerles creer que ellos son la magia, las fuerzas, el poder y la voluntad de una organización para hacerse de una posición privilegiada, aún dentro del mercado más competente. Es saber que tienen todo para merecer la medalla de oro, como en las olimpiadas. Nadie se prepara durante cuatro años para perder, todos quieren ganar. Ganar es importante también, aunque para ello no requieras ganar todos los juegos. Ganas solo si logras atraer a las mentes más audaces, que tengan la capacidad de descubrir cosas, aquellas que pudieran estar ocultas, inclusive, a los ojos de muchos. El talento humano debe tener esa hambre por explorar, ser curioso, buscador de la verdad, ese que sabe que pensar es su mejor arma y no le teme hacerlo, por el contrario, ama el pensamiento en todas sus formas. ¿Acaso no deseamos atraer y empoderar a las personas para buscar desarrollar ese ingenio, agudeza y sagacidad para llegar a la cima con todos?

Esta historia, con basamento científico, es para tener una idea de lo complejo que es trabajar con personas, el impacto de sus creencias, sus valores, el bagaje cultural y la diversidad existente. Como líder, procure pensar y atrévase a descubrir a su gente: ¿qué aspiran y sienten, ¿a qué son leales?, ¿qué ambicionan?, ¿qué visión tienen?, ¿cuál es el nivel de compromiso con la empresa y los objetivos?, ¿por qué dicen lo que dicen?, ¿qué esperan o aspiran de los líderes?, ¿con qué sueñan y qué los mueve? ¿Qué es eso que los haría darlo todo hasta el final por la visión de la organización? ¿Qué les impide alcanzar lo que desean?

Tienes que conocer a tu gente, más allá de las encuestas, más allá de tu escritorio, allá donde está la acción se encuentra tu equipo de trabajo, tienes que conectarte con ellos, el acercamiento es relevante y necesario, la comunicación en alto nivel es fundamental, tu mirada hacia ellos, tu involucramiento y el respeto por la realidad de cada individuo es de importancia suprema para transformar a la organización. Nadie cambia si no existe una visión mejor de lo que se tiene. Las personas muchas veces son haladas hacia el confort y la tranquilidad, solo porque piensan que hasta allí llega el mundo y la oferta. Creen que su *performance* actual y los resultados que obtienen están bien, les garantiza el cumplimiento de sus objetivos; pero no se dan cuenta que hay una cima para ellos, por eso no siguen subiendo.

No te quedes con lo viejo y tradicional. El talento humano se gestiona conociendo quiénes, y qué más son los seres humanos, este se gestiona con sabiduría, porque la pregunta ¿qué más somos? Es una fase de evolución, es espiritualidad, trascendencia y esto te conecta con una energía, un poder que te hace conectar con tu consciencia superior. El Líder de hoy debe tener la capacidad de transformar y cultivar a las personas, debe tener la capacidad de diseñar el nuevo proceso para equipar al talento humano, donde estos aprendan a ambicionar su bienestar, su felicidad y perseguir su proyecto personal, personas que sean capaces de reconocerse y decididos a desarrollar una conducta de campeones, con voluntad sin límites hacia la superación personal y profesional.

Hasta este momento, quiero que pienses lo que se siente prepararse, formarse y transformarse. Cultivar tu mente te brinda la posibilidad de brillar en todos los ámbitos, y avivar en otros su llama interior. Desde el liderazgo consciente, puedes provocar grandes cambios en tu entorno, puedes ayudar a las personas a vivir y disfrutar de todo cuanto les ha otorgado la naturaleza, el de descubrir de qué están hechos realmente y desatar todo el poder para crear todo aquello que pueda beneficiar al todo y las partes.

Las personas que logran comprender los beneficios que nos brinda el compromiso de ser mejores, y el valor de la disciplina para no desmayar en la tarea de contribuir con las sociedades del mundo, nunca detienen su evolución, siempre tienen hambre de conocimiento y de cambio, siempre están persiguiendo un proyecto. Son los que han construido un espíritu competitivo, viven entrenando y renovando energías, saben que cada intento por ser mejores lo vale, se vuelven autosuficientes, les encanta la excelencia, se vuelven alquimistas, altruistas, son la clase de personas que jamás temen a lo nuevo, no se rinden nunca. ¿Acaso no es esto fascinante, atractivo, y encantador; ver que esto suceda con las personas?

¿Qué creen ustedes que pasará en las organizaciones si los líderes consiguen desarrollar este conocimiento acerca de las personas, la gestión del talento humano, no creen ustedes que estaríamos más cerca del 80% en *people engagement* y de la verdadera transmutación en las organizaciones?, ¿Qué piensan ustedes que pasara con el liderazgo en las sociedades del mundo, estás de acuerdo conmigo en que se fortalece, con una mente sin límites, sin restricciones, ni complejos?

No hablo de solo gestión de recursos para obtener un número y ya, estoy siempre enfocado en los resultados que tienen que ver con las personas, su evolución, particularmente estamos hablando de brindarles autonomía y libertad con responsabilidad para autogestionarse, para auto empoderarse, aceptar lo que son y no rendirse jamás, inclusive cuando se encuentran frente a un reto considerado difícil, hasta imposible.

Soy atraído por personas que creen en la grandeza de la raza humana, esas que no ponen límites en su avance por ser mejores, esas que aman alcanzar lo imposible, esas que han sido capaces de alcanzar el grado de consciencia que los lleva a dar lo mejor de sí; son quienes se han convertido en superhéroes, esa clase de personas que cuando hablan edifican con su lenguaje de líder, ajustando la realidad del mundo, abriendo la ventana más conveniente para que las personas sigan creyendo sin perder la esperanza, haciendo lo que saben hacer mejor, inspirar y conseguir que las personas se automotiven para conseguir también su ruta hacia algo más transcendental.

Los líderes que, con las competencias necesarias para dirigir una organización, tengan competencias humanas, con una conciencia elevada y vigílica, que esté deseoso y comprometido con alcanzar la sabiduría, indiscutiblemente se convertirá en modelo de liderazgo del mundo. Un liderazgo con estas características supera con creces cualquier liderazgo que solo se enfoque en tecnología y números.

Se necesitan muchas cosas para alcanzar las mínimas aspiraciones de un trabajador o empleado para elegir entregarse a una organización, quererla, amarla, sentirse identificada con la visión y, además, defenderla y alinearse con todo lo que representa.

Siempre han sido las personas el centro de la vida, todo lo demás es relleno. Las personas son las piedras grandes en una organización, el resto de los recursos deberán ponerse al servicio de estas para que ocurra una verdadera transmutación en las organizaciones. Una persona, sin importar su puesto y el nivel de responsabilidad, debe tener aspiraciones elevadas y debe sentir atracción por su grandeza, sentirse orgulloso de su aporte y sentirse pleno en donde consiga desempeñarse. Este compromiso por hacer bien las cosas, esta hambre de querer ser reconocido por quien es, y por lo que representa, se desarrolla cuando te centras en las personas. Sentirse único, importante y valorado, te hace sentir orgulloso, no solo por tus conquistas, sino por ser el modelo de superhéroe para tus seres queridos y entorno. Eso despierta el espíritu de ganador a cualquier individuo, jamás se detiene, se vuelve una persona de acción, con mucha hambre de éxito.

Este es el desafío para el liderazgo, provocar esta transformación. Servir de puente para que las personas encuentren significado en lo que viven y hacen, es hacer que el ser humano crea en sus capacidades para transformarse y crear impacto positivo en su entorno. Es hacer que se sienta grande, fuerte y poderoso. Es lograr que el individuo tenga hambre por sus metas más elevadas, que las sienta logrables, que se sienta atraído por estas, incluyendo su propia felicidad.

Ahora me encuentro disfrutando de lo que siento en este momento, al decidir vivir la experiencia a partir del modelo de transformación de JORG. Siento una vez más que puedo hacer cualquier cosa que me proponga, con la confianza de que lo puedo lograr sin restricciones, con la energía necesaria, además de conocer cómo generarla. Cuando confías en ti, no existen razones para la renuncia o las excusas para abandonar o procrastinar una idea de cambio o un proyecto.

Elevarte con cada experiencia, no solo te hace ganar recursos, herramientas con las que no contabas antes, sino que te vuelves un ser atípico, atractivo, elegible, único y diferente al resto. Te elevas, aumentas tus competencias, tu intuición crece, te sientes con poder, porque tienes confianza en lo que te has convertido.

Antes escuchabas acerca de la intuición como algo abstracto, el sexto sentido; pero ahora tienes más consciencia sobre ella, puedes fortalecerla, puedes transformarla, y esto es algo apreciado por muchos en las organizaciones. Las personas te prefieren, se te abren más los espacios para crecer, porque ese es el llamado cuando se habla de ser efectivos y audaces.

Dispersión a cambio de genialidad.

Hemos hablado de la distracción muchas veces; pero quizá no con la conciencia puesta en la mayor pérdida a la que puede estar sujeta una persona, su propia razón, su inteligencia, su genialidad. La ausencia de consciencia puede hacer que pienses que todo está bien, que eres perfecto y que no te falta nada; pero no sabes por qué sientes la desesperanza y el miedo cuando llega la tarde y justo al amanecer. Una mente dispersa, es una mente con poca capacidad de concentración en lo importante, carente de foco; es una mente que se pierde en la información, lo relevante del momento, lo que conlleva a una pérdida de efectividad y productividad, afectando, de hecho, la toma de decisiones. El problema no es el error del momento, el problema es que una mente que vaga, una mente dispersa, que repite estos patrones, es una mente que alcanza la maestría en distracción.

¿Si estuvieras consciente de que pierdes inteligencia cuando entrenas la distracción, lo harías? ¿Si supieras que alcanzar tus sueños es posible cuando disminuyes la distracción y te enfocas obsesivamente en lo que deseas, seguirías distraído? ¿Sabes que ganas vivacidad de genio cuando eres capaz de poner tu atención plena en lo que es importante? Estoy seguro que nadie quiere perder voluntariamente el talento o desperdiciar sus dones; pero sucede accidental o por ignorancia del saber necesario, por eso se corre el riesgo de perder grandes oportunidades, algo que predomina en la sociedad actual. No todo el mundo está dispuesto a invertir tiempo en prepararse continuamente para ser mejor. Pasa también que muchas desean lo mejor; pero que sea fácil. Una realidad dura. Los grandes premios no se alcanzan en la zona del conformismo y el facilismo. Hay una carencia de conocimiento en la humanidad, y esto hace que las personas permanezcan dormidas, ciegas, sordas y mudas ante esta verdad.

Las empresas deben cambiar radicalmente la forma de gestionar el conocimiento, desde la red de talentos; debe haber una propuesta disruptiva para maximizar los resultados. Es necesario atender el desperdicio y los altos costos como resultado de haber cedido la genialidad de las personas al terreno de la distracción. La ausencia de una red de talentos crítica no permite crear consciencia elevada en las organizaciones, y estas luego se ven atrapadas por una fuerza magnética, casi que destructiva, en donde predomina lo básico, lo mínimo necesario, algo muy común en las organizaciones sonambúlicas.

> *"El trabajo es duro. Las distracciones son abundantes. Y el tiempo es corto".*
> Adam Hochschild.

Las organizaciones pierden su creatividad y capacidad innovadora porque alguien se distrajo, y este hecho no es excluyente a la red de talentos; la distracción puede alcanzar a todas las áreas funcionales. Es muy fácil errar si la atención no es autodirigida por una mente consciente.

Una mente dispersa, se confunde, duda, hace que las cosas parezcan difíciles; y hasta imposible. La pérdida de foco cambia tu forma de pensar, tu actitud, tu voluntad y tus energías. Una mente distraída es una mente propensa a renunciar más fácilmente a los retos y metas. Es una verdadera lástima conformar un carácter suave para atender solo las cosas fáciles en la vida, te lleva a creer que no eres merecedor de lo mejor. Sería un total desperdicio no poder darse cuenta de nuestras capacidades para lograr lo que podemos lograr por naturaleza, y este límite no es conocido aún, se pierde de vista.

Si todos conociéramos la fuerza y el poder que tiene la atención y el foco para hacer posible lo imposible, quizá no existiera el poder de las redes sociales; tendríamos potencialmente al talento humano pensando en hacer grandes transformaciones en las sociedades del mundo. Lo mismo pasa en las empresas, menos distracción en la red de talentos, mejor aprovechamiento de los recursos para alcanzar resultados sobresalientes. Incrementando el poder creativo, el valor de la organización y aumento del nivel de competitividad y de riquezas.

La mente dispersa, vive una realidad diferente a sus propias aspiraciones. Una mente distraída desea que la suerte llegue, sin saber que lo que aspira realmente es el éxito. Solo que no creen que este existe para sí. Las personas no se dan cuenta que cuando van dejando a voluntad la distracción, incrementa exponencialmente su capacidad creadora e intuitiva.

> *"Las personas exitosas tienen enfoque. No se distraen fácilmente e ignoran cosas que son completamente innecesarias".*
>
> Penélope Holmes

Como dice Robin Sharma *"Una adicción a la distracción es el final de su producción creativa".* Es importante cultivar la importancia de alimentar nuestra razón, nuestra alma, no hay forma de doblegar tanto poder y tanta divinidad existente en ambas. Si pudiéramos mirar a la razón, si tan solo pudiéramos escucharla; nos abriremos al milagro de reconocer que existe sabiduría y amor en ella, es ese amor a tu ser lo que hace que no tengas permitido renunciar a ti.

Una persona que es capaz de llegar a dudar de sus aptitudes y actitudes, es capaz de desconocer, inclusive, el poder de su voluntad; halado por el hambre de control que ejerce el poder distractor. Una persona es capaz de abandonar el poder del pensamiento, por la ausencia o falta de tiempo; porque no se da cuenta que su vida gira en torno a la distracción. Es como tener secuestrada la consciencia, la razón y la inteligencia. La genialidad se minimiza frente a la dispersión, porque no sabe que su poder es superior. Es como cuando un halcón se cree gallina, ansía volar alto; pero porque no lo cree posible, desconoce su naturaleza. La distracción nos roba el tiempo y nos hace pensar que estamos sobrecargados de cosas, cuando realmente no es cierto.

> *«No es que tengamos poco tiempo,*
> *sino que perdemos mucho»*
> Séneca

Cuando te decidas por dar rienda suelta a tu genialidad, es cuando sentirás libertad, es tu libre albedrío quien comienza a sentirte y se alegra por tu renacer. Es tu consciencia quien comienza tu propia reconstrucción, es tu mente libre para crear, es tu inteligencia la que comienza a dar alas a tu imaginación, es cuando miras más al futuro con deseos de conquista, eres tú y tus sueños dándose la mano, son tus emociones cabalgando libre, con fuerza que te impulsa como flecha en arco, apuntando a tus ambiciones más elevadas, y que ahora las sientes como una fuerza magnética que te atrae con gran poder; porque te haces consciente de que has recuperado tu voluntad de oro y ahora confías más en ti; ahora te quieres hacer de todo cuanto el mundo te ofrece, ahora no deseas parar de escribir, así lo siento. Ahora tienes la intención de llegar alto, ahora te reconoces, ahora te haces de una mente enfocada en lo que has decidido SER. Sientes que el orden llegó a ti, ha sido un despertar, ahora puedes pensar, soñar y creer en ti.

Es importante reconocer que la mente entra en *flow* cuando nos hacemos más conscientes, la distracción muchas veces nos pone cargas y pesares que no nos pertenecen. Las redes sociales y los distintos canales o medios de información, a los que somos expuestos, tienen una carga pesada de ocio y basura, carga negativa y deprimida, es lo que más predomina, quieras o no quieras te haces de lo que ves y escuchas. Te haces de una vida que no te pertenece, porque para crear una personalidad triunfante, necesitas enfocarte en tu crecimiento y desarrollo, y no es la información desordenada y sin tamiz lo que hará de ti un ser excepcional. ¿A dónde estás poniendo tu atención? ¿A qué le estás poniendo toda tu energía y recursos? ¿En qué piensas antes de dormir y al despertar? ¿A qué le temes? ¿Qué es lo que amas hacer que hoy no lo ves posible? ¿Qué te impide hacer lo que es importante para tu autorrealización?

Ver al ser humano vivir estos procesos, es como proyectar este espejo sobre las organizaciones. ¿Creen ustedes los líderes que hemos hecho lo suficiente como para hacer cambiar esta realidad? ¿Cuáles pueden ser las creencias a las que nos enfrentamos para seguir sonambúlicos? ¿Están las estrategias declaradas pensando en el talento humano realmente o seguimos pensando en lo material y en las estructuras organizacionales como cajas que se conectan en una hoja digital? ¿Qué sabemos de las personas realmente? ¿Está siendo usada la tecnología de manera consciente y acoplada a sus propósitos? ¿Existe en el plan estratégico de las empresas verdaderas iniciativas orientadas a potenciar el foco y la atención?

Es indudable que la distracción es la amenaza más grande que enfrenta el talento humano, lo es para las organizaciones y lo es duramente para la humanidad. El foco lo manejan muy bien pocas personas, lo han sabido aprovechar; y quizá sea por eso que existe tanta desproporción en el mundo entero, es inconcebible que solo el 2% de la población logre alcanzar estándares elevados de superación y riquezas. Esto sucede porque las personas decidieron ceder el espacio destinado para la grandeza a los que aspiran el control sobre las mentes para beneficios particulares. El ser humano ha cedido mucho de su genialidad a la distracción y ahora se encuentran dominados por riendas digitales que ejercen control sobre el pensamiento, el comportamiento, e influyen en la toma de decisiones en todas las facetas de la vida.

Es necesario que pongas freno a los factores distractores. Expande tu mente, amplia tu horizonte, no es que no tengas oportunidades, no es que el entorno es cruel e infértil, es que la distracción de tu mente te suprime, te nubla la visión, te discapacita para el éxito. Es tu decisión romper los amarres para liberar todo tu potencial y ayudar a las personas a conseguir su libertad, pues es la única vía de honrar quién eres realmente.

Engagement, una aspiración organizacional.

Entre el 70% y 76% de los altos ejecutivos reconocen que *people engagement* es clave para asegurar el éxito en las organizaciones. En los últimos 2 años hemos visto cómo el modelo del mundo ha cambiado drásticamente. ¿Qué es diferente? la interacción social, la forma en que trabajamos y vivimos y, por lo tanto, nuestras percepciones sobre la vida. La tecnología ha avanzado a gran velocidad y nuestra preocupación, la que proviene de los líderes de las empresas de alta tecnología, es: ¿cuál será el destino de la humanidad?, a este nivel fueron formuladas las preguntas. ¿Cómo estos cambios afectarán a las personas, a la humanidad, especialmente con todo el avance que ha alcanzado la Inteligencia Artificial? Todo está interconectado, esa es la razón del por qué las empresas están exigiendo personas altamente educadas y especializadas para guiarlos de manera eficiente y efectiva para lograr sus metas. Así están las grandes preguntas y, por consiguiente, los grandes desafíos para el liderazgo y Las personas en sus distintos roles.

Sabemos que la pandemia ha generado muchos movimientos, grandes cambios, le ha inyectado más complejidad al sistema; pero ha significado también grandes avances para la ciencia y la tecnología. La aceleración es notable; provocando cambios a nivel de paradigmas, creencias, en los modelos de organización en el trabajo y la manera en que socializamos, etc.; y lo que tenemos ahora es el nuevo estatus quo. La forma de trabajar se ha transformado, el compromiso de las personas es todo un desafío, ya que es clave para garantizar el éxito en un mercado agitado y altamente competido. Necesitamos líderes empoderados con un nuevo conjunto de habilidades y actitud volitiva; y la gente debe entender que necesitamos evolucionar y crecer, construyendo una mentalidad modelo para lograr resultados sobresalientes. El liderazgo será clave para avanzar de manera importante en este sentido.

Según algunos informes de empresas reconocidas dice que, *people engagement* se ubica alrededor del 20% a nivel mundial. Significa que solo 20 de cada 100 empleados están comprometidos con su trabajo. Entre 60% y el 65% de las empresas dice que, retener empleados es en realidad más difícil que contratarlos. Y el 70% de los ejecutivos dicen que, el compromiso de las personas es fundamental para el éxito de su empresa. Como se mencionó anteriormente. Esto nos confirma que el centro o el foco debe ser el talento humano; pero nos deja una profunda reflexión. Nos obliga a pensar, procesar, analizar, comprender y hacernos de una estrategia sostenible y no de momento, efectiva y no efectista; para impulsarse con energía en la ejecución impecable de dicho plan. La vigilia debe venir de los más altos ejecutivos, el compromiso debe iniciarse a este nivel.

Hoy en día, más de un tercio de los trabajadores activos están buscando trabajo de forma activa o casual. No hay lealtad, pero no es la normalidad ni es el escenario futuro más probable, solo nos está diciendo que algo diferente, creativo e innovador hay que hacer. Como resultado, en EE.UU, por ejemplo, los empleadores gastan cerca de $3M por día buscando trabajadores de reemplazo. Eso es $1.1 mil millones por año. Es una cifra escandalosa.

Ahora, mire esta opinión proveniente de los empleados, según la investigación de HIILO: 69% de los empleados piensan que trabajarían más duro si fueran más apreciados[16]. Definitivamente, las empresas deben trabajar en su declaración de misión/visión, valores, creencias y la experiencia que están ofreciendo al capital humano, definir muy bien sus atractores. Pero, debe crear un *roadmap, una ruta* muy precisa y cuidadosa para cambiar la forma en que las personas viven sus experiencias, para hacerlas más placenteras y empoderadoras.

Los empleados comprometidos (*engaged*) superan a sus compañeros que no están comprometidos (entre el 17% y 23% más). En general, las empresas con alto engagement son un 21% más rentables. Esto significa que las empresas están obligadas a contratar personal altamente especializado para identificar y aprovechar estas oportunidades.

Habiendo dicho eso, tenemos una gran oportunidad de proporcionar una hoja de ruta con claras estrategias a favor

---

[16] Entre 1924 y 1933 George Elton Mayo participó en un interesante estudio en los Estados Unidos específicamente en la planta de Western Electric en Cicero (Illinois), en este experimento participaron varias personalidades importantes una de ellas Thomas Edison el cuál preside el "...Comité sobre la Relación entre la Calidad y la Cantidad de Iluminación y la Eficiencia en las Industrias..." El experimento se llamó el Efecto Hawthorne, puedes leer un interesante artículo en https://lideractivo.com.ve/efecto-hawthorne/

del compromiso de las personas. Según un estudio de la *Society for Human Resource Management*, el costo promedio por nuevo contrato de personal supera los $4M y alrededor de $986 para incorporar al nuevo empleado. Eso significa que pierde más de $5.000 cada vez que un empleado sale por la puerta, y seguirá en aumento, sin mencionar el costo no cuantificable de perder a un experimentado empleado. Por lo tanto, los empleados que renuncian antes de tiempo generan grandes costos para la empresa. Llevando esto en mente y sabiendo que un poco más del 50% de los empleados estadounidenses no están comprometidos en el trabajo y el 13% están, incluso, activamente desconectados o desacoplados, vaya que es para interesarse. Existe una clara necesidad de que las empresas generen un compromiso positivo de los empleados. Esto es extrapolable a otros continentes, algunas cifras suelen ser más alarmantes.

Por todo lo anterior, las empresas deben invertir más en la formación de su capital humano porque es crucial para asegurar el éxito. Los líderes están obligados a desarrollar planes destinados a empoderar a las personas a través de programas de *coaching y mentoring*. Existe una necesidad suprema de fomentar el compromiso de las personas, reforzando valores, creencias, hacerlos de una conducta y voluntad que los invite siempre a dar el extra, acompañados del nuevo conocimiento, ese que es capaz de autodirigir su propio empoderamiento y su propia evolución, esa que los lleva al desarrollo de una conducta volitiva, llevando a su mente a niveles máximos de inteligencia.

Las personas han estado lidiando con el cambio sin el conocimiento ni los recursos suficientes, el conjunto de habilidades requeridas y la actitud correcta. Las personas y las empresas necesitan creerse merecedoras de estar entre los mejores, las personas necesitan saber que no hay imposibles. Empoderarse es la vía para nunca desmayar ante las dificultades y manejarse inteligentemente con éxito.

La Humanidad necesita cambiar, debe retar a todo aquello que intente vender el conformismo. La comodidad de pensar y actuar sobre creencias que destruyen el intelecto y la inteligencia, como el dicho "prefiero lo viejo conocido que lo bonito por conocer"; hiriente a la naturaleza humana. Las personas deben alejarse de la idea de manejarse en zona segura todo el tiempo. Esto anula el poder de pensar, la genialidad, la creatividad, te hace desconocer tu potencial. El líder debe vender la idea de que la autosuperación es posible, y en un acto de heroísmo, debe librarse de la distracción que le ha limitado en gran medida, al punto de dejarse dominar por la opinión de los más cómodos, otros que han sido momificados y se convierten en fuerzas restrictivas activas. La gente necesita empoderarse con la clara intención de alcanzar la transformación, necesitamos construir un liderazgo modelo, ese es el desafío, y es posible.

Estamos en tiempos desafiantes, por fortuna, es una gran oportunidad para cambiar y renovarse. Es la oportunidad de renacer. La única forma efectiva e inteligente de enfrentar los desafíos con éxito, es encender la llama en el corazón de las personas, es hacer que se enamoren de lo que son, que aprendan a reconocerse y a reconocer a los demás. El reto es crear el entorno adecuado en el trabajo con una cultura y un liderazgo confiables que los inspire a dar lo mejor de sí, asegurando su satisfacción, felicidad, bienestar y una experiencia transformadora, para que se comprometan con la visión de la empresa y trabajen con entusiasmo, muy motivados para perseguir los objetivos marcados con mentalidad de superhéroe, esos que mantienen la esperanza de que la transformación del mundo es posible y trabajan sin desmayo para que esto ocurra.

No hace falta más razones para comprender que un trabajador comprometido, involucrado, es más productivo, más inteligente, prefiere y le encanta la cooperación y la fomenta, es mucho más creativo y se siente vinculado con la visión de la organización. Los recursos son utilizados de mejor forma, aumenta la sinapsis en el equipo de trabajo, se valora la satisfacción, el bienestar y la felicidad, la reconocen y la ambicionan. Una persona comprometida es una persona más consciente, más enfocada y es quien trabaja activamente en mejorar todos los días la experiencia en el trabajo. El contraste sería una persona desacoplada, descomprometida activamente; sufre de estrés, se vuelve improductiva, afecta la moral de las personas en su entorno, es distraída, propensa a sufrir o provocar accidentes, es más costosa. Por todo esto y más, vale la pena empoderar a las personas.

Crear una estrategia para elevar *people engagement,* el compromiso de las personas hacia los objetivos de la organización, y lo que esto representa, implica que se debe, entre otras cosas, entender lo que hacen las personas, sus aspiraciones, sus ideales, en qué creen, qué los motiva a hacer lo que hacen, y qué significado encuentran en hacerlo. Ahora la pregunta: ¿qué deben hacer las organizaciones desde el liderazgo?

1. Reconocer el poder que tiene el talento cuando este se compromete con mente, corazón, cuerpo y alma con la organización. Seguir ciegos, distraídos, o cortos de visión; hará que todo esfuerzo sea en vano. Reconocer es renacer. Si sabes que esto te impulsará hacia el éxito, y así lo piensan el 70% de los ejecutivos de las grandes organizaciones; harás algo para empoderar a la gente si eres el líder correcto.

2. Valorar el talento: es escaso. No es nuevo, solo que en los últimos años esta curva de escasez ha crecido de manera significativa. Esta situación obliga forzosamente a la valoración del talento que ya se encuentra en el corazón de la organización. Muchas

veces descuidados por la misma distracción corporativa, el déficit visionario y el descuido en su formación.

3. Es vinculación con el talento: es reconocerlos, es hacer seguimiento, con empatía, es acercarse a descubrir sus aptitudes y actitudes, es acercarse con intención y con una mirada para descubrir belleza, fuerza y poder. Si etiquetas, te cierras a las posibilidades, jamás podrás ver valor alguno en alguien. Debes estar abierto al deseo de acoplarse para ganar. Es convertirse en agente integrador, comprometido en hacer que los empleados, líderes y colaboradores trabajen con autonomía y en cooperación, que encuentren significado en lo que hacen. Que las personas reconozcan a donde está la felicidad, el bienestar y que sepan generarla, que comprendan que la experiencia es algo que se aprende a vivir y para ello es importante lograr el compromiso para crecer como persona y como profesional. Uno se vincula para sacar ritmo, para entrar en estado de *flow,* para sacar la mejor obra maestra.

4. Cultivar el talento: significa que, los líderes y las organizaciones deben dirigir su mirada a lo único que los llevará al éxito. Las personas, el talento humano. Los programas de coaching y mentoring ofrecen una vía importante. Es enseñarle lo que resulta clave para empoderarlos, reconocimiento de creencias y

hábitos disfuncionales, construir conducta deseable, voluntad con poder de acción para automotivarse y generar resultados. Es desarrollar su inteligencia, enseñarles a pensar, procesar información, analizar y desarrollar propuestas para mejorar continuamente. Es cultivarlos para enseñarles a perseguir con obsesión sus metas, entre ellas su felicidad, satisfacción y una experiencia que los mantenga siempre optimistas y los haga sentir ganadores.

5. Elevar a las alturas la mirada de los colaboradores. Eleve las aspiraciones del talento hacia la grandeza. Comparta el poder de la prospección, haga que ambicionen, haga que la imagen que desean para ellos, su familia y su entorno sea algo posible, haga que lo imaginen, y hágale sentir que es posible. Ellos desean tener impacto. Demuestre este camino de manera constante, hágalo con ejemplos propios. Con el tiempo habrán comprendido el poder de tener y compartir una visión y pelear por ella. Es construir una voluntad única, hecha acción, vinculada a las motivaciones que nos alejan de las excusas y nos mantiene enfocados en los resultados.

6. Conecte con el talento: Ellos desean conexión, ellos desean ser comprendidos, valorados; pero, sobre todo, necesitan una mirada que los haga sentir como son naturalmente. Desde su naturaleza, las personas tienen todos los recursos para convertirse

en seres talentosos, inteligentes y de gran belleza. Fueron creados para algo trascendental. Ellos llevan un sabio dentro de sí; no siempre está despierto. Como líder, ayúdelos a encender la llama y despertar su genialidad. Míralos con grandeza, ellos se convertirán y actuarán de acuerdo a la imagen que usted ha creado de ellos. No pierda la oportunidad que tiene en sus manos. Es muy fácil caer en la tentación del juicio, es corto el camino y no te lleva lejos.

7. Haga de la ambición un potente generador de actitud y voluntad. Marco Aurelio decía que: "*El valor de un hombre no es más grande que sus ambiciones*". Muchas veces las personas no reconocen su potencial, renuncian a sus metas, no se creen merecedores del éxito y se niegan a aceptar su naturaleza, tan solo por la ausencia de ambición en sus vidas. No todo el mundo ambiciona, pero seguramente por desconocimiento del poder. Nadie renuncia al reconocimiento ni al premio que se obtiene de ser una persona exitosa por mero capricho o necedad. Así que enséñele a su gente a ambicionar el éxito, su bienestar, la felicidad, la satisfacción y el deseo de vivir una vida plena. Una persona que no ambicione las metas que se propone, no llegará lejos, apenas aparezca la primera dificultad en el camino, hasta ahí llega, sus ganas se desvanecen y aparece la renuncia.

> *"El valor de un hombre no es más grande que sus ambiciones"*

8. Fomenta la idea de crear una mentalidad legendaria. Sea un modelo a imitar. Quien no aspiraría a convertirse en una leyenda, como Michael Jordan, Miguel Cabrera, Yulimar Rojas, Daniel Dhers, Lionnel Messi, Rafael Nadal y muchos otros. ¿No es fascinante? Este tipo de personalidades atraen. Quizá no llegaremos a ser el número 1 del mundo; pero apuntar hacia lo más alto te aseguro que te hará llegar muy lejos en eso que sabes, en eso que crees y en eso que tanto te apasiona. Cuando tienes en mente esta posibilidad para ti; comienzas a actuar como tal, y nace la chispa que enciende los motores para convertirte en ese modelo de persona que todos desean imitar.

Muchas veces dirigimos la atención hacia otro lado, lejos de lo que es importante y vital. Esto nos lleva a emplear grandes esfuerzos y recursos, porque la estrategia está fuera del corazón de la compañía o desviados de la estrategia correcta, provocando un gran desgaste, duplicidad de esfuerzos y recursos, hasta un agotamiento por estrés, producto de una baja en la productividad. Por ejemplo: Cuando nos enfocamos solo en tecnología, en modelos estructurales decadentes, en solo sistemas y procedimientos operacionales, y nos olvidamos del poder de contar con personas empoderadas, creamos restricciones. La red de talentos debe tener libertad para hacer, con capacidad para la resolución de problemas, y el planteamiento de propuestas inteligentes para alcanzar ser preferencia ante la dinámica de un mercado que no se detiene. Las personas empoderadas, prefieren el trabajo en equipo en donde la cooperación sea el pegamento que los une. Mantener la integración de la red se hace parte del sistema, los agentes integradores se hacen en un todo con más inteligencia, un sistema total que procura siempre resultados de excelencia y su propia homeostasis.

Si miramos el poder que tiene mantener elevado el indicador de *people engagement,* su impacto en productividad y satisfacción de clientes, no duraríamos ni un segundo en crear una cultura robusta que destaque en la valoración del talento y su evolución. Cuando un equipo de trabajo está muy bien acoplado, sincronizado, adopta el principio de la reciprocidad. No hay espacio para la individualidad y el egoísmo, por el contrario, se abre el espacio para la transferencia de conocimiento, la colaboración mutua y el modelaje. Se eleva la consciencia del SER por encima de los intereses individuales para adoptar una conveniente a los intereses de la visión, que terminan por ser los intereses del equipo. A este nivel de formación y educación del talento existe un elevado *engagement*, se conforma una cultura en donde la gente y la experiencia que viven es más importante y eso se siente. El *engagement* no está en lo material, no está en la tecnología, no está en los sistemas administrativos; sino en la mente de los colaboradores, en sus elementos motivadores, en la manera como perciben el entorno, en su crecimiento, su empoderamiento y su capacidad para hacer frente a las dificultades con confianza y optimismo. Una cultura organizacional que los atraiga y un ambiente laboral que les brinde el espacio para llegar lejos con sus ambiciones. Obviamente se convertirá en un atractor poderoso para permanecer en ella, con total entrega, para hacer bien lo que hay que hacer.

La alta dirección, los altos ejecutivos, no deben dejar las estrategias de *people engagement* en manos de un departamento, un área o una función dentro del conjunto que conforma a las organizaciones. Siendo esto tan importante y tan vital para alcanzar el éxito, las estrategias y las iniciativas deben quedar en una red de talentos que resuelva la complejidad y libere propuestas innovadoras que logren, de una vez por todas, cumplir con expectativas elevadas en este sentido. Si hoy en día, el indicador de *people engagement* está cerca del 20%; ¿qué se requiere para conseguir invertir este resultado, y para cuándo?

El liderazgo debe enfocarse en crear una especie de túnel, en donde el recurso humano pasé de manera obligada por un proceso de despertar y tomar consciencia, en donde aprendan a vivir en una cultura que espera que las personas se den cuenta que son valiosas, con actitudes y aptitudes, dotadas de grandes dones y con gran inteligencia. El liderazgo debe comunicar esta verdad y encender el hambre por descubrirse así mismo, renacer. Al líder se le pide alcanzar un mínimo en la red, que el talento debe alcanzar vivir el trabajo con significado, debe sentir que tiene libertad para hacer cosas con autonomía, debe sentir su crecimiento, manejarse con el deseo de crear impacto e influencia, debe sentir la conexión del líder y su equipo, debe aprender a manejarse con ambición y construir una mentalidad legendaria, (Magical, por sus siglas en inglés: *meaning, autonomy, growth, impact, connection, ambiciouos, and legendary mindset*).

Figura 12: Túnel de transformación Magical, por Jorge Guillén

Ser extraordinario no fue una elección del ser humano, es su naturaleza.

Ser extraordinario no fue una elección del ser humano, fue una concesión. Así lo quiso *Dios* y el universo, es tu naturaleza serlo. Nadie te pidió permiso para hacerte de este milagro, y nadie te concedió el permiso para renegar de este don. Nos cuesta aprender a reconocer lo que somos, preferimos creer en lo que no somos, aun cuando aquello en lo que creemos que somos nos haga daño y nos discapacita nuestra capacidad cognitiva, nuestra capacidad para hacer magia, esa que nos hace transformar y vibrar en alta frecuencia, en donde lo imposible es solo el pensamiento de los menos preparados. Lo imposible, para los más osados, esos capaces de reconocerse, es solo un desafío para escalar a un peldaño superior en el camino de la maestría, porque saben que es ahí en dónde ves real magia.

El liderazgo actual debe crear la imagen de cómo quiere que sea y se desempeñe su gente, su equipo de trabajo. El talento debe formarse y empoderarse para que tenga la habilidad de crear un modelo de persona con capacidad para dirigir su propio autoconocimiento, con aptitudes y facultades, que los hagan acceder a los propios sentimientos para guiar su conducta y conseguir actuar con más inteligencia, autodeterminarse, con claridad en el propósito, en búsqueda de sabiduría y trascendencia. Es entrar en acción con altas dosis de motivación hacia la meta, en comprensión holística y sistémica de las cosas. Los resultados son extremadamente diferentes a los que obtendrías con personas desprovistas de este conocimiento, la clase de personas que se han mantenido en modo sonambúlico por décadas.

Ser extraordinario es una cualidad que ya poseen las personas, solo hay que tomar la decisión de liberación de todo ese potencial, y comprometerse con el cambio. Nunca es tarde para elegir evolucionar. Todas las personas aspiran al éxito, no les será difícil elegir el camino adecuado. Un líder extraordinario tiene que tener las competencias requeridas para cultivar las mentes de las personas, debe tener la capacidad de guiar este proceso, es gestión del talento, pero esta vez más conscientes, desde el conocimiento de las personas y con una intención clara; aspirar la conformación de una red de talentos constituida por mentes que apuestan por el éxito sin renuncia. Hemos visto algunas herramientas para transformar conductas, generar estados picos de energía, transformar el instinto, la observancia, elevar su inteligencia y un constructo mental perspicaz y ágil, con gran capacidad de resolución y creador de oportunidades a voluntad.

Nadie es capaz de renunciar a un mejor destino de manera consciente. Por eso quiero que te lleves algo, el contraste, lo que pasa si eliges la comodidad: no serás elegible, tus oportunidades en la vida irán mermando, nadie confiará en ti, se irá destruyendo tu autoestima, las relaciones interpersonales costarán cada vez más, porque ya nadie te querrá en los equipos de trabajo, no serás atractivo para nadie, los conflictos llegan a ti con gran facilidad, la angustia se apodera de ti, el pesimismo, junto a la incertidumbre, el miedo se vuelve un fantasma en tu vida, lo viejo comenzará apoderarse de ti poco a poco; pero con dolor. Te vuelves una víctima. Yo puedo escribir un libro del tamaño de la biblia con todo el cambio que ocurre en una persona cuando esta renuncia a su naturaleza. Estoy seguro que no es la apuesta que prefieres; eliges el éxito, y sobre esa base debe trabajar el liderazgo. Transformar el plomo en oro es el desafío.

> "...Solemos crear en nuestra mente la representación perfecta de lo que es el liderazgo..."

Lidera como si la humanidad dependiera de ti.

Solemos crear en nuestra mente la representación perfecta de lo que es el liderazgo, como esas personas que dirigen una compañía y a un equipo de trabajo para perseguir una visión y unos resultados que surgen de sus prácticas de negocio, para obtener respuestas esperadas de un mercado que luce con aparente determinismo al proyectar las expectativas que nacen de un plan estratégico. Muchas organizaciones están en este promedio. El estilo de liderazgo es del tipo clásico. Existen otros líderes de mayor alcance, podemos nombrar algunos: Steve Jobs, Bill Gates, Henry Ford, otros; ellos quisieron transformar el mundo, y mira que lo han hecho. Estos líderes contaban con competencias clásicas; pero tenían otras cualidades excepcionales, asociadas con su actitud mental; aún sometidos a entornos que intentaban imponer bloqueadores a la innovación y creatividad, en el caso de Steve como ejemplo; se creció por encima de todas las dificultades, fue su visión, obsesión, persistencia y su confianza lo que lo llevó a ser el número uno con Apple. Alguien que intente cambiar disruptivamente la forma en que opera una organización, puede en el intento salir despachado al espacio. Esto se da por las mismas fuerzas que intentan mantener el statu quo. Jobs vivió ese momento; pero fue su actitud volitiva lo que lo llevó a la cima y demostrar con resultados que su visión era la correcta. No fue fácil, pero luchó por lo que creía, nunca desistió, siempre mantuvo el foco hacia lo que era su sueño.

Es decir, las empresas deben gestionar el talento creativo e innovador, no se puede dejar solo, no se puede apagar; usted debe saber a estas alturas que, pequeños cambios pueden desencadenar grandes consecuencias. No desperdicies la ocasión de poder atraer personas con esta capacidad creadora. Recuerde, no es solo atraer; usted debe estar dispuesto a cambiar toda una cultura organizacional.

No es suficiente tener ideas y proyectos, o competencias estandarizadas al estilo clásico, se necesita algo más allá. Voy a traer ahora a uno de los líderes que se roba mi atención en este particular momento, Elon Musk. No solo piensa en resultados de riqueza, valor del negocio y mercado; piensa más allá, ya no es el mercado terrenal, su visión está en el espacio, lejos de la tierra; sus pensamientos están en salvar a la humanidad, en cambiar el concepto de creación y uso de la energía mundial, de transporte, lo ha hecho con la tecnología espacial, lo está haciendo con la endosimbiosis, tecnología-humano. Nada parece detenerlo. Es una persona muy imaginativa y osada, arriesgada; pero lo define su pasión por lo que cree y hace.

Muchos podrían ver el estilo de estos líderes muy lejos de lo que somos cada uno de nosotros, pero no es cierto; yo lo veo como una ruta, la cual exige preparación con elevado compromiso y disciplina. No llegamos más lejos porque no creemos que esto sea posible. Nos limita, muchas veces, el conocimiento aprendido en los institutos de formación, en la cotidianidad y en la misma empresa. Como dije, quizá no todo el mundo fue dotado de vivacidad de genio; pero usted puede alcanzar conseguir ese *plus* que lo haga distinguir. Usted también podrá desarrollar una actitud mental positiva, capaz de atraer hacia usted no solo el poder y las fuerzas para lograr lo que se proponga, sino también nuevos talentos y así rodearse de la mejor gente.

Existen claves, rastros, que pueden ser modelados para alcanzar sobresalir y apuntar a un estilo de liderazgo y personalidad que lo diferencie del promedio:

- Eleve su capacidad para crear una visión poderosa, aprovéchala y comuníquese con claridad a todos los interesados. Si es buena, serás un atractor para crecer en grande.
- Sea empático, asertivo y persuasivo. Esto lo convierte en un magneto. Si algo caracteriza al liderazgo visionario, personas innovadoras y creativas, es su capacidad para atraer talento, inversionistas, seguidores, quienes se ven atraídos por la visión y lo que estos representan con sus empresas.
- Confíe en sus capacidades y construya una actitud mental que le permita mantenerse enfocado aún bajo condiciones extremas. Mantenga la obsesión

por la visión, sin vacilaciones, sin limitaciones y actúe con determinación.

- Atrévase a romper las reglas. Las personas creativas e innovadoras no la tienen fácil. La gente pelea por mantener los viejos paradigmas, se apegan a esto, aun cuando la historia les recuerda a los ortodoxos que, para avanzar y elevarse tienes que soltar lastre.

- Practique utilizando diferentes perspectivas. Sea capaz de descubrir cosas que para otros serían invisibles. Esté dispuesto a mirar las cosas desde diferentes ángulos, apele por el razonamiento de los primeros principios. Implica descomponer el problema en elementos básicos y después volverlos a ensamblar desde cero, si es necesario. Esto lo hace agudo, penetrante y sagaz.

- Sea humilde para aceptar una nueva visión de las cosas. Siempre hay lugar para la ignorancia de algo. Existen soluciones infinitas a un problema, sería poco probable que las pueda tener todas.

- Hágase de una cultura que valore el pensamiento en todas sus formas. Una cultura que no vea fácil renunciar a las metas, por el contrario, tenga una actitud mental positiva, en donde lo imposible no tenga cabida, y lo posible se transforme en voluntad para hacer real el planteamiento de propuestas o alternativas para brindar soluciones, sin importar la complejidad del problema o el reto presente.

- Alimente permanentemente su capacidad para soñar e imaginar. Haga que la prospección se conforme como una maestría natural. Todo es creado a partir de este ejercicio mental. Pero, sobre todo; venda la idea de ser el primero en actuar, de nada sirven las ideas si no entran en acción.
- Hágase consciente de la mejor combinación de estilos de liderazgo y competencias, adopte posiciones convenientes a la visión, revise ecología, sea ágil y audaz. Es capacidad para adaptarse, no es darse golpes con la pared del momento para penetrar. Es inteligencia, no solo es fuerza; pero debe edificar un carácter que le ayude a contrarrestar a los amantes de la obsolescencia y la comodidad.

Después de estudiar algunas personalidades, líderes que han dejado huellas, comparto con ustedes algunos supuestos desde mi óptica, algunas características de los líderes visionarios con gran poder de alcance, para ellos no existe un "No" como respuesta; no por ser testarudos y caprichosos, ellos han demostrado no tener complejos, no son personas pesimistas y no creen en eso de "imposible" y lo han demostrado. Yo particularmente pienso que hay que aprender mucho de este modelo de personalidad.

Liderar como si la humanidad dependiera de nosotros ejerce un poder en nosotros, una fuerza poderosa que nos invita a desarrollar aptitudes y actitudes que no es posible descubrir si no pensamos en grande, si no nos exigimos. Retarnos a este nivel, nos invita a desafiarnos para encontrar respuesta a preguntas complejas. Nos hace pensar que la solución o respuestas a problemas complejos debe servirse y no existe la posibilidad de renunciar al reto, por el contrario, se plantea como una oportunidad para reconocer el valor del talento existente, el propio y el de otros. Nadie con este *mindset* se permite nublar la mente con el desorden que pretenden los defensores de los modelos obsoletos, sino que se impulsa asertivamente hacia el cambio, lo nuevo, convencido y con la confianza puesta en su visión.

> *Ante el cambio, debe existir un deseo vehemente por ser diferente. Cuando no existe esta fuerza, es necesario crearla. Es lo único que no te hará conforme en medio del desorden, y lo que te hará fuerte al superarlo.*
>
> Jorge Luis Guillén

La inspiración no es ajena a nosotros.

Todos necesitamos de las fuerzas de la motivación para arrancar y mantenernos constantes, persistentes y muy firmes cuando nos planteamos perseguir metas, sueños y nos hacemos de una visión poderosa. Pero sucede que no sabemos identificar porqué es importante saber el origen de esas fuerzas y energías. No sale de la nada, a veces sentimos que algo poderoso nos arrastra hacia lo que deseamos, sentimos esas fuerzas invisibles, pero pensamos que no tenemos dominio sobre estas. A veces nos sentimos fuertes y avasallantes, otras veces sin energías, desmotivados y no podemos levantarnos.

La inspiración es un recurso existente, solo hay que exponerla. Se inspira quien sea capaz de ver y sentir belleza, amor y ternura. Quien pueda sentir empatía, compasión, comprensión. Se inspira quien tenga el deseo de ser mejor y ayudar a otros. Se inspira quien está despierto y consciente, quien es capaz de soñar e imaginar un mundo mejor para sí y para la humanidad. Se inspira quien crea en sus potencialidades para impactar e influir positivamente en las sociedades del mundo. Quien sea capaz de mirar con grandeza a las demás personas. Es decir, la inspiración no es algo que cae del cielo o está en poder de una persona; la inspiración no es ajena a nosotros, nos pertenece a todos.

Reconocer este poder, hace que no esperes por nadie y es el primer requisito para hacer que el poder de tu voluntad se convierta en acción pura. A principios de este año anuncié el inicio de esta obra, de nuevo sometía a prueba el camino de convertirse en un líder, con mentalidad de superhéroe, como fue desarrollado en "El Desafío", una obra creada para ser extraordinario. Sabía que lo que estaba haciendo tendría su conclusión feliz, en el tiempo que yo había considerado y prometido, sin excusas, sin la demora, sin la distracción, muy enfocado, todas las energías puestas aquí, y ahora más consciente que nunca. Tenía un compromiso conmigo mismo; pero también con los que me escucharon y me acompañaron en este anuncio. Nada como el poder cuando prometes algo, el poder del compromiso. Estaba siguiendo un modelo de transformación, que terminé por llamarlo: "Modelo de Transformación de JORG". Sabes que imaginar ese futuro deseado te hace descubrir fuerzas poderosas, más cuando confías en ti, confías en tus recursos. Es la fuerza de prospección. Cuando eres capaz de sentir conscientemente este escenario futuro, todo cambia, te motivas lo suficiente, te inspiras, te haces de una prioridad, sabes separar lo importante de otras que no lo son tanto, te desprendes de las cosas que no suman al propósito, evitas la distracción, la reconoces, y reservas todas tus energías para tu visión. Así pasó y allí tienes el libro. Cómo deseo ver a las organizaciones centradas en el éxito de las personas, allí te dejo mi aporte. Cuando te haces de una visión poderosa de ti, para ti y para tu gente, tienes la fuerza, tienes la inspiración, solo aprovéchala, comunícate con claridad, explótala al máximo y véndela al mundo. Si es así de poderosa y eres capaz de persuadir con tu idea, ¡Boom! Suéñalo posible, y tendrás esa energía que se genera primero en tu cabeza, por una mente que se está transformando constantemente para ganar.

El modelo de transformación de JORG se apalanca en el auto-empoderamiento, es vivir la experiencia consciente, enfocados, motivados, con todos nuestros sentidos puestos en eso que estoy viviendo, con intención y propósito para construir una conducta volitiva, en donde interviene la inteligencia para crear magia, hacer posible el milagro de descubrir tu potencial. Cuando alcanzas un elevado nivel de consciencia e inteligencia, tu inspiración o capacidad para inspirarte se eleva 10X. Conocerse es conectarse con esa consciencia infinita que tanto te ama, es abrirse a las posibilidades de poder inspirarse a sí mismo y a otros. Lograr autodeterminarse es inspirador.

Es muy difícil lograr expandir nuestro alcance si no logramos inspirar a otros, si no logramos persuadir con nuestras ideas. Un líder no llegará lejos solo. La inspiración puede suceder consciente e inconsciente. Existen personas que parecen tener la capacidad de inspirar naturalmente, tienen ese don de hacerlo. Sin embargo, ser consciente de que es un poder generativo, es decir, puedes programar tu mente para desarrollar estas capacidades, con el desarrollo de la inteligencia intrapersonal, interpersonal y la inteligencia lingüística, por mencionar algunas, puedes capacitarte para lograr todo lo que desees alcanzar.

La fuerza inspiradora puede venir desde tu mundo interior, pero también desde el exterior; eres tú quien decides tomarla y encontrarle un fin productivo; pero siempre será tu decisión. Siempre que aspires algo con vehemencia, eso que quieres ser o hacer; tendrás material suficiente para generar fuerza, poder y energía suficiente para alcanzar tus ambiciones. El combustible está en el conjunto de elementos motivadores que has listado para hacerte de ese premio, allí hay mucha energía para inspirarte.

La inspiración no es algo que deba relacionarse con la suerte, no se puede esperar, ya está allí como fuerza, solo hay que darle motivos para desatarla y provocar un momento pico de energía y de expansión, ese estado neurológico, ese estado de *flow* y optimismo que te impulsa con fuerza y poder hacia eso que anhelas. Es un recurso que puede ser desarrollado conscientemente, el poder es diferente, ya no esperaras por él, ahora tú eres capaz de dispararlo. Es obvio que, una mente pesimista no podrá inspirarse a sí misma, mucho menos a otras personas. Una mente entrenada es capaz de lograr inspirarse sin límites y puede hacerlo con muchas personas.

La inspiración es acción, atrae a la creatividad, la innovación, el *engagement* de las personas, la satisfacción, bienestar, mejora la experiencia y atrae la felicidad. La inspiración en los equipos de trabajo es fundamental, la red de talentos se anima a la cooperación, mejora la productividad, y genera impacto en las percepciones de los clientes, es viral y atractivo. El liderazgo no debe desperdiciar este poder, debe estar incluido, con todos los elementos, durante el acto de prospección, es la imaginación en detalle. Es prepararte para que la inspiración esté vinculada a tu forma de mirar, comunicar, en la forma de pararte y relacionarte; en la forma cómo crees que otros te ven y en cómo te miras a ti mismo. Es un atractor, como ejemplo de esta clase de líderes: Nelson Mandela, Simón Bolívar, George Washington, Steve Jobs, Elon Musk, el Papa Francisco, Mahatma Gandhi, Bill Gates, Barak Obama, entre otros. Solo basta echar un vistazo a sus logros y a sus estilos, su impacto e influencia, para darse cuenta que su capacidad para inspirar a otros los llevó a la cúspide, allí donde pocos logran llegar.

Hemos hablado de la importancia de crear culturas que atraigan, hoy en día es valorada por las nuevas generaciones. No se inspira solo desde el lenguaje manifiesto, en cómo hablas, lo que transmites con tus gestos y posturas o con lo que escribes o expresas en medios visuales. Inspiras también desde lo que tú representas, lo que valoras, tus ideales y lo que amas. Se logra inspirar también por lo que representa tu lucha, por tus acciones, por tu visión y relación con la humanidad, con el mundo, las sociedades, etc.

Hay que estar en consciencia de que las emociones son una fuente de energía e influencia. Un líder que logre inspirar con consciencia plena, con intención, autenticidad, honestidad y amor, la clase de amor que te hace desear el bien al otro, no conseguirá otra cosa que mirar a las personas desde la grandeza. ¿No es esta una característica deseable en un líder?

Es indudable que un líder impregna a las organizaciones con su personalidad, y un líder inspirador resultaría clave y atractivo para las ambiciones propias de las organizaciones. Por eso digo, no es solo competencia superficial, es que tengas un *plus* que te haga diferente, admirado, querido, amado. La generación Z y millennials aman a Elon Musk, pregúntese ¿Por qué? Es un líder visionario a quien le importa la humanidad, es tecnológico, su visión del mundo, y el deseo por salvar a la humanidad lo convierte en un líder fuera de serie. Su capacidad para comunicar su visión ha encantado a centenares de millones de personas. Él logra inspirar a las personas dentro y fuera de sus líneas jurídicamente constituidas.

Pensar en el cambio puede ser un elemento inspirador, ser diferentes aún más. Todo dependerá de lo que hayamos aprendido con relación al cambio. Generar inspiración es algo que se teje en nuestros pensamientos, allí la creamos y la fuerza de voluntad la convierte en acción. Los procesos generativos son claves, comprender este fenómeno, de donde se disparan las fuerzas motivadoras y la inspiración, es fundamental para el clima organizacional. Las personas desean una atmósfera de trabajo que los inspire, y que los lleve a comprometerse sin desistir con las metas de la organización.

Crea el momentum y busca un punto de apoyo.

Todo cambio representa una oportunidad para destacar en algo. Cuando descubres cómo el cambio te beneficia, comienzas a sentirte diferente, es transformador, comienzas a tener especial apertura hacia lo nuevo, tu manera de actuar ante él es con mentalidad positiva, te vuelves consciente de tu modelaje ante otros, tu capacidad resiliente aumenta, tu capacidad de adaptabilidad se fortalece, transformas tu actitud, tus conocimientos se renuevan con más consciencia e inteligencia. El cambio es la oportunidad para crear *momentum,* para entrar en racha positiva, todos animados en hacer las cosas bien, con gran energía y entusiasmo. Es estar en la acción, montado en la ola. Algunas veces la dinámica de las empresas nos lleva a perder el foco, la atención sobre lo importante, el talento se descuida. Igualmente, se renuncia a los picos de energía logrados por las metas volantes alcanzadas. Esos proyectos que han salido bien y nos inspiran a seguir involucrados y comprometidos, emocional y mentalmente, con los objetivos de la organización y su visión.

Hemos hablado de algunos elementos importantes, vitales, que conforman la tierra fértil para sembrar y cosechar *people engagement*, según smarp, employee engagement (2021), la convergencia de satisfacción, bienestar, felicidad y la experiencia que viven los empleados. Tener estos conceptos en consideración, te aleja del error de considerar elementos aislados. Ninguno por sí solo define el compromiso de las personas. Es el todo, es la suma, es la consideración de cada uno de estos elementos vitales. A veces perdemos la oportunidad y se pierde el momento. No se celebran los logros ni tampoco se crean experiencias verdaderas, con intención y propósito, alrededor del hecho, lo que ellas significan en la vida de las personas, cómo se transforman las personas y cómo se generan las fuerzas para impulsarse hacia adelante, con más poder, aprovechando el entusiasmo, las ambiciones creadas, con la confianza en la conquista de esa visión, porque aprendes el sabor del éxito, ya lo has vivido y vas por más.

La individualidad solo se siente cuando las personas se autodeterminan hacia la grandeza, crecer y evolucionar es una decisión individual, pertenece a cada individuo. Pero un líder no puede triunfar solo, sin un equipo de trabajo. Al igual que la vida misma no es una plaza para la individualidad, el éxito debe ser compartido. Fuerzas en contra, caos y desorden, siempre van a existir, rodearse de los mejores es importante para asegurar fuerzas del orden. Sembrar una cultura de cooperación y de ayuda mutua, hablo de la reciprocidad, como fuerza, como punto de apoyo, es de crucial importancia. Cometer errores no hace daño, si estás dispuesto a aprender, lo que hace realmente daño es la ausencia de la ayuda mutua, la reciprocidad para hacer valer la inteligencia colectiva, unificada, esa inteligencia de toda la red de talentos que se impulsa hacia la misión.

De lo anteriormente expuesto, existe un pecado capital, más allá de encontrarse con culturas en donde la cooperación no es valorada, no pedir ayuda es aún el mayor pecado. Nadie tiene la intención de ser el peor trabajador; aprendieron conductas con las personas equivocadas y en el sitio equivocado. Esto nos dice que, las culturas deben revisarse, junto a sus valores y creencias para renacer, para transformarse y para cultivar las mentes que allanarán el camino que los llevará al éxito.

Mantener el *momentum* exige foco, compromiso y un liderazgo fortalecido, visionario, inteligente y con la energía para mantener los ánimos en el *top*. Debe tener una visión holística, sistémica y muy detallista. Debe conocer los procesos de cambio, desde la naturaleza de las personas. Debe comprender la dinámica de las organizaciones y su complejidad. Saber identificar las fuentes del saber, será todo un desafío, pero unir a todo el talento para conquistar el éxito será su mayor reto. Ahora el talento es global, la red es espacial, no está en tu control visual; pero está allí, solo que ahora es diferente. Mantener el *momentum* es posible, solo si lo puedes ver y reconocer su importancia. El *feedback,* como lo vimos a profundidad, será la turbina de avión que te haga mantener el vuelo, es comunicación efectiva de gran poder. La energía en los equipos de trabajo, el positivismo, y las fuerzas impulsoras de una comunicación permanente y de calidad marcará la gran diferencia. El *momentum* se crea, se vive y se mantiene es a través del *feedback* constante y una actitud de superación. El *feedback es* información que va y viene desde la mente de las personas y circula por las venas de la organización, por lo tanto, debe ser foco de atención. Nadie siente el orgullo, ni la emoción por el éxito; si no existe el *feedback;* pero es necesario contar con una mente preparada que lo traduzca o ayude a traducirlo.

Encontrar ese punto de apoyo que una al talento, me refiero a los agentes integradores, impulsores del cambio, debe ser considerado dentro de las estrategias claves. Arquímedes decía, *"Dadme un punto de apoyo y moveré el mundo".* No todo es perfecto en las organizaciones, no todo es malo, algunas cosas saldrán como esperado, otras no tanto. Como lo mencioné en teoría del caos, la no linealidad y la complejidad en las personas, el entorno y las organizaciones, exige más de nuestra inteligencia, consciencia e intuición; hallar esos puntos de apoyo que nos hagan mantenernos en la ruta elegida es de consideración vital. El *momentum* no se puede perder, es retador; pero hay que maximizar su efecto en el tiempo.

Dividir la meta grande en pequeñas metas ayuda a incrementar la confianza, el optimismo y la autoestima para seguir con más energía. Pero usted debe saber hacer el *feedback* y también debe ser capaz de interpretarlo y comunicarlo. Recuerde que estamos hablando de transformación de las personas y no de alegría de momento. Es cultivar mentes, no es dar premios por metas alcanzadas sin significado. Usted debe poder encantar a las almas y animarlas a perseguir y trabajar de manera constante en su autorrealización.

Los vientos cambian de dirección; pero el timón eres tú.

La decisión de desarrollar un liderazgo real es tuya, es autoliderazgo, y liderar a otros en la ruta. Existen muchas razones para justificar la demora, la procrastinación de aquel proyecto que quería, aquel viaje, iniciar los estudios pendientes, conformar una familia, decidirme por la aventura que deseo vivir, y hasta la demora en buscar la felicidad. Razones vamos a dar, pero eso no sirve para nada, lo que importan son los resultados que obtengo y las expectativas que tengo del futuro.

Tres claves para el éxito
El antiguo campeón mundial de tenis estaba siendo entrevistado en un programa de radio. "¿Siempre había sido un campeón?", preguntó el entrevistador.
"No", contestó. Aunque, cuando era más joven, había sido seleccionado como una futura promesa. Pero otros muchachos eran mejores que él y parecían estar más dotados. De modo que solía jugar contra las mejores de las chicas, que eran unos contrincantes más apropiados para él que los muchachos que tenían un mayor talento natural.

"¿Y dónde están ahora esos chicos?", dijo el entrevistador. "¿Qué fue de todos ellos?".
"Pues", dijo el antiguo campeón, "sencillamente no triunfaron. A pesar de todo su talento no tenían lo que hace falta". "¿Y qué es lo que hace falta?", preguntó el entrevistador.
"Tienes que quererlo bastante, lo suficiente".
"¿Es ese el secreto?".
"Hay algo más. Se requiere disciplina. Al margen del talento natural que tengas, tienes que tener disciplina para alimentarlo y desarrollarlo. Tienes que establecer un orden de prioridades y renunciar a muchas cosas que pueden parecer también muy atractivas".
"¿Es ese el secreto?".
"Hay otra cosa más", dijo el antiguo as del tenis, "y es más dura y exigente que las dos primeras juntas. Se necesita humildad, no importa lo bueno que seas. Se necesita humildad para escuchar a los preparadores, aceptar consejos, probar otras posibilidades y admitir que no lo sabes todo. El feedback es el desayuno de los campeones. Estas tres cosas son el secreto de mi éxito".

Nick Owen, construida a partir de una entrevista
al campeón del Tenis Boris Becker

No basta solo el deseo de ser diferentes, hay que entrar en acción y con el foco puesto en el objetivo. El viento soplará en contra muchas veces, habrá tormenta, habrá razones suficientes para que una persona promedio sucumba y desista de perseguir sus metas y sueños. Lo que te puedo decir es que, el común de las personas no se ha dado cuenta aún que el timón está en su mente. Tú eres el timón, por más fuerte que sea el viento en tu contra, tú tienes la mente que dirige las velas. Es ese mismo viento que sopla el que te llevará al destino marcado. Siempre tendrás el poder de elegir que hacer frente a las circunstancias del momento. Solo tienes que saber que, el éxito se alcanza solo si te decides por la transformación.

Como decía Boris Becker, debes querer la meta lo suficiente, debes tener disciplina y debes ser humilde para aceptar que no todo lo sabes, y tienes que estar dispuesto a escuchar y rodearte de la mejor gente. Lo imposible surge cuando nos decidimos por la renuncia, la comodidad, lo conveniente para ser el mismo. No siempre el talento gana, hay talento desperdiciado en todo el mundo, porque no todos eligen salir de la comodidad tan fácilmente. El talento gana cuando te comprometes contigo, con tus metas y con los que te apoyan en el camino hacia estas. Si hay compromiso, las excusas no existen; pero el compromiso exige disciplina, mucho esfuerzo y sudor, estar dispuesto a perder muchas horas de sueño, dedicar tiempo y recursos a tu preparación, con constancia y perseverancia, es enfrentar el miedo y las presiones a las que se somete una persona que persigue metas ambiciosas, es estar dispuesto a pasar por el filtro de los juicios y las críticas sin que eso perturbe tu alma. Es sentir la frustración de cerca, todo eso pasa antes de alcanzar el éxito. Gana quien acepta el desafío y se compromete, quien cree en su potencial y en sus ideas, quien es capaz de imaginar en grande, quien emplea la prospección para el triunfo, quien cree en sus capacidades, en su talento, su poder y sus fuerzas para lanzarse sin miedo a conquistar lo que considera que le pertenece.

Una mente fuerte, es una mente que se autodetermina, desde la creencia en sus aptitudes y actitudes para tomar decisiones que favorezcan a su causa. Nada será fácil cuando te establezcas metas exigentes; solo tu preparación podrá mejorar tu experiencia y tus resultados. El liderazgo está allí para que esto sea posible con el equipo de trabajo, la red de talentos, es construir el tejido de las motivaciones y la actitud mental positiva para atraer lo mejor de cada experiencia, y usarlo como energía para impulsarse. Es el empoderamiento permanente para que las personas sean autónomas en la selección de información, procesamiento, análisis y toma de decisiones. Cuando el clima es complejo y cambiante, cargado de incertidumbre; se debe contar con la mejor gente.

El reto para el liderazgo es brindar a las personas el conocimiento, las habilidades y la experiencia para que las personas puedan alcanzar desarrollar su máximo desempeño, y puedan repetir esta hazaña una y otra vez. Es que sean capaces de autodirigirse, auto empoderarse y entiendan que pueden llegar tan lejos como se lo propongan. Las estrategias para el empoderamiento son infinitas, pero como lo expresé en el capítulo III de esta obra, la gestión del conocimiento es algo que debe tejerse desde la red de talentos, como proyecto importante complejo y de gran impacto, no debe ser abordado solo por un área en particular, quien gestiona el capital humano, por ejemplo.

Hay un dicho o proverbio chino, "dale un pez a un hombre y comerá un día, enséñale a pescar y comerá el resto de su vida". No es una estrategia absoluta, esto dependerá nuevamente del contexto. Existen programas, especialmente dirigidos a personas de bajos recursos económicos, hay ejemplos de ello, en donde la estrategia cambia "Te doy el pez, si aprendes a pescar", y que arrojó resultados extraordinarios según publicó el Diario Vasco, 2016.

Estamos acostumbrados a mirar el problema o la situación desde un solo ángulo y desde los mismos paradigmas. Las empresas no podrán proporcionar todos los recursos ni todo el conocimiento para lograr el empoderamiento esperado, la preparación máxima del talento, aunque esto es una ruta continua, no será fácil para las organizaciones hacer todo el trabajo. Esto es entendible y hasta allí no llega mi expectativa. Hay un porcentaje elevado de este conocimiento que debe venir del propio empleado, líder, colaborador. Sin embargo, qué pasaría si empleo, entre otras estrategias "Te doy el pez..."

El éxito tuyo y el de la organización a la que perteneces es tuyo, es posible, es lograble, sin importar que el viento cambie de dirección. Tú decides qué hacer con tus conocimientos, tus dones, recursos, tu imaginación, tus motivaciones, y con tu consciencia. Yo te invito a entregar tu 100%, sin excusas, sin dar razones. Solo si estas despierto, podrás encontrar viento favorable, muy a pesar de los cambios de dirección en él, tú eres el timón. Tú tienes la responsabilidad de prepararte, ambicionar, ser obsesionado por las metas que te impones. Ayuda a otros a sentir lo mismo, inyecta el deseo por la superación en la red, haz que se sientan orgullosos, como tú lo estás de ellos, hazle sentir que el éxito vale la pena. Que el auto-empoderamiento es clave para llegar lejos, crear impacto y ser influyente. Hazle comprender que el liderazgo no es algo que le pertenece a la alta dirección de una organización, no es un título, es una mentalidad, es una fuerza de vida, y todos tenemos la oportunidad de sentirla. Hazle sentir que la fuerza del liderazgo es la fuerza que no nos dejará caer nunca, sino la fuerza que nos impulsará siempre hacia adelante, muy a pesar del vaivén, estamos destinados a dejar una huella profunda en este espacio de tiempo llamado vida. El éxito está más cerca de lo que tú crees, solo decídete, y ve con fuerza hacia él. El éxito siempre hallará la forma de encontrarse con la mente preparada

Gracias por leer esta obra, te invitamos a leer "*El Desafío*" obra del mismo autor Jorge Luis Guillén para que puedas complementar las ideas plasmadas en este libro.

También te invitamos a leer las otras obras del

PHIENSA como un Líder
IDHEAS para el Líder que PHIENSA
¿Quién es Albert Mittmann?
Mi Experiencia con los Mandamientos Paradójicos del Liderazgo
Planificador Convirtiendo Sueños en Realidad

Todos disponibles en Amazon.com

www.ingramcontent.com/pod-product-compliance
Lightning Source LLC
Chambersburg PA
CBHW071348210526
45465CB00001B/23